老子から学ぶ、
混乱から脱し、
これからの世界を
生き抜くための叡智

タオと共に生きる

THE TAO MADE EASY

TIMELESS WISDOM TO NAVIGATE A CHANGING WORLD

アラン・コーエン 著
赤司桂子 訳

ナチュラルスピリット

THE TAO MADE EASY
by Alan Cohen

Japanese translation published by arrangement
with Alan Cohen Publications, Inc.
through The English Agency (Japan) Ltd.

本書を老子に捧ぐ
この世の魂を呼び起こす
そのシンプルかつ恵みある教えに

私の親愛なる日本の読者のかたがたへ

自著『The Tao Made Easy』が日本語に翻訳され、日本の読者のかたたちをサポートし、タオの教えを通じて、皆さんに内側から励ましを与えられることをとても嬉しく思っています。

「タオ（道）」の叡智は、いにしえの東洋思想から生まれました。そして、その普遍の真理をもって、私たちの人生を今も導いてくれるものです。『老子道徳経』はそもそも中国の賢人である老子によって書かれたものですが、日本のかたたちも、多くの面で同じようなマインドをおもちだと思います。初めて来日した際、私はすぐに、日本の文化というものが、魂と深く調和して創造されていることに気づきました。多くの日本人は、自分たちがスピリチュアルであるとは実感していないでしょうが、あなたたちは、生まれながらにして、深い優しさや慎ましさ、穏やかさをもち、秩序を保ち、そして互いを尊重し合うことを知っています。日本の生徒たちを教えながら、私もまた同じだけあなたたちから学んでいるのです。それはまるで「あなたがタオの一部であるように、タオもまたあなたの一部である」の言葉そのものです。

ですが、日本人が生来スピリチュアルであったとしても、西洋文化や複雑なテクノロジーの影響は避けられないものです。流れに沿って生きていくはずの人生が、「無理に何かを作り上げなくては」という考えにすり替えられてしまっています。もともとあったはずの安らぎや軽やかなハートは、プレッシャーや苦痛に取って代わられています。恥ずかしさや後ろめたいと思う気持ちが、あなたたちが本来もっている無垢な心を忘れさせようとしています。自分の家族や文化、会社や宗教からの要求を満たそうとするあまり、多くの日本人が自分の心を見失いつつあります。自分を受け容れること、承認することに飢えて、愛に満ちた宇宙への信頼を忘れてしまっているのです。

だからこそ、多くの日本のかたたちはきっとタオの謳う無為自然へと立ち返ることで、多くのギフトを得ることができるでしょう。たった八十一の短い詩篇のなかに、老子は個人的な幸せと社会の秩序を保つための鍵を埋め込みました。この名作は二千五百年前に書かれましたが、今日においても、その鍵は未だ錆びることなく、むしろよりその光を増し、必要とされています。

霊的に生きるために神秘的である必要はありません。真実はいつもはっきりしています。複雑な思考だけがそれを曇らせるのです。本書を通して、言葉を超えて、あなたに老子の存在と、彼の癒しのエネルギーと変容を促す力を体験して頂けたらと思います。きっと、私たちはタオとともに、最高の善あるところへと進んでいけるでしょう。

本書をあなたのもとへと届けてくれたナチュラルスピリット社へ、深い感謝の意を表します。以前から変わらぬ今井博揮社長との固い友情にも心から感謝いたします。また、丁寧なすばらしい翻訳を通して真の教えを伝えて下さった、うつつさんこと、赤司桂子さん、彼女とともに編集作業に力を尽くして下さった中道真記子さん、ナチュラルスピリット社出版部の田中智絵さん、そして、ナチュラルスピリット社のスタッフのすべてのかたたちにも、心から感謝いたします。

これからあなたを老子と私とのお茶会にご招待しましょう。想像してみてください。くつろげるリビングルーム、座り心地のよい柔らかな椅子、キャンドルの揺れる炎、花瓶に活けた摘みたての花からの香り、そして、窓からの優しい風……。さあ、リラックスしましょう。力を抜いて、マインドとハートを開きましょう。魂を満たしてあげるのです。あなたの内側に在る、自分の生きる道を知っている場所に繋がりましょう。そして、あなたに流れ込んでくる莫大な善の祝福を受け取りましょう。還るべき真の場所へと、私たちはともに歩き出すのです。

愛と祝福とともに
アラン・コーエン

本書に寄せられた賞賛の声

「時空を超えた真実と現代の賢者の組み合わせとして、老子とアラン・コーエン以上のものはあり得ないだろう。この二人のマスターからの温かさと叡智は、アラン・コーエン著作『The Tao Made Easy』を通して、いにしえの老子の教えを解き放つとともに、読者のマインドと魂をも解放へと向かわせる」

マイク・ドゥーリー
ニューヨークタイムズベストセラー作家。代表作に『Infinite Possibilities and Playing the Matrix』

「古くから、叡智はストーリーを通して語られる。夕暮れ時の焚火を囲んで語られたストーリーは、癒しと直観と生きる力を人々にもたらした。そして、それはまた人々を結び付ける力でもあった。アラン・コーエンは、このすばらしい書籍『The Tao Made Easy』のなかで、彼のストーリーを通して、私たちをタオの叡智へと誘っている。語られるストーリーはどれも地平線遠くにきらきらと輝く宝石のようだ。私は強く本書をお勧めする！」

デニス・リン
ベストセラー作家。代表作に『Energy Strands』

「古代の叡智と現実世界でのその実践が、驚くべき融合を遂げた。中国の賢人である老子を読者の心に呼び入れ、長い時間を超えた癒しのエネルギーを目覚めさせ、人生での最も抑圧的な試練解決へと導いた。アラン・コーエンが巧みに『老子道徳経』のエッセンスを再誕させたのだ」

デービッドジー（davidji）
作家。代表作に『Sacred Power』

「長年のタオの実践者として、私はアランの著作『The Tao Made Easy』を心躍らせて読んだ。本書には『老子道徳経』からの深遠かつ永遠の叡智が溢れ、それが21世紀の今日の霊的成長を志す者たちへともたらされている。アラン・コーエンの温かで、時に笑いを利かせた、分かりやすい語り口を通して、いにしえのスピリチュアルの傑作の叡智に触れ、私のハートと魂は喜びの歌を歌い始めた」

ジェイソン・チャン
タオイストマスター、『奇跡のコース』の教師、「Infinite Arts」の創始者、受賞作家

「言葉にし難い『老子道徳経』における『語られることのできないタオ』は、アラン・コーエンのわかりやすい言葉によって、今、普遍的な真理に沿って、新鮮な気づきと実践とともに語られ

た。この古代からの叡智は、今の新たな時代で必要とされる目覚めを深く促すために、私たちの人生にもたらされたのだ」

黄忠良（Chungliang Al Huang）

タオを生きる財団―国際ラン・ティング校「Living Tao Foundation and International Lan Ting Institute」の理事兼学長。代表作に、『The Watercourse Way』（アラン・ワッツと共著）

目次

はじめに

古くから中国には、「数奇な時代を生きられますように」という祝福の言葉がありますが、(時に呪いの言葉としても使われます) その言葉は良くも悪くも、私たちにとって現実となっています。さまざまな変化が起こった今となっては、計画していた未来はもはやそこにありません。たとえば、ある世論調査では、引退後の社会保障給付金がもらえる可能性よりも、宇宙人が地球に襲来する可能性を信じる人の方が多いと示しています。デジタル化の波は、書籍や音楽、映画を既存の形から大きく変え、そのため、業界で働く数百万人は新しいスキルを学び、考え方を新たにすることを余儀なくされました。オンラインショッピングの流行によって、老舗のデパートは閉鎖に追い込まれ、ショッピングモールからは人が消えました。仲の良かったはずのカップルは離婚に向かって進み始め、その隣人たちは、今度は自分の番かもしれないと恐れています。学校や教会で銃弾を放つような常軌を逸した人たちもいます。報道されるニュースは日を追うごとにおかしくなり、世界はコントロールを失って空回りしているように見えます。そして、私たちはというと、自分で過剰にやっかいごとを引き寄せ、早く走れば走るほどに、追いつけなくなっているのです。

では、どうすればいいのでしょう？　どうしたら、望む最高の未来と最悪の現在との折り合いをつけて生きていけるのでしょう。地図のないこの世界を導いてくれるコンパスは、どこで見つけられるのでしょう。ばかばかしさに溢れ、荒れはてた現状を乗り超え、絶え間なく続く辛い不安を和らげて、希望の断片を与えてくれるような叡智の声は、どこかにあるのでしょうか？

それは確かにあります。世界にはショッキングな出来事や狂気がはびこっているように見えますが、その一方で、石のように固く確かに感じるものが存在します。それは、私たちが変化の風からどんなにひどく打ち付けられても影響されないほど強いものです。人間のもろさによって真実が揺らぐのであれば、それは真実とは言えません。複雑過ぎるものへの答えは、より複雑なものではありません。答えとは、むしろすべてを一新するシンプルさをもっているものです。この混沌からの出口は、入り口とは別の場所にあるのです。

二千五百年前、老齢のマスターを意味する、老子と呼ばれるひとりの中国人が周王朝に王室の図書館の役人職に請われ、任命されました。しかし時が経つにつれて、老子は戦争や政権争い、モラルの腐敗を目にし、幻滅を覚え、いらいらを募らせていてきました。そして、それは質素に調和を重んじ、誠意をもって生きることへの渇望へと変わっていったのです。後年、彼は身の回りのものを整理し、より健全に自然に生きるために都を後にしましたが、彼が王国の西側の関所を抜けようとした時に、門番が彼に気づきました。そして、国を出る前に、彼の叡智を記録して欲しいと老子に懇願したのです。老子が筆を取り出し、当時の紙に八十一篇に及ぶ『老子道徳経』、あるいは『善の道』を記したのはまさにその時です。

しかしこの賢人がそこで書いたものは、単に彼が生きた時代の人たちへ向けたものではありませんでした。それは今日の私たちへも向けられているのです。ワイヤレス通信や最新の小型機器、火星へのロケット打ち上げが行われている背後で、国同士、宗教間の争い、病気と飢餓、強欲と腐敗、人間不信、家庭崩壊、社会的混乱、倫理観の低下など、老子がいた頃と同じ問題がはびこっています。老齢の師によって記されたたった五千文字から成る短い冊子は人々の苦しみの源とその救済策を示し、聖書を除いては、歴史上もっとも翻訳され、解釈され、出版されています。そしてそれは、驚くほど簡潔にもかかわらず、今もってこれ以上はない、癒しのタイムカプセルだと言えます。

その書を読むほとんどの人が『老子道徳経』に染み入っている深い叡智を理解しているにもか

かわらず、その言語はまた多くの人にとって神秘的に響いています。極まったシンプルさは、複雑なマインドにとってはむしろ混乱しているように感じるのです。古典中国語を現代の言葉に正確に翻訳しようとして、「これのどこが私や私の人生に関係しているのだろうか」と多くの読者が、その難解さに頭をかきながら思うことでしょう。

答えは「すべて」です。『老子道徳経』は、どのように生きればよいかを知る上で、もっとも役に立つ深い気づきを私たちに与えてくれます。彼のガイダンスは大昔だけでなく、今の現実にもはびこるさまざまな形の病を帳消しにしてくれます。しかし、この教えを生かすために、私たちはまず、日々の体験の根底で作用し続ける原理を見つけて声にし、普遍的な真実を、地に足をつけた現実に具体的にあてはめて理解する必要があります。そして、それがここで私にできることです。崇高な教えの光を状況の核心に当てることで、昇華し癒していくのが、私はとても好きです。何十年というスピリチュアルな道のりを歩いてきましたが、哲学にはうんざりしてしまいました。今の私に興味があるのは、人生の現実に活かせる実践的なものだけです。

あまりにたくさんの人が翻訳や解釈を与えているこの『老子道徳経』の世界に飛び込むことに、私も最初躊躇しました。アマゾンで『Tao Te Ching（老子道徳経）』のキーワード検索をかけただけでも、尊敬する馮家福《フォンジアフ》とジェイン・イングリッシュによる翻訳本や人気のウェイン・W・

ダイヤー著の『老子が教える実践～道の哲学』（PHP出版）、不朽の解釈版『The Dude De Ching（老子道徳経のデュデズム解釈）』などを含む一二一六冊の関連書籍が現時点で出版されているのに、一体私が何をそこに加えられるでしょうか？

ですので、私は今まで読んだすべて書籍とは異なるアプローチをしようと決めました。詩篇を順に並べてひとつひとつにコメントしていくやりかたよりも、『老子道徳経』の中で最も重要だと思える箇所を選び、この二十一世紀の生活に当てはめてみることにしたのです。痛みに満ち、混乱を誘うような人間関係を変えるにはどうすればいいのか。お金にコントロールされるのではなく、自分がお金の主導権を握るためにはどうすればよいのか。やるべき仕事のスケジュール、子どもの宿題の心配に満ちている日々の中で、どのように頭をクリアにすればよいのか。手元にある請求書を支払えるかどうかを悩みながらも、どうしたら安眠が得られるのか。高圧的な上司や優しく接しても残酷に応えてくるような人々とどう付き合えばよいのか。愛するものを失った時に、どこに慰めを見出したらいいのか。何をすれば、健全な肉体でいられるのか。妄想に走って行われているような政治とどう付き合っていけばいいのか。皆「共存したい」と願う気持ちがあるのに、いや、それが故に、形を変えて現れ、人類を悩まし続ける課題とのジレンマにどう対峙していけばよいのか。

これらの問いに答えるには、老子に教えを求めましょう。それは、意外にも拍子抜けするほどシンプルです。その教えは善を無視して成長した文化に、人間らしさ、誠実さ、気楽さ、柔軟性や優しさを取り戻してくれます。この本では、各章の原理を示す『老子道徳経』の中の鍵ともいうべき詩篇を選び出しました。こうすれば、この歴史的な書は、机上でそれ自体を学ぶのが目的ではなく、生きていく上でのプラットフォームになります。そして、きっとそれこそが老子が意図したところではないでしょうか。

書き始めるとまもなく、理解しがたいと感じる詩にあたりました。そして、「もし老子がここにいたら、どう説明するだろう？」と私は思いました、すると「じゃあ、彼に聞いてみればいいのでは？」という声が聞こえました。私はこの老子という師のもとへ直接行き、自分のメンターにするように導かれたのです。この賢人が書いたものすべてが正しいのなら、彼の叡智は彼の肉体のあった時代を超えて広がっていくでしょう。老子のスピリットは今なお生きていて、彼の洞察からくる気づきの恩恵を受け取りたいと願う人すべてに届くはずです。老子が直接私に語りかけたのか、あるいは、私が彼を導いた知恵の流れにただ触れたのか、それはどちらであっても重要ではありません。私たちは老子という人ではなく、真実を追っているのです。

個人的に私が老子を自らの師とし続けた時、驚くようなヴィジョンが浮かびました。**もし私が**

彼の生徒で、彼とともに昔の中国の大地を歩き、毎日彼に会い、成長のために質問をしながら、彼をお手本にして学んでいるとしたら、どんな感じだろうか？　すると、老齢の師が台所に立って私にお茶を淹れてくれているヴィジョンがやってきました。毎日働きすぎて疲れ、まるで被害者のように語る私を慰めつつ、正してくれるのです。彼が庭の薬草を静かに世話している様子も視えました。親が選んだ相手と結婚して幸せではない若い女性の相談にのっている様子、お腹を空かせた犬を家に連れて帰っている様子、傲慢な政治家に毅然と向かう様子や、細長い竹の杖を自分の肩に抱え、必要最小限のものしか入っていない小さな袋を持ち、田舎道を散策している彼の様子も浮かんできました。その場面がどんどん鮮明になり、師の存在をしっかりと感じるまでになりました。それはまるで、スピリチュアルなタイムマシンで二千五百年前へさかのぼり、老子という天才の足もとに座り、時間を超えた真実の光の中で日向ぼっこをしているようでした。

そして、そんなイメージがどんどん広がったので、老子と個人的に親しく話す場面を本書に書き入れることにしました。各章にドラマ的なシーンを書くことによって、老子の教えを人生にとりいれ、実践的に彼の叡智に手を伸ばし、触れて頂けると思ったのです。哲学は私たちの知性に刻まれますが、ストーリーやイメージは私たちの最も奥に居る自分自身に触れるのに役立ってくれるでしょう。本書の目的は、老子の教えをあなたの頭と心の両方へと届けることです。『老子道徳経』を通して内側から現実を創造していく体験をすると同時に、マスター自身によって為された「タオ（道）」を知って下さい。

老子は彼の書を「ただ読んで欲しい」と思っているだけではなく、私たちがより霊的に成長していくために、そこに書かれた彼の気づきを活かすことで、世の中の変化に上手く応じて欲しいと願っています。世の中の変化に、私たちは喪失感を味わうこともありますが、見放されているわけではありません。私たちの一部は混乱と幻想の中に埋もれてしまっても、もう一部は何が真実であるかをちゃんと覚えていて、生まれながらの権利を思い出し、使命を満たすまで、それを忘れることはないのです。そして私たちは、長年の叡智を携え、それを自分自身のものにして、いつか自分の家に還る道を見つけられるでしょう。これから私たちは、ひとつの時代や空間ではなく、永遠なる真実のある領域へと歩みを進めます。「タオ」の癒しの力を保ち続けましょう。その力は、人生の今この地点にあるギフトを、あなたに気づかせてくれるでしょう。

本書を読まれるかたへの注釈

『老子道徳経』の英語版の翻訳について

本書において引用した『老子道徳経』からの全詩篇は、馮家福とジェイン・イングリッシュによる翻訳本（二〇一一年版）から逐語的に引用しています。大学生の時に、この翻訳本の初版を見つけましたが、その時からずっと、この偉大なる書物は、我が家の大切なものを置く場所にいつもありました。文章から溢れる恩寵と美しい写真を見ると、「タオ」の教えと老子への敬意とともに、真の歴史的書物だと思わせます。この洗練された文章を引用する許可を快く与えて下さった筆者と出版社であるランダムハウスに、深い感謝の意を表します。

抜粋について

本書には『老子道徳経』からの韻文が多く載せられていますが、すべてではありません。本書が焦点を当てるテーマに従って、韻文は抜粋されています。『老子道徳経』からの詩篇は、一度紹介された後、例外的にまた他の章で説明を持ち越されているものもあります。

『老子道徳経』からの抜粋の最後にふられている数字は、抜粋箇所が書かれた韻文を表しています。

オリジナルストーリーについて

各章に、老子とその教えがあった時代での彼とその他の人々との交流場面がフィクションで書かれています。これらの場面はもちろん事実ではありませんが、当時「老子とともにいた」と仮定した、彼の生徒との体験を想像して書いてみました。紀元前五百年頃の周王朝時代の日常をなるべく詳細に書くように努めましたが、何か歴史的な誤りや整合性のなさを感じても、どうかご勘弁下さい。各場面のシナリオは実際の事実を伝えるものではなく、むしろ師としての老子によって伝え活かされた、『老子道徳経』のテーマと教えを展示する場のようなものです。

あなたとともに在るもの

その冬、ニュージャージー州は雪深くどんよりとしていました。未来を夢みていた彼女との関係は砕け散り、雪に溶けてしまいました。母は術後の状態が思わしくなく、入院をしていました。私はといえば、その病院をうろうろしていたら、ひび割れた唇から菌が入って感染してしまい、まるで『スターウォーズ』の中のジャバ・ザ・ハットのように、もうこれ以上はない位に、唇が腫れあがっていました。医師のもとに行くと、彼は麻酔もかけずに、私の唇をメスで切開しました。その時の私の悲鳴のすごさに、待合室にいた患者たちは思わず逃げ出したことでしょう。

その後、私は処方箋された薬を受け取るために、薬局へと車を走らせました。並んでいた人たちは私を一目見るなり後ずさりをしたので、私はすぐにカウンターに行けました。ですが、その時になって、財布を忘れてきたと気づきました。薬剤師はもうお金は要らないから、薬をもって帰ってゆっくりするようにと言ってくれました。私に人生のなかで本当に一番ひどい辛い日でした。

ええ、そうです！　まさに人生最悪の日だったのです！　家に到着するまでは。家に着いて、メールボックスをあけた時、私は最も敬愛するメンターのヒルダ・チャールトンからの手紙を見つけました。

「親愛なるアランへ、あなたのことを私がどんなに愛しているか、どんなに信頼しているか、それを伝えたくてこの手紙を書いています。あなたは素晴らしいです。よくやっています。逆境にくじけないで。あなたは魂が導く道にいます。目に見えない存在たちから助けられています。あなたの存在は祝福されていて、深く愛されているのです。ヒルダより」

十四年間、ヒルダのもとで学びましたが、それが私が彼女からもらった唯一の手紙です。自分の人生からどの日かを一日選んで保存できるなら、私は躊躇《ちゅうちょ》なくあの手紙を手にした瞬間のあの日を選ぶでしょう。ヒルダは、私にその時何が起こっていたかは知りませんでした。ただ彼女は直感に従って、完璧なタイミングで行動しただけなのです。そして彼女の思いやりは、私が一番それを必要とする時と場所に、私のもとへやってきました。

宇宙は一見ふざけているように、いいえ、残酷なまで無秩序に出来事を創造しているように思えます。しかし、裏側にすべてのシーンを司る何かがあって、すべての創造は人生にすでに織り込まれています。その力は目には見えませんが、五感で触れられるあらゆるものよりもむしろリアルに感じます。思考は怪しんで疑っても、心は分かっているのです。それは命そのものだからです。そして、老子はこの力を「タオ（道）」あるいは、「偉大なる道」と呼びました。

天と地が誕生する前から
ひとつにまとまった不思議なものがある
静かに形なく
何ものにも頼らず、不変で
どこまでも存在し、動き続ける

おそらくは万物の母であろうが
私はその名を知らない
なのでそれをＴＡＯ、
仮に「道」と呼ぼう

そしてそのありさまを語る
よりよい呼び名がないので
強いてそれを「偉大なる道」と呼ぶ

偉大にして、それは流れる
遥か遠くまで流れる
遥か遠くに流れ、また返ってくる

だからこそ、「道は偉大」である
天は偉大であり
地は偉大であり
人もまた偉大である

〜二十五〜

すでに自分とともに在るもの

私たちは『スター・ウォーズ』の「フォースがあなたとともにあらんことを」という祈りの言葉を知っていますが、この言葉が本来もつ優しい意図を知るには、少しばかり補足が必要です。フォースを手に入れるには、運が必要か、あるいは、何か特別なことをしなくてはならないと解釈されているようですが、正しくは、フォースは**すでに**あなたとともに在るからです。あなたの内側で、息をし、話しかけ、動いて、あなたを導き、その都度恵みをもたらし、**あなた自身**として表現しています。太陽はその一光線ではあり得ません。海は表面で満ちては引く波の動きを止めることができません。同じように、フォースもあなたとともにいることを止められないのです。私は今まで何度も、宇宙の働きを自分の思うように抑え込もうとしてきました。しかし試みはすべて失敗に終わり、「人生はすでに私の善へと、できる限り前進し続けているのだ」と悟るまでは、何も変えることはできませんでした。あなたはフォースにむかって、助けて欲しいと請う必要はないのです。ただフォースが自然にあなたを見つけて、あなたを通して、あなたのために動いてくれるままにすればよいのです。先の祈りの言葉をもっと正確にいうならば、「あなたがフォースとともにあらんことを」となるでしょう。

「タオ」とは、そのフォースそのものです。完璧に存在し、今この時も息づいていて、この世の日陰や歪められた場所を力なく歩くしかないというような思い込みを退け、私たちの描くヴィジョンを曇らせないものです。人間は愚かにも、人生とは地球上でよろよろ歩きするようなものだと思っていますが、「偉大なる道」は完全であり続け、その力を知る人すべてが使うことができるものです。私たち人間が無敵で揺るがない源泉をもっていないことが問題なのではなく、その源泉の存在さえ知らず、従ってその使いかたを知らないことが問題なのです。

私の言葉は、とても分かりやすく、
とても実践しやすい
ところが
これをしっかりと分かる人はおらず
ましてや
これをよく実践する人はいない

私の言葉にはその根本となるものがあり
ものごとはそれを統べる要点があるが
そもそも人はそれを理解しないので、

私のことを理解する者がいない
分かる者は稀であり、
それゆえ、私に倣う者はほとんどいない

〜七十〜

私は本書を通じて、何か目標を達成しようとは思ってはいません。未来を見失っている人たちにヴィジョンを、希望を失くしている人に希望を、無感覚な人へ情熱を、迷子になった人へ行き先を、恐れに満ちた人へ勇気を授けたいと思っているだけです。自分の答えが存在する場所、すなわち自分の内側へと目を向ければ、それができます。『老子道徳経』は、あなたに外側の何かと格闘しなさいというのではなく、あなたの内なる王国を肯定しなさいと言っているのです。自分が求めているものはすでに在るという真実を、きっと思い出させてくれるでしょう。そして、自分を完全にしようと、外側の何かを追いかけ続ける人生を終わりにしてくれるでしょう。ありのままの自分が完璧だと思い出す時が、「タオ」を見つけた時です。そして、自分と「タオ」とが神秘的に溶け合って完結する時です。

ストレスと混乱する気持ちを抱えて、私は師に会いに行った。彼の家に着いた時、彼は庭にいて普洱茶を栽培した畑の草むしりをしているところだった。私が来たことが分かったのか、彼はそのまま作業を続けながら、「何があったのかい？」と私に尋ねた。振り返ることもなく。

「母が勧めてくれた占星術師に会ってきたところなんです」と私は力なく答えた。

「彼に、私はこの先五年間は運が悪いことが続くと言われました。もう死にたいくらいです」

師は立ちあがり、手についた土を払い、私の顔を正面から見てこう聞いた。

「で、君はその占星術師に自分の未来を決めさせるというわけかね？」

「いいえ、う〜ん、でも……私の母はもう何年も彼に観てもらっていて、彼を信頼しています。母は決断する前にはいつも彼の意見を聞きますし、私の町では尊敬されている占星術師なのです」

老子はうなずいた。

「彼はきっと良い占星術師なのだと思うよ。でも、君は自分の力を彼に明け渡すのかい？」

「では、占星術は間違っていると？」

「すべての科学は使い道によっては正しい。科学が君をより豊かに生きるようにしてくれるのであれば、助けになるだろう。でも、もしそれによって、君が自分をあやつり人形のように感じたり、誰かに糸で引っ張られるような気持ちになるのであれば、それは害になる。ナイフは手術では人を癒す道具になるが、一方で人を殺める道具にもなるものだ。だから、君がそれをどう使うかにすべてはかかっている」

それを聞いて、私はさらに混乱してまた尋ねた。

「では、私は占星術師のアドバイスを無視した方がいいのでしょうか?」

「君の内側の答えを見つけなさい。君の人生は星によって決められるものではない。君のマインドの状態と君自身の選択によって決定される。星の配置に関係なく、君が君の旅路の主導権を握っている。健全な選択をしなさい。そうすれば、たとえ逆境にあったとしても、『タオ』が君にその逆境をどのように自分の人生に役立てればいいかを教えてくれるだろう」

そう言うと、老子は背を向けて、草むしりにまた戻っていった。私はそれ以上は聞かなかった。師が話し終わった時は、話は終わりだ。その後は私自身が決めることなのだ。

あの日から五年が経過したが、私はいまだ生きてここに居る。困難な時もあれば、気楽な時もあったが、私はその状況が私にどんな強さを与えてくれるかを問いかけつつ、困難を克服していこうと決めた。今は逆境を恐いとは思わない。師がかつて私に言ってくれたように、「道を遮るものもまた道」なのだ。

自分で選択した道のりを
あなたとともに歩いているのが誰なのかを知れば、
恐れがやってくることはないだろう

~『奇跡のコース』~

自然に委ねる

人は地と一体化し
地は天と一体化する
天は「道」のありかたと一体となり
「道」は自らの
自然のはたらきと一体となる

～二十五～

パートナーのディーと私は二匹の犬を飼っていました。犬に詳しい友人たちは、九歳の雄犬はもう一匹の年上の雌犬には若すぎると口を揃えて言っていましたが、雄犬の彼は、どうやら言われたことをメモにとっていなかったようです。ある夜、ディーと私が居間でくつろいでいると、台所からキャンキャンという鋭い声が聞こえました。急いで駆けつけてみたのですが、「時すでに遅し」でした。二匹は困惑した顔を互いに浮かべながら、四十五分間組み合っていました。「さて、私たちどうしょう?」と言いたげに。

そして、ディーと私も九か月後、なんと彼らと同じ質問を自分にすることになりました。三匹のむくむくした子犬を家族に迎えたのです。最初は誰かにもらってもらおうと考えていましたが、生まれてみると、私たちは三匹にすっかり恋をしてしまい、別れなど考えられない状態になっていました。「五匹は無理だよ」と私たちは言いましたが、でも飼うことにしました。新しくやってきたむくむくした家族のおかげで、私たちの人生も言葉にできないほどの喜びを知り、歩き、遊び、寄り添い、はしゃぎ、「子どもたち」とともにどこまでも動き回りました。「犬たちのお父さん」になるのを諦めて、別のライフスタイルを選ぶなど、私にはできないでしょう。以前に、ある俳優が番組のいたずら企画で、犬の集まる公園に行き、飼い主に十万ドルで、最終的には百万ドルで、彼らの犬を買おうとしましたが、誰ひとりとして受け取りませんでした。愛がお金に換えられないと皆知っているのです。

最良の出来事は、計画されずに起こります。出来事は起こるべき時に起こる、と「タオ(道)」にもあります。起こる時に起こる、と。『老子道徳経』の五千字はすでに簡潔ですが、その教えすべてをひとつに煮詰めて、六文字にするとこうなります。

自然に委ねよ

遅かれ早かれ、自然は私たちのために動いているのか、あるいは、私たちに対抗して動いているのかを見極めなくてならないでしょう。人生は私たちの敵でしょうか、それとも友人なのでしょうか。この世が人々によってめちゃめちゃにされていく一方で、五感で感じる混とんとした状態を超えるような健全な領域が、どこか根底にあるのでしょうか。世界は果たして機能できるのでしょうか。また、見かけとは別に、そもそも世界はちゃんと機能するように作られているのでしょうか。自然のサイクルを考慮のうえで、計画されているのでしょうか。それとも、そのサイクルを超越して考えられているのでしょうか。

この地球という惑星に生まれた文化は、今までの歴史を見ると、以下の三つの方法のいずれかを通して、自然と結びついてきています。(一) 自然の**支配下**の人間、(二) 自然を**超える**人間、そして (三) 自然の**なか**の人間です。「自然の支配下の人間」文化は、近代のある地域にも見られますが、古代ギリシャ、ローマそしてマヤ文明のように、人類を凌ぐ神や神格化された人やスピリットによって、世界が統治されていると信じているものです。この文化では、そういう存在によって私たちの運命は計画されていると言われ、人間である私たちは身分も低く、彼らにかしずき、彼らの怒りをなだめ、犠牲になり、彼らの機嫌を損ねることは一切してはいけません。そんな文化では、高次の力のご機嫌次第では恵みが受け取れ、災難は人間の悪行への罰だとされています。

また、「自然を超える人間」という哀れな思い込みの象徴が、テクノロジーが圧倒する文化です。自然を私たちの敵とみなした挙句、それを操ろうとし、障害をコントロールしようとして、目的のために服従させようとしています。この惑星を傷つけるのは、そのまま私たち自身を傷つけるのだとも気づかぬままに、森やダム、川を引き裂き、化学物質で食べ物を保存し、遺伝子を操作し、空気中に毒を噴出しています。古代の神は、テクノロジーという神に入れ替わり、ひるむことなくボタンを押すだけで宇宙を征服する武器を作り出しています。しかし、『老子道徳経』は、唯一「タオ」に通じるものだけが永遠であると言います。「結局最後は自然に戻る」とも言います。私たちは自然をてなずけようとするより、自然が創造してくれたものを尊敬すべきなのです。

三番目の「自然のなかの人間」は、私たちが生きていくための道であり、上手くいく唯一のモデルです。大地を大切にする多くの文化は、人間の目的は自然と協力し、共存し、創造主に感謝し、彼からの恩恵を授かり、それをお返しし、そして大切にすることだと理解しています。ネイティブアメリカン、北米先住民族、ハワイアン、アボリジニ、マオリ族、そして他の先住民族の文化においては、人は自然を支配したり、出し抜こうとするよりも、自然と**ともに**生きていく必要性とその大切さを良く分かっています。そんな人々は自然が創造するものを深く尊敬したうえで、それらすべてを健全に使っていく道を探しています。

最高の善とは、水のようなものである
水は、万物を潤し、生命を与えつつ
戦わず静かに
人々が嫌がる低い場所にも流れる

これが、すなわち「道」である
大地近くに住まい
瞑想をもって、心の奥深くまで行くのだ

～八～

軌道修正というギフト

最初悪いニュースに思えたものが、最終的には癒してくれるような良いニュースになることがあります。それは自然が方向転換を迫り、自分本来の道へと戻るように促しているのです（これは優しい言いかたですが、しばしば厳しい体験を通しても起こります）。サインに敏感で、サインに基づいて行動している場合は、その導きは柔らかな形でやってくるでしょう。一方で、サインが示すメッセージを無視し、抵抗する場合には、厳しい形でやってくるかもしれません。ささやき声にきちんと耳を傾けていれば、頬をぶたれる必要はないのです。以前、フランスのあるリンゴ農園のドキュメンタリー番組を見たことがあります。そこでは、農夫が化学物資から作られた十九種類の殺虫剤をいつも撒いていました。まもなく殺虫剤の毒性が、農夫の身体に現れ、彼は痙攣と発作を起こし始めました。自分が使っていた化学物質がこんな症状を起こしたことを知り、有機農法へと変更したところ、身体の状態も改善しました。この場合、彼の病気は罰というわけではありません。それはむしろ目覚まし時計です。自然はきっと彼にこう言っていたのでしょう。「あなたがやっていることは、『タオ』に調和してはいません。サインを聞き入れて軌道修正し、より気持ちよく生き、この地球と周囲の人々の健康を促してください」と。

あなたが「タオ」から受け取っている、健全で自然な状態への回復を促すメッセージは、どんなものでしょうか。あなたの身体に関しては、何と言っていますか。あなたの仕事に関しては、どうでしょう。人間関係は？　経済的には？　あなたは、政治や経済、ヘルスケア、教育やビジネスの分野において、「偉大なる道」では**ない**ものを見分けられますか。それが分かれば、私たちは本来の道へと戻ることができます。自然はこの宇宙が創造したものの中で、もっとも明確で、率直な教師です。私たち人間は互いに欺けますが、自然を欺くことはできません。自然界から学び、困難を通してではなく、恩寵や安らぎとともに「偉大なる道」へ戻る方法を知りましょう。

調和を理解すれば
不変になる
不変を理解し実現すれば
悟りとなる

しかし無理強いは賢いやりかたではない
呼吸を無理に荒くすれば負担がかかる
力を使い過ぎれば疲労困憊を生む

これは「道」のいうところではない
「道」ではないものはすべて長くは続かないのだ

〜五十五〜

リズムとサイクル

自然界のすべては、リズムや波のようなパターン、そしてサイクルで動いています。先見の明ある科学者であったニコラ・テスラは、「宇宙の秘密を知りたいなら、エネルギーや周波数、振動を通して考えなさい」と言いました。神によって創造された万物には、最も小さな原子から遥か彼方の銀河まで、すべてに振動と独自のサイクルがあります。自然をそれ自身の軌道から逸脱させようとしても、それは叶わぬ夢です。『奇跡のコース』には以下のようにあります。

偽りの自分を真実とすり替えることはできない
その試みは、潮の満ち引きを変えようとして

太陽による水温の上昇を変えようとして
夜の月の輝きを変えようとして
子どもが大海に枝をただ放るようなものだ

私たちは自然を打ち負かすことなどできません。生命の仕組みの後ろ盾にあるものがどれだけ万能かを真に理解したら、そうしたいとも思わないでしょう。たとえば、親友を殺めようと思うでしょうか。宇宙から生物が生み出され、その要に私たち人間が置かれ、恵まれ支えられているのは、創造主による計画なのです。生き延び、栄えていきたいのであれば、まずは自然を信頼し、そのなかに自分を置き、自然を高めることをしなくてはなりません。そうすれば、私たち自身も高まっていきます。

友人のデボラが、カリフォルニアのモンテレー湾でスキューバダイビングをしている時のことでした。誤って昆布の生息する一帯に入ってしまい、昆布に絡まり、動けなくなってしまいました。最初、彼女はパニックに陥り、そこから抜けようと必死で転げまわりました。しかし彼女があがけばあがくほど、彼女は昆布の罠にはまっていきました。ですが、やがて彼女は、海水の流れにはあるパターンがあって、それによって昆布が、水中ダンスのようにゆらゆらと揺れていることに気づきました。そこで、デボラは、流れや昆布の動きに逆らうのを止め、むしろその動きに合わせて身体を動かし始めてみました。その流れのリズムに沿って動いたところ、やっと自由になれたのです。

同じように、政治や経済にも、ビジネスや人間関係においても、ある一定の波やサイクルがあります。政治には対立する派閥がベースにあり、覇権や政策はその間をゆらゆらと揺れています。経済には急騰や下落があります。不動産市況も、好調かと思えば、凍りつき、また好調に戻ります。個人的なレベルでも、誰かと一緒にいたいと願う時もあれば、ひとりでいたい時もあるでしょう。仕事に時間を費やす時もあれば、遊びに費やす時もあります。以前、精神的にとても疲れた時、フィジーで長期休暇を取ったことがあります。私は残りの人生をひとけのないビーチを散策しながら過ごしたいと思い、夢見ていました。最初、静かな時間は私の気持ちをなだめてくれました。それは、過剰な仕事の後の完璧な小休止でした。しかし、しばらく経つと、私は退屈してきました。仕事で自分が楽しんでいた部分があったと思い出し、懐かしく思いました。そして結局私はリフレッシュして、仕事モードに戻りました。いつも仕事が嫌だったわけではなかったことに気づいたのです。同様に、いつも遊んでいたいわけでもありませんでした。両方のバランスを楽しんでいたのです。退職した人たちが何かを作り出したいと思い始めるのも、同様ですね。黄金の時間はひとりでゴルフをしても満たされないのです。何もすることがないと、人は退屈し、落ち込み、死んでしまうこともあります。私たちには皆、目的が必要なのです。この地球に居るのは、リラックスするためだけではなく、何かをするためです。外側に出て行き、また内側に戻ります。その根本的なサイクルに沿って生きている時、あなたは「偉大なる道」を歩いています。

祖母の次第に弱まっていく身体を見守りつつ、私は横たわる彼女のそばに座っていた。かつて活力に溢れていた彼女が小さく縮んでいく姿を見るのは、本当に辛かった。医者はもうできることは何もないと言い、今や彼女の死は時間の問題だった。私は祖母の手をとって、彼女のガラスのような瞳を覗き込んだ。彼女は枕から少し頭を起こしてこちらを見て、柔らかな笑みを浮かべた。彼女は今までもいつも私に優しかった。彼女が逝ってしまうのを見るのは耐えられなかった。

私は振り返って姉の碧玉《ビュ》の手をとった。彼女もまた祖母を愛していて、泣いているのが分かったのだ。碧玉は強い女性だ。彼女がすすり泣くところなど今まで見たことはなかったが、今日はそんな彼女でさえも弱さを見せていた。私たちは祖母との別れを惜しんでいた。

私は碧玉の膨らんだお腹を見下ろした。赤ん坊が生まれてくるまであと二か月だ。祖母の魂が生まれ変わって、赤ん坊に宿り、自分の孫とならないだろうかと私は思った。そういう話を聞いたことがあったのだ。だから、私はそうなるように静かに祈った。

葬儀を終えた後、私は老子に会いに行った。私は尋ねた。

「どうして人は死ななくてはならないのでしょうか」

師は焚火の燃えさしをゆっくりとかき回していたが、立ち上がり、私のとなりにそっと座って言った。

「ただ、そのようになっているからだよ」

そしてこう続けた。

「誰かが、または何かが死ぬ時、その人もその物も役割を終える。それはここに居る目的が無くなったということだ。もしまだ目的があるのであれば、残り続けるだろう」

彼の答えには満足できなかったので、私はもう一度聞いた。

「ずっと永遠に生き続けることはできないのでしょうか」

彼は微笑み、焚火の灯りが彼の乾いた頬をやわらかく照らした。

「生き続けているのだよ。単に身体が死んでしまっただけで、真の自分自身は生き続ける。もし死んでしまうとしたら、それは決して真に生きたものではない。身体は魂が動かしているただの骸《むくろ》なのだ。魂は身体に閉じ込められることはない。私たちは永遠に生き続けるのだよ。私が約束する」

祖母の一部が生き続けていて、私たちも皆そうであると考えると、私は少し楽になった。

老子は私の目をしっかりと覗き込んで言った。

「『タオ』は、君に生と死を信頼するように求めている。それぞれは、そうあるべき時に起こり、サイクルの次のステップへと導いていく。魂はそのサイクルには入らない。それは常に向上していくサイクルの中に在る。自然のサイクルをあるがままにさせなさい。そうすれば、それぞれの目的をちゃんと見せてくれるだろう」

頭では分かってはいたが、私の心はまだ祖母を失った悲しみに痛みを感じていた。師はそれを感じ取った。

「頭では理解しがたい質問の答えは、心が知っているものだよ」

彼は続けた。
「お祖母さんは、今も変わらず君から愛されている。そして、君も愛されている」
老子がそう言った時、私は平和に包まれた。頭はまだ答えを求めていたが、私の心は満たされたのだ。そして、私が真に求めていたのはそれだった。

〜四十八〜

天下をとるには、何もせず
あるがままに任せることである
余計なことをすれば
天下はとることはできない

ほんの指先で触れるだけで最大の力を呼び込む

「タオ」に調和して生きていると、最大の力をほんの指先で呼び込めます。二〇一七年のアメリカの大統領就任式の後に行われた、ウィメンズマーチは大きな成功をおさめ、「タオ」の力を証明してくれました。退職後マウイ島のハナという小さな田舎町に住んでいた、テレサ・シュックという年配の女性は、「女性が自身の権利のために立ち上がり、フェミニズムに難色を示す新しい政府に向かっていくべきだ」と思いました。彼女はフェイスブックの自分のページに「私たちはマーチング（行進）すべきだと思う」と打ち込み、完了キーを押し、眠りにつきました。翌朝彼女は起きて、心から驚きました。なんと、彼女の投稿は一万件の「いいね」を集めていたのです。マーチングへの情熱はウィルスのように広まり、そしてついにその日が来ました。米国の三千人近くの女性と男性、そして子どもたちが行進したのです。それはアメリカ史上、一日の抗議マーチとしては最大であり、七大陸の六十三国の数百万の人たちもそれに続きました。もし、テレサの住んでいるその小さな村がどんなに離れた場所にあるかを知ったら、あなたはとても驚くに違いありません。そこに行くには、長くて曲がりくねった道を最低でも二時間走らなくてはなりませんし、そのうえ、六二〇個のカーブを曲がり、五十九の一方通行の橋を渡らなくてはなりません。そんな道のりをやっと終えたところにある小さな衣料品店には、「生きて、無事にハナに着いた！」と書かれているTシャツが売られています。こんな無名の現場から、パソコンのキーを一回タッチしただけで、記録に残る運動が起こったのです。

ヴィクトル・ユーゴーは、「時にかなって生まれた発想よりパワフルなものはない」と言いました。あなたの発想が「タオ」とともにあれば、それ自身が命を持ち、完璧なタイミングで正しい方法のもと、正しい人たちのもとに届けられるでしょう。あなたはただ畏敬の念を抱きつつ、川の流れが、自分のボートを大海に運んでくれるのを見ていればよいのです。自然に軌道を委ねれば、止まることはありません。

～六～

谷間の神は決して果てることはない
それは女性であり、神秘なる母である
彼女の門は天も地も生まれ出ずるところ
おぼろげではっきり見えないようなものであるが
それを使いなさい
そのはたらきは尽きることはない

蜃気楼の向こう側

日本人の参加者のためにハワイでリトリートをすると、一番多く耳にするコメントは「こんなにたくさんの星があるなんて知らなかった！　東京では見ることができません」というものです。この言葉はまた、星を見えなくするような都会が、現実と心のなかの両方に作られていることを比喩しています。そして、そんな建造物よりも、私たちにはもっと大きなパワーがあり、それを思い出させてくれる場所へと続く道を見つけなければならないということを示しています。世界で一番高いビル群は衝撃的で、また魅力もありますが、天の星のすばらしさは到底超えられないでしょう。どんなに高層なビルが並んでも、その向こう側には無数の星がいつもあるのです。

私のラジオショーに電話をしてきて、アドバイスを求めてきた女性の話をしましょう。彼女の質問は、過剰に落ち着きのない自分の幼い息子を静めるにはどうしたらいいかと言うものでした。今まで彼がしっかりと落ち着いていると感じた時がなかったかを彼女に尋ねてみると、「彼は外に出るのが大好きです」と彼女は言い、「小川に連れて行くと、水の中に入って、木や石と遊んで楽しみます。何時間でもそうやっていられます」と説明しました。私は、自然のなかにいるだけで、そのまま彼の癒しになるのではないかと言いました。彼女の話から、彼が感情のバランスをとるためにはどうすべきかを、自分ですでに知っていると分かったからです。そして、その少年は母親にとっての教師でもありました。自分と同じように、彼女にも自然からの恩恵を受けるようにと導いていたのです。今の子どもたちはとても幼い頃からさまざまな機器を与えられ、没頭しています。大人たちの多くもそうですが、定期的に自然のなかにいくことが救いとなります。老子のアドバイスは、ほぼ三千年も前のものですが、むしろ今日に通じるところが多いのです。彼の叡智を実践しましょう。そして、私たち自身やこの惑星を、自然な生命の秩序へと戻しましょう。「タオ」を実践すれば、私たちはここに来た理由を思い出し、この世の始まりの時のように、万物は私たちの友人となるでしょう。

前から迎え見ても、頭は見えず
ついていっても、後ろは見えない

古くからの「道」とともに在りなさい
そして、今の時とともにしっかりと動いていきなさい

そうすれば
そもそもの古い始まりを知ることができる

それが「道」の核心である

〜十四〜

善行をやめる

自分をひけらかさないから、才能がきわだつ
自分を正当化しないから、かえってあきらかになる
過信しないから、学び理解できる
威張らないから、ひるむことも決してない
争おうとしないから、誰も挑んでこない
古いことわざに「負けるが勝ち」とある
これは偽りではない

完全さを真に認める時、すべてのものがやってくる

〜二十二〜

アフリカのヒンバ族の間では、女性は妊娠したと分かると、数人の友人とともに自然の誰もいないところへ行きます。そして、お腹の子の歌が聴こえるまで、祈り、瞑想し続けるのです。この部族では、すべての人間は独自のエネルギーをもっていて、そのエネルギーを通して、その人の魂を象徴する歌が表現されると信じられています。歌が聴こえたら、妊婦はその歌を部族に教え、お産の時に、村人たちは集まって、この世に生まれ出でる子どものために歌うのです。

そしてその後は、その子が育っていく人生の重要な地点で、たとえば、初めて学ぶ時、成人する時、結婚する時、またその子が大人になり自分の子を産む時、その歌は村人たちによってまた歌われます。そして、ついにこの世を去る時が来ると、また村人たちは歌いながら、次の世界へとその人を送り出すのです。

さらに、村人たちがその歌を歌う別の機会がもうひとつあります。もし成人したその子が罪を犯したり、社会的に受け入れられないことをした場合、村の中心にその子を呼び出し、皆でその歌を歌うのです。この部族は過ちを犯しても、人生の軌道修正は罰によってではなく、真の自分を思い出すことで為されていくと知っているのです。

老子もまた同じ意見をもっていて、真の自分が生きかたを知っているとしています。私たちが自分の本質に従って生きる時、誰かに自分の道のりを決めてもらう必要などありません。私たちが知るべきは、ただ内側から外側が創造されるということのみです。真の規則とは、内なる導きとのつながりを失ってしまった人たちのためにあるべきなのに、法律は、私腹を肥やすために他者をコントロールしようとする、思慮のない指導者たちによって誤用されています。老子ならきっとこう言うでしょう。

規則が多ければ多いほど、自由が少なくなる
自由が少なくなればなるほど、幸せが少なくなる
少ない幸せは、犯罪を増やし
犯罪が増えれば増えるほど、規則が増える

悟りを開いた人たちの社会ではきっと、規則や法律、政治、刑罰、投獄も必要ないでしょう。各々が選択をしなくてはならない地点で、各々が自分の誠実さと向かい合い、個人や社会へ最大限に貢献できることをするでしょう。すべての人が自分の財源に応じて他人に分け与え、自分の必要に応じて他人から受け取るでしょう。しかし、現代社会では、多くの人が生まれもった叡智

と切り離されてしまっています。他者を信頼しようとせず、それゆえどのように生きたらいいかを指示してくる権威ある外側のものに頼っています。自分で考えるよりも、従う方が簡単に思えるでしょう。ですから、政府や宗教、教育、経済、医療、文化や家庭に、自分の人生を明け渡しています。

どう生きるべきかは、誰かに教えてもらえるという思い込みが取り去られたら、あなたは内なる知恵に頼るしかなくなりますね。そうできますか?

内なる導きへの信頼は、個人や地球規模の成長への確固たる一歩になります。独断的な世の中からへその緒を切って自由になるようなものです。深く自分を信頼するのは、まるで未知の領域に踏み入っていくようで恐ろしいかもしれませんが、むしろ本当は家に還っているのです。ドイツの哲学者であるゲーテはこう言いました。「自分自身を信頼すればすぐに、どう生きるべきかが分かるだろう」と。

であるから、真に偉大な者は本質の上に生き
表面には生きない

見せかけ（花）ではなく、実質（実）の上に生きるのだ

〜三十八〜

善の住まうところ

あなたはそのままでは不充分だと信じ込まされてきました。たとえば、こんなふうに。根本的に自分は傷物であり、何かが欠けているのだ。愛され、受け入れられるようになるには、何かしなくてはならない。もっと賢くならないと、痩せないと、若く見せないと、お金を稼がないと、色っぽくならないと、結婚して子どもを持たないとだめだ。友人を感動させるには、大きな婚約指輪や赤く塗った唇が必要だ。そして、壁にたくさんの資格証明書をかけ、より多くのトロフィーを獲得し、すごい人たちとの写真を飾らければと、信じ込まされてきたでしょう。私がフィジー島に住んでいた時、周囲にはお金を持たない人がほとんどで、ほんの一握りの人しか裕福な人はいませんでした。そこに、ハイウェイのそばの広い家に住んでいる、有名なカヴァ（お祝い時に飲むドリンク）の販売人がいました。ＢＭＷのＺ４スポーツカーをもっていましたが、

それはその国ではロールスロイスに匹敵する高価なものでした。彼はハイウェイのすぐそばに、その車を展示するスペースを建築し、いろいろな方向からカラフルなライトで車を照らして飾りました。そうすることで、展示スペースの横を通った人に、この車の持ち主がとてもお金持ちであると知らせて、それを証明して見せたのです。しかし、その車が展示スペースを出たところを、私は見たことはありません。一体彼は運転したことはあったのかと疑問に思います。それは彼にとってはトロフィーのようなものだったのでしょう。見栄をはりたいというよりは、おもちゃを見せびらかすのが好きなのです。しかし、遊び道具を展示スペースに入れて飾っても、そんなに楽しい体験は得られないでしょう。人生をかけて、ただただ何かを達成するために、神経をすり減らして汗をかく人もいるでしょう。ですが、たとえ自分の名前の横に資格やタイトルを並べ書いたとしても、私たちのハートは、満足できず求め続けます。内側からやってくるものだけがハートを満たせるのです。

つま先で立ち続けることはできない
大股で歩いては、ペースは守れない
自分を見せようとしても、何も分からない
自分だけが正しいとしても、尊重されない

豪語しても、何も成し得ない
自慢は長くは続かない

「道」に従って行く者にとっては
それらは「無駄な食事や荷物」のようなもので
幸せを運んでくるものではないのだ

だからこそ、「道」に従って生きる者は
それらには近づかない

〜二十四〜

また別のケースでは、優れた人になろうとして、自分のエネルギーをだんだんと失っていく人もいます。これは、外見やトロフィーなどで、他人をびっくりさせようとするのではなく、自分のパーソナリティや知性、または正しい行いを通して、他人を感動させようとするケースです。他人からの尊敬や承認を集めるのを目標とし、自分は優秀だと人が思えば、勝ったと思うのでしょう。しかし老子はこう言い、その曲がったやる気を根本から失わせます。

真に優れた者は何もしない
何かをしたという跡なく、すでに為している
愚かな者はいつも何かをしているが
やり残したことが多くある

〜三十八〜

優れた人になろうとすれば、病んでいくことになります。なぜなら、自分は「まだ充分ではない」との偽りの前提をベースに道を進んでいくからです。嘘から始めれば、最初の嘘を守るために、また次から次へと嘘を重ねなくてはなりません。なので、そもそも結果は始める前から分かっているのです。優秀さの証明を得ようとしても、その試みはすべて、自分は優れていないとの思い込みを一層押し付けてきて、その結果あなたはギャップを埋めようとしなくてはなりません。しかもそのギャップは存在しないものなのです。「半分跳びのカエル」という数学の比喩が

あります。ゴールに向かって跳ぶそのカエルは、残りの距離の半分しか跳びません。最初の一跳びで、全体の距離の半分まで行き、その後、残りの距離の半分地点まで行きます。それを続けます。カエルがゴールできるのはいつでしょう？　ゴールは決してできませんね。彼の跳びかたからはゴールに着けないことは確実です。達成不可能なゴールを探しても、あるいは、そのゴールがもうすでに達成しているものだとしたら、努力は無駄で終わります。すでに自分が到着しているゴール地点へ向かう方法は、半分距離を跳び続けることではなく、そもそも自分はもう跳ぶ必要などないのだと知ることなのです。すでに完全なものを完了させようとする試みは、かえってありもしないひびや割れ目を作り上げますが、ひびや割れ目など決してないのだと理解することによってのみ、癒されます。

メンターであるヒルダに学んでいた時、生徒のひとりが彼女に車を進呈しました。（ヒルダはクラスへの参加費やヒーリングのセッション料など、一切要求したことはありませんでした。彼女は生徒たちの感謝による自発的な寄付によってのみ、質素に暮らしていました）マンハッタンで夕方のクラスが終わった時、その生徒は私にヒルダのもとへその車の鍵を届けて欲しいと頼んできました。ヒルダに鍵を渡そうとした時、彼女はこう答えました。「車はあなたが使っていいわよ。私のところへは来週乗って来てくれればいいから」と。ギフトを渡す役割を全うするために、その時私はただ一生懸命で、彼女が私にヒントを与えているのに気づきませんでした。「大丈夫です。ヒルダ、今夜乗って帰ってください」と私は答えました。もう一度彼女は私に車を使っていいと言いましたが、私は断固として彼女の申し出を拒絶しました。その夜のうちに彼女へ車を渡すのを完了して、私は良い人になりたかったのです。もう一度同じ会話を交わした後、彼女は私に勧めるのをついに止めて言いました。「分かったわ。今夜乗って帰ります」と。

私はメンターに車の鍵を得意げに渡すと、地下鉄の駅に降りて、家路につきました。しかし、マンハッタンの地下鉄の路線図には不慣れで、間違った電車に乗ってしまいました。十五分後、私は夜遅くに南ブロンクスにある駅にいました。その時代のニューヨークでは、危険な地域でした。駅のまわりの強面の人々の顔を見ながら、私が彼女のアドバイスを聞いて、車で帰ればよかったと心から思いました。逆方向に向かう電車に乗り、帰ることはできましたが、私は人生を変える学びを得ました。その学びとは、良い人にみられようと自分に行動させるよりも、大きな計らいに従う方が大切だというものです。

真に善良な者は、自身の善に気づいていない
そして、それだからこそ、それは善である
愚かな者は、善であろうとする

そして、それだからこそ、それは善ではない

～三十八～

優秀さや善は得る必要もなく、得られるものではありません。あなたはすでにそれを自分のものとしています。あなた自身が躍起になって得ようとしているのは、すべてすでにもっている善です。光が太陽から生み出されているように、あなたの本質的な価値はあなたの魂に刻み込まれています。あなたの体験が過去どんなものであっても、あなたの価値は決して目減りしたり、失われるものではありません。成績がどうであろうと、飲酒や薬の良くない習慣があっても、セクシャルな想像をしていても、恋愛の失敗や離婚の経験があったとしても、自分の子どもを怒鳴りつけていても、レジから現金をひったくったとしても、チャリティに寄付するはずの大きなお金を怪しげな救いのために払ったとしても、あなたの魂は完全なままです。何をしたから、あなたは善良であるというわけではなく、つまりは存在そのものが善なのです。自分の生来の深い価値を理解すれば、賢い選択ができ、それがあなたとあなたに関わる人々をより大きな善へと導くでしょう。老子はきっと言うでしょう。「自分の存在を信頼しなさい。そうすれば、あなたが行うことすべてが世界に恵みをもたらすだろう」と。

老子の家の前に、斎壮《ジャイジュアン》が立っていたのに私は驚いた。山沿いの険しい道を歩いて、長老の鞠《ジュ》尚《シャン》が亡くなったことを知らせに来たらしい。また、その集落では遺された妻のために寄付を集めているらしかった。

老子は斎壮に挨拶し、招き入れてお茶を淹れた。いきさつをしばらく聞いた後、寄付の話がでた。老子は財布を取りに行き、結構な額を取り出すと、斎壮の手にそれを握らせた。彼はとても感謝し、頭を下げながら、「夫人はきっととても感謝されると思います」と言った。

老子は頭を振って、礼儀正しく手で制し、拒否した。

「これは私からだとは言わないで下さい」

師は続けてこう頼んだ。

「匿名の者からだと言ってお渡しください」

「なぜですか?」と斎壮は尋ねた。

「彼女はきっとあなたからの寄付を光栄に感じるはずです」と。

「そんなものは要りません。むしろ『タオ（道）』からの贈り物だと彼女に思って欲しいのです」「よく分かりました」と齋壮は答えた。そして「あなたの願いを尊重します」と言い残すと帽子をかぶって出て行った。

客人が帰った後、ドアが閉まるとすぐに、私は老子に匿名でお金を渡した理由を聞いた。

「名声や栄誉、社会的な立場を求めるのは、『タオ』ではないのだ。人々はあらゆる種類の良いことを、自分が世間に知られるために行う。自分の名前を盾に刻んで寺院に置き、あるいは、亡くなった後でも建造物に自分の名を遺し、彼らの寄付の額が知れる時にプライドが高まるのだろう。しかし、これらはすべてうぬぼれである。『タオ』によって彼らもお金を与えられたのだから、『タオ』こそが真の与え手であると理解されるべきだ。私の名前など大いなる神の御業においては、意味のないものだ。そもそもの始まりを間違えることなく、名誉は与えられるべきところへ与えられるべきだ。」

それを聞いて、私は父親がかつてある僧侶と嫌な喧嘩をしたことを思い出した。その僧侶が別の人へ父親よりも良い寺院の席をあてがったのが、喧嘩の発端だった。父は僧侶に、その寺院に

（良い席を手に入れたその人よりも）「たくさん寄付をしているのに」と抗議した。僧侶は、その人のほうが父よりも信仰に熱心だと言った。父はとても怒り、そこを出て、もう二度と同じ寺院には戻らなかった。老子のこの教えを聞いた後、私は父親を「タオ」から遠ざけたのは、彼のプライドだったと気づいた。そして、もし自分が今後、誰かや何かにお金を与えるような機会があれば、師がそうしたように、匿名で行おうと心に決めたのだった。

～十九～

聖人と呼ばれる地位を捨て、浅い知恵を捨て去るならば
万人の利は何百倍にもなるだろう
仁愛（親切心）を捨て、仁義（道徳心）を捨て去り、それらを強制しなければ
人々は今一度受け継がれた真の敬けんな心と愛を思い出すだろう

公平であるべきか、パワフルな方を選ぶべきか

道徳的であろうとするあまり、私たちは「善とは公平でこうあるべきだ」という形にとらわれ、規則を作り上げてしまう時があります。しかし、公平さとは一見では分からないものなのです。友人のなかに、夫婦で教会の牧師をやっている人がいます。牧師の職務として、まず二人は日曜の奉仕として、説教を交代で行いました。ある日曜日は、とても雄弁に話す妻が集まった人々に話し、大人数が集まりました。また別の日曜日には、夫の方が話しましたが、妻の時の半数ほどの人たちが集まりました。

二人はだんだんと出席者の人数に格差があると分かってきましたが、彼らは、何人集まろうが説教を行う機会を平等にもつことに二人で決めました。それが公平だと思ったのです。しかし、時が経つにつれて、妻の説教を聞きに来る人たちの数は増える一方で、夫の方へ来る人たちは減っていきました。そして、それは教会の財政問題にまで発展しました。

二人はもう一度話し合い、明確なメッセージを受け取ったと気づきました。妻が日曜日の説教をするべきだったのです。夫のエゴは傷つきましたが、実は楽しんで説教をしていなかったと認めました。牧師の仕事には、若者たちとともに行う活動というような、彼がより情熱をもてる別

の分野がありました。なので二人は自分たちのそれぞれの強みややる気に従って、各々が最大限の結果が出せるように業務を分担しました。妻は日曜日の説教を担当し、夫は若者たちとのプログラムの運営をしました。まもなく、日曜日の出席者の数は安定して高くなり、若者たちの出席も増え、教会はかつてないほどに賑わいました。何が公平であるかは、法律やある一部の人たちで決められるものではありません。なぜなら、何が公平であるかは、それぞれの状況によるからです。エゴはいつも危険を前提にして、規則を作り上げます。そして、それをすべての状況に当てはめることで、危険を回避しようとするでしょう。しかしより成熟した理解のある人は、偏った考えをもたず、必要に応じて柔軟に行動します。行動しないことは、場合によっては常に正しくもあり、常に誤りでもあるのです。たとえば、誰かが斧であなたの家を壊し侵入し、何かを盗んだとしたら、その行動は誤りです。しかしもしあなたの家が火事になり、消防隊員が斧で家を壊し入ってきて、火を消してくれたとしたら、あなたはむしろ感謝するでしょう。「タオ」を極めたいのであれば、どんな行動が適切かを見極めるために、まず自分の内側をみましょう。結局、内側への道が外側への道なのです。

偉大なる「道」を忘れておいて
親切心や道徳心などと説教する

そして、浅い知恵や知識を使って
今度は自分を偉大に見せようとし始める

〜十八〜

規則と法則、幻想と真実

宇宙の**法則**と人間が作り上げた**規則**の間には、重要な違いがあります。宇宙の法則は永遠に変わらないもので、全創造の基盤となるものです。その法則の働きは間違うことなく、私たちがそれにちゃんと通じていれば、私たちの望む方へ働いてくれます。もちろん、人間が作り上げた規則のなかにも「タオ」に調和しているものはいくつかありますが、その他の規則はほぼ「タオ」を歪めているか、矛盾しています。そんな規則に人々は揺るがない現実との違和感をもちながらも、自分たち人間が作り出した決まりごとであるがゆえに、曲げられず、変更できず、異議を唱えられずにいます。

たとえば、政府は高速道路の制限速度を決めていますが、その規則を守る人は滅多にいないでしょう。ほとんどの人は安全に、八キロから十六キロオーバーで走っています。もし制限速度で走ったとしたら、どんどん追い抜かれていくでしょうし、あなたはむしろ不機嫌になってしまうでしょう。なので、制限速度は宇宙的な法則ではなく、規則と言えます。またアメリカのほとんどの州で、携帯電話で話しながらの運転を禁じる法律がありますが、多くの人が構わずやっています。もし破られるものならば、それも法則とは言えません。また性的な体位や行為を禁じる法を定めている州や国もあります。以前『サタデーナイトショー』というテレビ番組で面白いことをやっていました。ベッドに寝ているカップルが、かけ布団の下で、性的な体位を試してはしゃぎまわるという芝居をやっていて、まず観ている人の笑いを誘います。すると、そこで、黒いガウンの制服を着た最高裁の判事たちが、手に筆記用具をもってベッドルームに入ってきます。彼らはベッドの周りに立ち、時々かけ布団の下を覗き込んで、カップルの体位を見て話し合うのです。「これなら許されるでしょう」とひとりが言うと、「これは許されません」とすぐにもうひとりがはっきりと言います。そしてその審議がしばらく続きます。こんな判決がばかばかしいのは明らかです。人がセックスについて作り上げる規則は、喜びや人とのつながりを高めるものでもなければ、あるいは「タオ」とも関係ありません。私たちは普遍的な原理を捻り、折り曲げ、歪め、覆い隠すことで、自分が過敏になっている恐れや気まぐれ、ジャッジ、偏見、思い込みなどに無理に合わせようとします。そのうえで、今度は他者へと、それらがあたかも正しいと見えるまで押し付けているのです。

宗教にもまた、数えきれないほどの規則があります。いくつかは「タオ」と調和していますが、多くはそうではありません。たとえば、正統派のユダヤ教では、六百十三もの戒律があり、敬けんな信者はこれを守るべきだとしています。しかもその戒律は日々の取るに足らない小さなことにまで及んでいるのです。きっとこれらすべてを守れる人間はおらず、すべてを知るものもほとんどいないために、信奉者は減っていくことでしょう。イスラム教の牧師や学者のなかには、コーランの解釈上で、動物との性交、小児性愛、死体愛好、または強姦などを許可していて、場合によっては必要だと唱える人もいます。信じられないことですが、こんな異常な行為でも、ある「権威」によっては神の言葉とされてしまうのです。もちろん、こんな専門家たちはこの宗教全体の代表ではありません。それに誠実な信者の多くは、その教えを倫理感とともに実行しています。しかし、歪められたマインドが創り上げたものにもかかわらず、なかには、このような解釈を法則として受け入れる人たちがいることも確かです。イスラム教に対して偏見をもちたくなってしまうかもしれませんが、それはポイントが違います。私たちもまた自分だけの旧約聖書を見て、そこに繊細さを欠き自分にもっともらしく強制してくるものが何なのかを見つけなければなりません。旧約聖書におけるレビ記や出エジプト記では、焼いた雄牛を祭壇にいけにえとするように、神から言われたとなっています。また、生理期間中の女性は「不浄」として避けられ、身体の障害がある者は祭壇には近づいてはならず、寺院の周りで髪を切ってはならず、死んだ豚の皮膚を触ってはならず、同じ畑に二つの異なる種類の穀物を飢えてはならず、二種類の糸で縫われた衣装を着てはならないとされています。安息日に働いた者は死ぬことになり、ある女性とその娘の両方と結婚すれば、男もその女性二人も火にかけられて死ぬとされています。これらの懲罰から逃れたい場合には、帳消しにするための方法はありますが、それは自ら奴隷の身分になり、さらにもっと強いられれば、子どもも奴隷に売るのです。

聖書は神の言葉を伝えている一方で、人の言葉も伝えています。そしてその多くは恐れと幻想に満ちています。聖書に書かれた言葉すべてが神の言葉だと信じるならば、嘘と真実を見分けるという、神が私たちに与えた能力をあえて使わず、怠けることを意味します。そしてそれは、聖書に施されてきた数えきれない翻訳、編集、解釈、そして省略などのせいではありません。真実と嘘を見分けるよりも、「これは真実に違いないね」と言う方が簡単です。聖書やコーラン、そして他の宗教的な書物のなかに書かれている多くは、本当に神の言葉でしょう。その言葉はきっと、報われる人生や生産的な社会への聖なる導きを与えているはずです。しかし、私たちに常軌を逸脱させ、誤った解釈をベースにした言葉もそこにはあります。そしてそれは、実行しようとすれば、社会の調和が引き裂かれるようなアイデアなのです。だからこそ、老子は外側に頼るのではなく、自分の内側に入りなさいと言います。外側の意見よりも内側の叡智に導きを求める自分でいるように求めます。そしてこれが成熟した魂である印なのです。

家族で不和が生まれると
親孝行や親の慈愛などが声高に言われ始め
国が混乱し混とんとなれば
今度は忠義な臣下などが現れ始める

〜十八〜

スピリチュアル的に合法

もし倫理を問われるような節目に立ったら、自分にこう問いかけましょう。「これはスピリチュアル的に正しいか？」と。きっと役立ちます。人の意見や人が作り出した法や規則から何を強制されようと、その問いかけをしてみれば、一番役立つ行動が何かを知ることができるでしょう。

たとえば、通常は真実ではないことを、誰かをだまして信じさせるのは良くないと考えられています。しかし、もしあなたが作り上げたストーリーが、誰かを癒すとしたらどうでしょう？

『(不)正直：嘘の真実（(Dis)Honesty：The Truth About Lies)』というドキュメンタリー番組では、かなりひどく揺れる飛行機のなかでの乗客たちの話が紹介されています。この男性の近くに座っていた女性がいきなり強いパニック症状になり、この飛行機は墜落して、乗客全員が死んでしまうと泣き叫び始めました。その彼は取り乱したその女性に近づき、「私は航空学を学んだ技師です。あなたは世界で一番安全な飛行機に乗っていますよ」と言いました。彼は飛行機が墜落するなどあり得ないと、彼女をなだめました。これを聞いて、女性は大人しくなり、落ち着きを取り戻しました。そして彼女は彼に「キリストがあなたを私のところへ送り込んでくれたんだわ」と言いました。しかし、実のところ、彼は飛行機技師でもなんでもなく、飛行機の設計のことなど何も知らなかったのです。彼は嘘をつきましたが、ただ彼女の心配をなだめたかっただけなのです。彼は社会的な道義には反したかもしれませんが、彼女を救い、他の乗客にまで及ぶはずだった悪影響も防ぐことができました。そして、それは上手くいったのです。この男性に誤りは何かあるでしょうか？　哲学的な随筆家であるロバート・ブロールトは、その答えをすっきりとまとめてこう言っています。「今日、私は真実を曲げて、優しく在る。そしてそれに何の後悔もない。なぜなら、私には何が真実かよりも何が優しさかのほうが、はるかにはっきりとしているからだ」

この飛行機での話をフェイスブックに載せたところ、読者のひとりが「私たちは皆自分で作り上げたお話の中に住んでいる。癒しを生むのであれば、恐ろしい話を嘘とすり替えても、何もいけないことはない」とコメントしてくれました。このコメントは、新しい時代や新しい思考の哲学について、大事なことを私たちに思い出させてくれます。それは「あなたがあなた自身の現実を創っている」というものです。これは、半分は正しいと言えます。あなたは、事実を創造する力をもってはいません。事実はむしろ、すでにとても完璧に創造されていて、それをいじって修正する権利はあなたに与えられていません。事実は、あなたの意見がそれに好意的であろうがなかろうが、あるいは自分で話を作り上げようが、存在します。あなたがもっている創造のパワーとは、むしろその事実をどのようにとらえるかで生まれる**自分の体験**なのです。自分の思考で天国や地獄を作り出し、まるでそれが現実のようにして、その世界に住めます。しかし、マインドが作り上げた夢から覚めても、事実そのものはそのままそこに在ります。『老子道徳経』では、現実とは、究極的には善意あるものだとあります。『奇跡のコース』には「光が創造するものだけが現実です。その他はすべてあなた自身の悪夢です」と書かれています。ですから、もしあなたが「現実」を「創造」するのであれば、すでに前にある現実に内在する善意に合わせて、創造するように気をつけましょう。そうすれば、「タオ」はしっかりした追い風になります。あなたの後ろから吹いて、海での長い一日の後、自分の家がある港に帰れるように力を与えてくれる風になります。

しっかりとした目的があって行動を選択するのなら、それをすべきかすべきでないかを決める答えはもっているはずです。恐れはあなたをひとつの道へと連れて行きますが、信頼もまたもうひとつの道へと連れて行きます。台風の時に日本にいた友人から面白い話を聞いたことがあります。日本人は、規則に対してとても従順な人たちです。彼らの社会は、皆が従わなければならない倫理的な厳しい規則がベースにあります。無礼を理由に刃にかけられるような古い時代もありました。今も日本人は、罪や恥、そして罰という代償のもと、決められた規則に従うようにしっかりと訓練されています。

日本では台風がやってくると、人々はほぼ家にこもってしまうので、通りには車がなくなります。アメリカ人の私の友人はたまたまその時まだ外にいて、急いで接近してくる強い風からの避難場所に向かっていました。途中で、数人の日本人と会いました。彼らもまた安全な場所へと急いでいました。交差点にさしかかった時、信号は赤で、彼らは信号が青に変わるのを揃って待っていました。車はまったく走っておらず、命の危険が迫っていたにもかかわらず、彼らは規則を守り、信号無視をすることもありませんでした。

これは、社会の規則を優先し、自分の本能を否定したとても良い例です。その瞬間は、通常の規則は全く適切ではなかったはずです。彼らの文化においては、赤信号を横切るのは法に反していたでしょう。しかし、自分の命を守るのは、スピリチュアル的には合法です。

従って、「道」が失われた時に、善行が生まれ
善行が失われた時に、親切心が生まれた
親切心が失われた時に、正義が生まれて
正義が失われた時に、儀礼が生まれた
なので、儀礼などというものは、
信頼や忠義が薄くなって生まれたもので
これが混乱の始まりなのだ

~三十八~

社会的な規則は、人間の進化の基礎のためにあります。人々が原始的な本能を控え、お互いが傷つけ合わないような意識をもてるようにと作られています。それは良い考えです。ですから、それはもち続けましょう。しかし、なかには、外側の規則に頼ることなく、本能の残虐性を乗り

超えて成長し、自分をコントロールできる人たちもいるのです。正しいマインドとともにあれば、他人から生きかたを教えてもらう必要はありません。なぜ善行をするのかを知ることの方が、善行そのものよりも重要です。内なる叡智からその「なぜ」が生まれる時、あなたは完璧に導かれています。**善行をやめましょう**。そして代わりに、ただ**善でありましょう**。そうすれば、あなたが求める善きことはあなたの**もとへ**とやってきます。なぜなら善きことはいつも、あなたを**通して**やってくるからです。

真の自分において主張なさい。決して何か真似ることなく
今までの人生の修練から得た力とともに、自分自身の才能を常に示していけばいい
しかし真の力の半分の、この人生で即興的に取り入れた才能しか使ってはいない
だが、それならば、創造主がその両方を最善に使う方法を教えてくれるだろう

～ラルフ・ワルド・エマーソン～

それはたやすく手に入る

あなたが神とともに決断する方法を学ぶなら
すべての決断はまさに、
呼吸をするのと同じぐらいに正しく容易になる
努力の必要もなく、
あなたはまるで夏の静かな小道に運ばれるようにして、
優しく導かれるだろう

〜『奇跡のコース』〜

人生という旅路は多くの思い込みを見つけて、それを克服していくようなものなのかもしれません。しかし、それとは別に、人生の根本に働きかける原理があるのを知っていますか。それをただ理解し活用すれば、あなたの人生をまるごと変えてくれるでしょう。自分は困難ばかりだから、幸せになるためには苦しまなくてはならないと思い込んではいませんか。もしそうなら、それはさぞかし、あなたを重たい気持ちにさせているでしょう。あるいは、「やりたいと思うことは敢えて行わず、周囲に合わせてさえいれば、割と簡単に幸せになれる。だから、自分をだまし続けなくてはならない」あるいは「幸せは求め続けなければ手に入らない」とさえ信じているかもしれません。実際、こんな思考は力を奪っていきます。にもかかわらず、多くの人たちの中にすでに刻み込まれていて、だからこそ誰も滅多に疑問に感じないのです。それでも、ほんの一握りですが、光の道を選択してきた人たちはいます。自然体の達人である老子なら、「心配のために足掻《あが》く必要などないと知って欲しい」と言うでしょう。「あなたのために、あなたを通して、為されるがままに、すべてのものをしておきなさい」と。

数年前のことです。パートナーのディーと私は、もっと自然豊かな場所へ引っ越そうと決めました。私たちの犬たちが外でもっとはしゃげるような場所に、今住んでいる家を売って移りたいと思ったのです。そして、とても気に入る物件を見つけました。ちょうど同じ頃に、今の家にもまあまあの値段でのオファーがありました。新しい家を購入するには足りる値段だったので、私たちはそのオファーを受け入れました。今の家の売却を条件に、新しい物件を買う手はずも整い、すべては上手く行っているように見えました。

しかし、その後、買い手がオファーを取り下げたのです。なんてこと！　じゃあ、どうやって新しい家を買えばいいのでしょう。困った私たちは、アドバイスが欲しくて、不動産投資で成功してきた友人に電話をしました。「購入するには、いくら必要なのですか？」と彼女は聞きました。私たちはかなり厳しい額を言いました。するとすぐに彼女はこう答えたのです。「その額、私がお貸ししましょう。だから家は低い値段で売らないで。もっと良い話がくるまで待っていて」。私たちは、それはそれはびっくりしました。彼女からお金を借りようとしたわけではないのです。ただ単に何か良い方法がないかを探していただけなのです。しかし、「タオ（道）」が私たちを守ってくれていました。（誰かが私にくれたマグカップには、「リラックスをモットーに」と描かれています。すべては神が担ってくれているのです。この出来事はそれを証明してくれました）こうして、私たちは新しい家を手に入れました。そしてそれから一年以内に、あの時仕方なく決めようとした値段よりもはるかに高値で、もとの家も売却できました。喜びに満ちて、友人へとお金を返し、私たちは今新しい家を楽しんでいます。

あなたの一歩が、あなたの真の幸福とその人々に通じていれば、宇宙の大いなる存在が取り計らってくれるでしょう。「タオ」があなたを守っています。

あの賢人として有名な孔子からの手紙を老子が受け取った時、私もちょうどそこにいた。手紙の内容は、老子と会って話したいというものだった。孔子は師が住んでいる秦地方の羅義《ルオイ》という町に立ち寄るらしい。そこは寺院が集まる町だった。私も一緒にどうかと師に言われた時の、私の興奮を理解してもらえるだろうか。もっとも偉大な教師二人の出会いを目撃するなど、人生に二度と起こりえない機会だ。

秋の終わり、羅義までは三日かかる道のりを私たちは出発した。最初の二日間は何事もなく過ぎた。天気も良く、道も良く、泥棒に会うこともなく。

三日目、雪が降り始めた。ただのにわか雪だと思っていたが、一時間もしない内に、雪は激しくなった。二、三メートル先も見えなくなった時、師は道の脇の森に目を細め、かろうじて見えるところを指さして言った。

「樹が茂っている中に、避難できそうな小さなスペースがある。ここで少し休んで、嵐が過ぎるのを待とう」

私は不安が膨らんでいくのを感じて、こう意見した。

「もしそこで休んでいる間に雪が降り続いてもっと動けなくなったら、何日も遅れてしまうと思います。孔子様は待っていらっしゃるのです。この約束を逃してしまったら、彼に会うことはもうないでしょう。無理にでも進むべきではないでしょうか」

しかし、老子は雪で今も覆われていく道を見ながら、「無理に進もうとしても、結局大して進めはしないだろう。このスペースは理由があってここにある。これを有効に使おう。なんとかなる。すべては上手くいくはずだ」と答えるのだった。

すばらしい会合の機会をそんなに簡単に諦めてしまうなんて、私には信じられなかった。しかし、同時に師の直観に反論するべきではないこともすでに学んでいた。なぜなら、師にはいつもちゃんとした理由があるのだ。たとえ私には分からなくても。私はもう言い返すのをやめ、彼に従い、道の脇の避難できるスペースへと向かった。

私たちはずるずると落ちてくる枝を使って、三十分ほどかけて小さな居場所を作った。「一日早く出発していればよかった」と、どんなに残念に思ったか！　早めに出発していれば、私たちは嵐の前に到着できて、時間通りに孔子と会えるはずだったのに。これで、彼と会うすべてのチャンスを逃してしまった。

私たちは小さな火をおこして、手持ちの食料を少し口にした。私たちの火に気が付いた、通りがかりの馬車が立ち止まったのはちょうどその時だ。「大丈夫ですか?」と呼びかけてくれた運転手に状況を説明すると、「ここで夜を越したらだめです。風邪をひいて、死んでしまいます。私の家にいらっしゃい。そうすればゆっくり眠れますよ」と言ってくれた。

老子も私もなんのためらいなく、その申し出をありがたく受けることにし、彼の馬車に乗り込んだ。運転手である私たちの救世主は、布威《ブウェイ》という名前だった。そして、彼は私たちをさほど遠くない、小さな村の自分の家に連れて行ってくれたのだ。彼の妻、麗華《リファ》は私たちを快く迎え入れ、温かい夕食を用意してくれた。あんな惨めなところから救ってもらえるなんて、私はなんてラッキーなのだろう!

夕食の後、この心優しい夫婦は、温かい床と毛布まで用意してくれた。横たわりながら、大雪の寒さの中、しかもあんなところでは到底眠ることなどできなかっただろうと考えて、ぞっとしたものだった。

翌朝起きると、嬉しいことに太陽が明るく輝いていた。道も綺麗に整えられて、馬も人々もすでに通りを歩きだしていた。元気いっぱいだ! 私は老子に声をかけた。

「早めに出発しましょう。羅義を孔子様が発たれる前にお会いできるかもしれません」

しかし、師は庭で薪割りをしている布威を指さした。

「布威は大変そうだね。私たちは彼にとても助けられた。だから今度は私たちが彼の仕事に手を貸して、助けになる番だ」

それを聞き、私はまたいらいらして言った。

「しかし、孔子様に会いたくはないのですか？　彼からの招待を受けるなど、最高の名誉だと思います」

老子は私の肩に手を置いた。

「友よ。良く聞きなさい。それは違う。自分を助けてくれた者を助けることこそが、最高の名誉なのだよ。自分の兄弟を否定してまで、スピリチュアルな学びの師の横に座ったとして、何の役に立つだろうか」

数分後には、私の怒りは静められ、またもや私は師の言う通りに行動した。老子といる時はこれが常なのだ。いったんは抵抗するが、すぐに諦めて手放す。質問はするが、すぐに委ねる。心配はしても、すぐに信頼へと緩んでいく。

私は布威を助けて薪を割り、老子は麗華を助けて、昼食の準備をした。そうこうするうちにお昼近くになったが、それは、私たちが会うはずの約束の場所から、孔子がすでに出発する時間だった。そして、この瞬間、私は高名な哲学者に会う望みをすべて失ったのだ。

昼食の後、布威が私たちを羅義まで馬車で送ると言ってくれた。

「徒歩だとまた丸一日かかってしまいます。私の馬で行けば、その半分で着きます。そこで私も仕事をすればいいことですから」と。

四時間後、夕暮れ近くなって、私たちは孔子が滞在したはずの宿に到着した。私は宿の主人に彼がここを出る時に次はどこに行くか、ひょっとして何か言っていなかったかを尋ねた。

「孔子先生はほんの一時間前にご到着されました。あのかたもまた嵐で遅れてしまったのです。今晩老子様にお会いになるのを楽しみにしていると、お伝えするように申し付かっています」

びっくりだ！　私は師を振り返った。だが、彼には驚いた様子はなかった。尊敬の気持ちを新たに、私は言った。

「あぁ、あなたはずっと『タオ』とともに居られたのですね」

「『タオ』はいつも私たちのために働きかけてくれているのだよ。たとえそうは見えていない時でさえも。出会う出来事はいつも私たちを助けていると信頼していれば、結局は正しい場所へと連れて行ってくれるのだ」と、彼は微笑みながら答えた。

私はゆっくりと考えてみた。そして、ここに至るまでのすべての出来事の完璧なつながりと、私たちがどんなに守られていたかを理解した。なぜ疑いをもったりしたのか、今となっては不思議なくらいだった。


世界を制するには、あるがままに任せておくことだ

〜五十七〜

抵抗を超える

何かが苦しみを生み出しているわけではありません。状況が難しくなるのは、私たちがそれを**苦しくとらえているから**です。私たちが状況に抵抗したり、この状況は難しいと信じてしまうことで、実際にそうなります。苦しむのが当たり前だからではありません。私たちの思考はとてもパワフルで、だからこそ思い込んだ通りに、体験が創造されてしまうのです。

抵抗をしなければ、足掻いているとは決して感じないはずです。抵抗を最小限にするには、二つのやりかたがあります。（一）嫌なことはやらないこと、そして（二）やりたくないことをしなくてはならないのであれば、抵抗をやめることです。これがストレスや痛みを最小限にして人生を楽しむための、一番手っ取り早い道です。しかし、これは現実ばなれした道に思えるかもしれません。ですが、実際にこれを簡単にやってのける熟練した人たちはいるのですから、彼らのやりかたを、私たちはただ観察するだけでなく、そこから学ばなくてはなりません。

ある夕方、ネットフリックスの番組欄に目を通していた時、ディーと私は画家であるボブ・ロスが担当するシリーズものの番組を見つけました。私たちは喜び、驚きながら、二十八分という短い時間のなかで、優しい語り口の彼が、詳細にわたるとても美しい自然画を描いていく様子を観ていました。「一体彼はどうやっているの？」と私たちは何度もお互いに顔を見合わせて言いました。息をのむような作品をこんなに軽やかに生み出す芸術家は、今まで見たことがありませんでした。ボブはとてもシンプルな技術を発展させて、目を見張るような作品を生み出しているのです。最小限のことを行い、最大限の結果を生んでいるのです。もちろん今の彼に至るまでには、ボブも紆余曲折の学びがあったかもしれませんし、一夜にして成し得たことではないでしょう。しかし、その学びのプロセスがあってこそ、どこかの地点で、彼はこの「軽やか」な特別な領域に入っていけたのでしょう。

人々の多くが苦しんでいるから、あるいは、あなたの今までの人生がずっと痛みに満ちていたからといって、「そうならなくてはならない」わけではないのです。流れに乗って進むよりも、流れに逆らって四苦八苦するのを、これまで選んできただけのことなのです。私たちが「歴史」と呼んでいるものは、ほとんどが恐れをベースに選択してきた人々の行動の記録であり、それは「タオ」に反しているものです。そして、人の歴史は、運命づけられたものではありません。どの瞬間でも、私たちは新たに選び直し、新たな運命を創造できます。

苦しみや葛藤、困難に出会ったら、自分にこう聞いてみてください。

もしもっと簡単に取り組むとするなら、
私は新たにこの件にどう向かい合うだろうか

時には、あえて簡単な道を気楽に行こうと決めれば、違う行動をとれるでしょう。また、シンプルに、目の前の状況への見方を変えるのが必要な時もあるでしょう。いずれにしても、確かなことがひとつあります。

木目に逆らわず、木目に沿ってやすりをかけましょう。そうすれば、はるかに早く効率的に、最高に良いものが出来上がります。

世界の難しいことも、簡単なことから起こり
世界の大きなことも、小さなことから起こる
賢人は大きなことをしようと試みることはない
だからこそ、大きなことを成し得るのだ

〜六十三〜

反対か促進か

「抵抗をやめる」というのは、誰かが自分や他人を傷つけるのを、ただ横になって黙認することでしょうか。戦争や幼児虐待や病気に対しても、私たちは抵抗すべきではないのでしょうか。痛みと苦しみへと向かう自分や世界に甘んじることでしょうか。

決してそうではありません。不正を根絶する鍵は、人生を探求する時のあなたの姿勢にあります。何かに対して挑んでいる時、あなたはその望まない状況にむしろ力を与えているのです。それよりも、自分が創造したいと願う結果をマインドの中に高く維持しましょう。自分が好まない状況に**対して**挑むのではなく、価値ある目標に**向かって**挑んでいくのです。

マザー・テレサが反戦運動の会合でのスピーチを頼まれた時、彼女はそれを断りました。「戦争に反対する運動は、もうひとつの戦争の形です。もしこれが平和促進運動の会合なら、私は参加するでしょう」と。

進むべき道もないのに、進軍しようとし

見せる腕もないのに、袖をまくりあげようとする
攻撃する相手もないのに、敵をつかまえようとし
武器もないのに、武装しようとする

〜六十九〜

「早く終わってくれないだろうか」と思いたくなるような出来事が起こったなら、まずは、「その出来事は何か理由があって、あなたのもとへやってきたのだ」と受け入れましょう。そして、その体験から得られるものは何なのかを考えてみましょう。たとえば、この状況が自分に教えようとしているのは何だろうか。これがなかったら得られなかったものは何だろうか。ここにまだ見えていないチャンスはないだろうか。最終的に人生を改善してくれるような軌道修正の導きではないだろうか。深く考えてみるのです。

困難に見えるすべての出来事は、その手にギフトを携えてやってきます。そして、あなたがそのギフトを受け取るまで、そこに居座り続けるでしょう。しかし、いったんギフトを受け取れば、状況は一変し、問題はより簡単に、時には奇跡的に解決されることもあります。より強い光を保

ちながら、試練にベストを尽くし、そのうえで人生が与えてくれる多くの恵みを見失わないようにしましょう。試練はあなたの体験のほんの一部でしかないのです。この状況よりももっと多くのものがあなたの人生にはあります。この状況への力を尽くす一方で、魂への滋養や愛する人たちとの時間を持ち続け、バランスをとりましょう。高い視点からの風景に通じていれば、自然に上手くいき、あなたも導かれ、どうすべきかがきちんと分かるでしょう。

天の道は、懸命な努力なくして克服する
ものを言わずして、答えを与える
請うこともなく、必要を満たされる
それはまるで
つまりは何もねらうことなく
すべての目的を成し遂げるということである

〜七十三〜

仕事を終えた後

簡単な道を選んだからといって、困難から逃げているわけではありません。もちろん、あなたが難しいプロジェクトや仕事、人間関係などに取り組む時には、時間、努力そして我慢が必要とされます。あらゆる障害や非協力的な人々に出会うこともあれば、行き詰ってしまうこともあるでしょう。しかし、そんな時も目的意識を燃やせば、あなたはより高いヴィジョンをもって困難をどんどん乗り超えて行けます。妨げがあっても士気を落とすことなく、逆にあなたを前へと押し出そうとするでしょう。だからこそ「あなたが愛していることを仕事に選びなさい。そうすれば、人生で**働かされる**ことは一日たりともない」というのです。

たとえば私の場合は、本を書きます。何時間もコンピュータの前に座って、時には夜までずっと座っていることもあります。没頭してしまうのです。書いた後、一行一行をまるで目の細かい櫛で髪をとくようにして読み返し、そして書き直すべきところを見つけます。はた目から見ると、その姿はとてもハードに仕事をしているように見えているかもしれません。あるひとつのレベルでは、確かにそうでしょう。しかし、もっと深いレベルにおいて、私は簡単にその仕事をやってのけています。なぜなら、私にとって、その時間は魂を満たすものであり、難しい部分であっても、力を奪うことなく、むしろ力を与えてくれるものだからです。それに取り組むプロセスは、その難しさよりも、はるかにもっと楽しいものなのです。

一週間の集中セミナーを行う時には、参加者とともに、彼らの内側に深く入り、そこにある恐れや心のブロックに取り組み、克服していきます。なかには、言葉では言い尽くせないほど恐ろしい体験や話をシェアする参加者もいます。幼少期の肉体的な性的な虐待、悪魔のような拷問、レイプ、戦時下での残酷な犯罪、愛する人の自殺など、人間のもっとも暗く、最悪で卑劣な部分から噴き出したぞっとするような話もあります。このような人々の話を聞き、ともに取り組み助けていくためには、莫大な思いやりと集中力を要します。クライアントのなかには、抵抗がとてもひどい人もいて、そんな時は彼らの厚い鎧を貫くための削岩用ハンマーが必要な時もあります。そんな私の様子を見て、ある人がこう言いました。「そんな不健全な精神の地下牢に自分から入っていくようなこと、私には信じられません。そんなことをしたら、私までおかしくなってしまいます」と。しかし、語られる話は私の体験ではまったくないのです。それにそのプロセスから、私は深いギフトを得ています。私は、苦しみを超えて反対側にある、癒しの場所まで進んでいくのが大好きなのです。それは、光が暗闇を散らす聖なる瞬間です。私には、この仕事への抵抗はまったくありません。ですから、ストレスを伴うものでもありません。むしろこの仕事はとても喜びを与えてくれます。疲れを知ることなく、その週が終わるまでには、むしろセミナーを始めた頃よりもエネルギーを得ています。

反対に、会社の会計士と一緒にコンピュータの前に座って、帳簿の確認をしている時は、ほんの二、三分が延々と長く感じます。彼は私に複式簿記について説明しようとしますが、私は彼に「よく分からないよ。だから君を雇ったのに」と言います。彼は大笑いして、「僕はこれが大好きなんですがね！　一日中やってられるほどに！」と答えました。彼は彼の居るべき場所にいて、私は私の場所にいます。すべては上手くいくように、宇宙が計らってくれているのです。人生は自分に属さないものをしようとすると、難しくなります。反対に自分に属しているものをしようとすると、簡単になります。さて、以下の二つの文を読んでみてください。これは『老子道徳経』全体を簡単に知れるカンニングペーパーです。

人生を自然に開いていくままにしておきなさい
そして人生が完璧なものであると知りなさい

〜二十九〜

黙示録の四人の騎士を振るい落とす

「人生における苦しみは必要だ。でないと、いつか大変なことになる」という思い込みは、個人的なエゴによって作られ、その後はもっと広い世界のスクリーンに映し出されます。私たちが各々、自分の悪い運命を信じていくように、同じく世界も悪い運命へ向かうと信じるようになっていきます。そうして、私たちは世界的な災難の数えきれない予言の洪水にのまれてしまうのです。災難は起こります。しかし実際には、それ以上に健全さも行き渡っています。災難から逃れるために、まずあなたは災難を生んでいる意識から逃れなければなりません。心配ばかりでじめじめとため込んだ自己防衛の気持ちから自分自身を解放して、創造的なヴィジョンを描くために、太陽の下へと踏み出しましょう。気持ちを晴らしてくれるものが何かあるのなら、それをやりましょう。自分の力を恐れに明け渡さないようにして、恩寵の存在を感じましょう。そして、こう言うのです。「私の人生はいつでも、善と慈愛が私を追ってやってくる」と。

ヨハネの黙示録では、この世の終わりを予言していて、その前兆を表す、戦争、飢饉、死そして反キリスト教者という四つの騎士が書かれています。多くの人々がそんな崩壊の時代の到来を考え、ぞっとし続けてきました。しかし、彼らはこの世の終わりとされているものが、実はずっと長い間繰り返し起こってきたことに気づいていません。それは何ら新しくはないのです。人類の歴史は、戦争や飢饉、死などにずっと苦しめられて来ました。そして、自己中心的な反キリスト教者にもだまされてきました。ですから、この世の終わりを心配する必要などないのです。私たちはすでにそこに居て、それを経験し、ロゴ入りのTシャツだって買っているかもしれません。「この世の終わり」を脇に置いて、これからは「この世の終わり」のその後の時代に踏み出しましょう。人類は充分に苦しみました。あなたも例外ではありません。より多く苦しんでも、より多くの救いは得られません。今までを見ても、痛みは結局、私たちを満たしてくれませんでした。もうまもなく満たされるわけでもなく、これからもずっと満たされないでしょう。もし痛みが救いをもたらしてくれるのであれば、私たちはもうずいぶん前に自由になっているはずです。

老子は私たちに、「この世の終わり」を終わらせる秘訣を教えてくれました。黙示録が刻み込んだ恐怖から自由に生きる秘訣です。彼は地獄からの脱出のための地図を二千五百年前に記録しましたが、ゆっくりと学んでいくのが人間です。今日までずっとゆっくりと。しかし今、この本を読んでいるのであれば、ある意味、あなたはひらめきを得て「偉大なる道」を歩く準備ができていると思います。ですが、「この世の終わり」の周りをまだ歩き続けたいと選択するのも自由です。しかし格言を用いるなら、「一を聞いて十を知る」さながら、「(『老子道徳経』の)五千(文字)を聞いてすべてを知る」です。

「黙示録（apocalypse）」という言葉には、「幕開け」との意味があります。「幕」は「幻想」を意味します。幻想は私たちに愛から切り離されているように思わせるものです。実際には、幻想が映し出すような状態はあり得ません。なぜなら、いつも私たちが意識しようがしまいが、「タオ」がそこには存在しているからです。偽りの思い込みは、現実に似つかないすべての体験を創り出しますが、それらを真の現実に置き換えることはできません。悪夢から目覚める時、あるいは幕が開いた時にのみ、現実を現実のものとして見ることができます。老子は、「現実とは私たちを支えてくれるものだ」と言います。物事が上手くいかないように見える時は、ただ、恐れに満ちたマインドの中の見通しの悪い廊下にいるだけです。痛みある出来事は、与えられた罰でもなければ、運命づけられているわけでもありません。それらは、私たちを揺り起こす目覚まし時計のようなものです。「優しい宇宙のもとへ戻りなさい、そこで受け取って当然の健全な幸せを求めなさい」とそっと促しているのです。

この世の「道」は川からの水が
家である大海へと還っていくように自然なものである

〜三十二〜

あなたの内なる老子

老子の人生は、そのまま私たち自身のスピリチュアルな旅路に当てはめることができます。彼は歴史的な人物であると同時に、「タオ」への学びの象徴でもあります。たとえ老子が実在しない人物だったとしても、彼にまつわる話は私たちを「偉大なる道」へと突き動かします。では、ここで老子に伝わる話を、私たちの旅路と照らし合わせてみましょう。

昔、師は中国の活気に溢れた都市にある王朝の図書館の役人として、高い地位についていました。そこは、政治の中枢であり、お金や権力がある人たちが敵対し合っている場所でした。彼はそこでの政治的な腐敗とモラルの低下にうんざりし、そこを去って自然に近いところで暮らすことにしたのです。

同じように、今の世でも多くの人が恐れや競争、エゴを満たすためだけの活動に満たされた町に住んでいます。実際にそんな町に住んでいる人もいれば、心の状態がそうである人もいます。そして、ある時点で、自分自身も含めた多くの人の人生が「タオ」からはるか離れてしまっているのに気がつき、愕然とするのです。ある日目覚めて、こう言うでしょう。「こんな生活をしているなんて信じられない。もっと良い生きかたがあるはず」と。それから私たちは、常軌を逸した複雑で残酷な世界に背を向けて、自分本来の無邪気さに戻って生きたいと切に願うようになります。

おそらく老子がかつてそうだったように、あなたもその世界で、いわゆる「成果」を上げるのに没頭しているかもしれません。その「成果」とは、「物質的に満たされれば幸せを約束されるはず」というものですが、実際には縛られていくだけなのです。また、会社やある地域、政治やコミュニティの中で、またはアカデミックな分野や芸能の分野などで、誰もが羨む地位に就いている人もいるでしょう。しかし、ある時、今まで必死で努力してきた目標が空っぽであると気づきます。そして、もっと喜びで満ちる魂の存在を感じたいと願うようになるのです。そして、たとえば、著名な映画『ネットワーク（Network）』の不機嫌なニュースキャスター、ハワード・ビールのように、オフィスの窓から頭を出して「頭がおかしくなっちまう！　もうこれ以上何もやらない！」と言いたくなるのです。あるいは、どうしようもなく落ち込んだり、孤独を感じたり、怖くなったり、無力さを感じ始めます。

しかし、こんな異常な精神状態こそが、この牢獄になったお城のような場所から抜け出す勇気を奮い起させます。他人からはおかしな人だと見られ、あるいはもっと閉じ込めようと圧力をかけてくるかもしれませんが、あなたは都会の喧騒を離れ、真の家がある世界へと向かうのです。

そしてそこは、人が破壊した場所ではなく、創造主が築き上げたまま現存する世界です。

名声と真の自分：どちらがより重要であるか
真の自分と富：どちらがより大切であるか
獲得と損失：どちらがより痛みを伴うか
物質にこだわる者は、大きく苦しむことになる
獲て蓄えようとする者は、多くのものを失う
満たされている者は、決して失望することはない

～四十四～

人生をよりシンプルに生きようと決めて、老子が西の国境を越えようとした時、守衛が彼の存在に気づき、「後人へ伝えるために彼の叡智を記録して欲しい」と請いました。老子が筆を取り出し、八十一の詩を書き留めたのはまさにその時です。その詩は簡潔でありながらもとても深く、二千五百年もの間、真実を探し求める者たちの心に染み入ってきました。同じように、意識のレ

ベルがより高くなる時、苦しみから逃れる道を求める人たちのためにギフトを残すよう、あなたも求められるかもしれません。「タオ」から離れていた頃の痛みを伴う体験と、その後に「偉大なる道」に還ろうと選択した体験、その変容のプロセスはあなたの後に続こうとする人たちにとっては、値の付けられない教えに違いありません。自分だけ満足をして去ることはできません。旅立ちを恵みへと転換させなくてはなりません。

社会的、政治的な狂気に耐えられなくなり、より気楽でシンプルで、まっとうな人生へと手を伸ばしたくなると、まるで寺の前で恐ろしいドラゴンに会うような体験をします。ドラゴンは「味わうべき苦しみを選択しろ」と罪悪感を煽《あお》り、あなたをむさぼろうと脅してくるでしょう。あるいは、「他人がまだ苦しんでいるのに、楽なほうを選ぶのか」と罪悪感を膨らませようとしてくるかもしれません。犠牲を美徳とする文化においては、楽な道はむしろ過激に見えて、異端にさえ思われるかもしれません。ヨガによるライフスタイルを教えているレイチェル・ブラセンは「自己懐疑から利益を得ている社会では、自己愛は反逆的行為だ」と書いています。今なお苦しむべきだとする人たちは、あなたが議論の場を抜け出し、より自由な旅路へ踏み出そうとしても、さらにあなたに議論をふっかけ、厳しく非難し、決して受け入れようとはしないでしょう。しかし、スピリチュアルな道のりは、多数決でもなければ民主主義でもないのです。

多くの人が同じやりかたをしているからと言って、それが正しいわけでもなければ、正当だとしてそれを皆に押し付けることもできません。大衆の考えとは、進化のより原始的なレベルの名残で、個人の意識は何ら反映されていません。自分の中の恐れや他人からの抵抗に直面すると、痛みを伴って進むよりも馴染あるもとの世界へと戻りたくなるかもしれません。それでもとにかく前に進むことを選択しましょう。すると、最後には大事な瞬間がやってきます。現状に留まり続ける辛さが、旅立つ恐れよりも重さを増す瞬間です。そして、私たちはようやく、本当はずっと前からやりたかったことをやるのです。「タオ」をもうこれ以上はないほど恋しいと思った時、そこに戻っていくのです。

それゆえ賢人は、
一日中旅をしていても
自分の持ち物を見失うことはない
華やかに見えたとしても
自分らしさと落ち着きを常にもっている

～二十六～

老子と同じく、いつかは誰もが汚染された町から逃れ、新鮮な空気を吸うようになるでしょう。息が詰まるような世界を後にして、西側の壁を越えたところへ渡る扉を通っていくのです。古代エジプトでは、亡くなった者に「死んだ」とは言いませんでした。代わりに、「西側に入った」と表現しました。一日の終わりに太陽が西側に沈むことから、「その人物もただ視界から消えただけで、今日はもう見ることができないが明日はきっと帰ってくる」という意味が込められています。物理的な死とは、ある存在からもうひとつ別の存在への変化の象徴です。自分にはもう必要なくなったものから去り、次に自然にやってくるものを抱きとめる時、私たちも皆、人生の間で何度も「死に」ます。

地底から山の頂上へと向かう人生の旅路は、先人たちがよく示してくれています。イエス・キリスト、仏陀、モハメッドや悟りを開いた他の人たちもそうであったように、老子もより高い場所へと向かう自分の道を見つけました。しかし彼は、そこへと続く門のところで、少しの間だけ居残って、後に続く私たちに道を指し示してくれています。いつかは、私たちもきっとこの年老いた師とともに座って茶を飲み、自分たちが辿ってきた曲がりくねった道のりを思い出して笑う日がくるのです。まず、今日という日を、自分の思い込みを捨てて、楽に簡単に過ごすことから始めましょう。そして、その記念となる日へと急ぎましょう。

鋭いものを鈍くし
もつれたものを解きほぐし
尖った輝きをやわらげ
塵さえも一つに集まる
ああ、とても深い隠れた何かが確かに存在している

〜四〜

世界の正しかた

世界でもっとももやわらかなものが
世界でもっとも固いものを動かす
実体がないからこそ
隙間なき所へも入っていける

そこに、無為な動きがもたらす
変化のすばらしさを知る
言葉を必要としない教えは
意図せずとも広がるのだ

〜四十三〜

老子とともに、町はずれにある泉栄《チュアンロン》という地域を旅している時のことだった。夕暮れ近くなり、私たちは小さな村で宿をとることにした。そして、寝る前に、夕飯をとるべく宿が経営する食堂に行った。食堂では、私たちの近くに、がっちりした体格の中年の男が座っていた。男は給仕の女性を何度も呼びとめ、白酒《バイジョウ》を繰り返し頼んでいた。そしてかなり酔ってしまい、突然その女性を大声でののしり始めた。

その男のあまりの礼を欠いた行動に、近くにいたひとりの若者がぞんざいな口調で「黙れ」と言った。酔っ払いは立ち上がり、口論になり、ついに若者をひどい言葉でののしった。若者は怒りで顔を真っ赤にして立ちあがり、その無礼な男に一撃を与える構えを見せた。

老子が二人の間に割って入ったのは、まさにそんな時だった。そして若者に「どうか私に任せてはくれないだろうか」と言い、酔っ払いの男を振り返り、優しい声でこう尋ねた。

「友よ。どうして君は今夜そんなに白酒におぼれてしまったのかね」

男は少し気持ちを静めて、「集《ジー》(女性の名前)が逝ってしまった」と、ぼんやりと答えた。そう言ってよろけた自分の身体を、椅子でかろうじて支えた。老子も彼の背中にしっかりと手を置いて支えてやった。

「三十三年間だ。俺たちはずっと一緒だったんだ」

男はひどく辛そうに言った。

「それなのに、あいつは病気になって死んじまったんだ……なんてこった」

彼はそう説明すると、手でテーブルを叩き、その衝撃でまたバランスを崩しそうになった。老子は彼を椅子に座らせた。

「なんで、こんなくそみたいな人生なんだ！」と彼はわめいた。

「本当にいいやつだったのに。俺の親友でもあったんだ。でも彼女はもう逝ってしまった」

彼の目じりに涙がたまり、見る見るうちに溢れ落ちた。彼はテーブルの上で突っ伏し、頭を腕で抱え込むようにして、今度はすすり泣き始めた。

老子は、この出来事をずっと見ていた宿屋の主人の方へ向き直って言った。

「この男性に今夜部屋を用意してあげてはくれないだろうか」

「彼の宿泊代とここ（夕飯）のお代は私が払います」と師は続けた。

この言葉を聞いて、男は顔を上げ、子犬のような目で老子を見た。鼻をすすりながら、頬の涙をぬぐった。そして老子の手をとり、感謝のキスをした。

「ご親切にありがとうございます。あいつがいなくなってから、辛くて耐えられなくて……」

老子は悲しげな顔で微笑んで、優しく彼に言った。

「分かります……さあ、今夜は温かな床で、ゆっくりとお休みなさい」

慈しみは戦場でも勝利をもたらし、守りも固くする
天が私たちを救い、護ろうとすることも
慈しみを通してなされているのだ

～六十七～

私たちは皆、世界にはびこる痛みを感じて生きています。目に映る苦しみを取り除くことができたらと願っています。しかし、元通りにするのは、どんな人であろうと無理な話です。善意あ

る気持ちと努力をもってしても、世界は悲しみや痛み、貧しさで溢れているように見えます。悲惨な出来事は常に果てしなく続いています。メディアはずっと、戦争や災害、犯罪や死などを騒ぎ立てています。多くの人が否定的なことを言い、打ちひしがれています。ある者は身体的な障害に、またある者は財政的なストレスに、別の者は安定しない人間関係に苦しんでいます。一体どうしたら、自分自身を初めとする、こんな人々を救って世界を変えられるのでしょう？

老子は、「真の変化とは私たちの内側から生まれるものだ」と言います。表面的な変化は、核の部分には到達できません。つまりは、私たちが問題の源に向き合った時にのみ、外側の現実を癒せるのです。私のドイツ人のクライアントであるイルサは、グレタという彼女の娘が過去の幼児期のトラウマを克服した話をしてくれました。グレタがまだ十代の初めの頃、彼女の父親は深夜の高速道路走行中の事故で亡くなりました。二、三年後、イルサは再婚しましたが、新しい夫の連れ子である十代の息子が、グレタに性的な虐待を始めました。彼は彼女の寝室へと頻繁に忍び込み、眠っている彼女に性的ないたずらをしたのです。心に傷が残るようなこんな体験を通して、悪いことは夜に起こるものだという思い込みが、グレタの心に潜在的に刻まれてしまいました。そのため、彼女は眠れなくなり、その問題は成人期の初めまで続いたのです。医師はグレタが夜に眠れるようにと、睡眠薬を処方しましたが、そのせいで彼女は日中に眠くなっていました。このいたちなので、今度は、医師は興奮剤を処方して、彼女が起きていられるようにしました。このいたちごっこのような治療はむしろ、彼女の身体と心に大きな負担を与えました。グレタはスイスの幼稚園時代で出会った幼馴染と付き合っていましたが、性的ないたずらを受けた経験から、彼との肉体的な関係にも難しさを感じていました。

その頃、イルサはミュンヘンで行われたホ・オポノポノの講座に出席しました。ホ・オポノポノとは、許しと解放をベースにして行うハワイを起源とする癒しのテクニックです。イルサはそのテクニックをグレタにも伝えました。グレタはそれを喜んで受けいれ、そのテクニックを、父親との関係を癒すために使いました。グレタは、自分がまだ小さいうちに亡くなった父親にずっと怒りを感じていたのです。次に、性的な虐待をした義兄との関係にも使ってみました。最後には、グレタは二人を許し、二人との関係を癒し、悪いことは夜に起きるとの思い込みも超えることができました。薬による治療も止め、幼馴染の彼からの結婚のプロポーズを受けたのです。アルプスの山腹で行われた結婚式では、グレタも誰かとヴァージンロードを歩かなくてはなりませんでしたが、その頃、イルサは二番目の夫と離婚をしていました。なので、グレタは義兄に頼みました。まさにあのかつて彼女に性的ないたずらをした彼でしたが、グレタはその時はもう彼のことを許していました。今、彼女はとても幸せな結婚をして、人生を幸せに生きています。

この話は癒しの根底にある、二つの重要な原理を教えてくれています。（一）真の変容は単に症状を抑えるだけでなく、その症状を引き起こしている恐れや痛み、思い込みの核への働きかけによって生じること、そして、（二）癒しは解放や許しを通して生じることです。許しとは、虐待や残酷な行為を許すという意味ではありません。逆に、そんな否定的な行為に影響されず、それらを受け入れる余地がないほど、自分自身を充分に愛することを意味します。過去はもち続けるのではなく手放し、その代わりにより価値あるギフトを受けとるのだと決めれば、自分自身をもっと誇りに思えるでしょう。深い悲しみを手放して、今の瞬間に堂々と一歩踏み込めば、私たちはもう自由なのです。

清らかで静かなものが、この世界を安定へと戻す

〜四十五〜

なぜ他人を変えたいと思うのか

自分以外の人の行動を変えたいと思う理由は、大きく二つあります。（一）何らかの形で、あ

なたがその人から悩まされていて、それが解消すれば、気持ちが楽になると思っている場合、あるいは、(二)あなたが苦しんでいる誰かを純粋に心配していて、その人が苦しみから逃れる道を見つけたいと願っている場合。これらの理由は一見異なって見えますが、二つとも本質的には同じものです。どちらの場合も、あなたは「自分が幸せになる前に、その人を変える必要がある」と信じています。しかし、彼らと自分とを別々に考えることができれば、むしろ、あなたは彼らに対して、正しく自分を役立てられます。

正しくおさまる

他人の何が自分を嫌な思いにさせるかをリストにすると、終わりはありません。両親、配偶者、子ども、家族、友人、仕事の同僚、会社、政府、幸せを脅かす文化的なものの中にも、私たちはその原因を見つけ、それらや彼らがもっと変わってくれればと願います。

「妻がうるさく言うのをやめさえすれば」「子どもたちの学校の成績が良くなりさえすれば」「上司が私の仕事に口出しさえしなくなれば」「もっと多くの人が私の製品を買ってくれさえすれば」「支持する政党がパワーをもってさえいれば」「……さえすれば、……さえあれば、……さえいれば」と延々と続きます。

以前、私はセミナーの参加者にこう聞いたことがあります。「この中に、今までに自分が幸せになるために、自分以外の誰かを変えようとした人はいますか?」と。その時は、参加者のほとんどが手を挙げました。次に私は「では、それで成功した人は?」と尋ねたところ、大勢いたにもかかわらず、参加者の誰も手を挙げませんでした。自分の幸せのために他人を変えようとしても、何も実りはないのです。諦めましょう。変えたい誰かにうるさく言ったり、脅かしたりはできるかもしれません。しかし、その人は心の中ではあなたに憤慨し、仕返ししたり、抵抗をしたり、あるいはただ去っていくでしょう。

強いられた変化は、真の変化ではありません。なので、反動がいつも後からやってきます。「自分の意志に反して納得させられても、それでもなお意見は変わらない」という言葉もあります。あなた自身も、あなたを自分の好み通りに変えようと誰かに強いられた時の不愉快な気持ちには、覚えがあるでしょう。自分の意志を他人に押し付け、相手に嫌々ながら応じてもらうのを、なぜわざわざ期待するのでしょう。

友人のダイアンは、夫のジェリーが朝トーストを焼き、キッチン台にパンくずを散らかしたままにする習慣にいつもいらいらしていました。彼女は何度もジェリーに掃除してくれるように頼みましたが、彼の行動は変わりませんでした。ある朝、ダイアンはまたパンくずを見つけ、心の中で文句を言い始めました。ですが、彼女はじっくり考えた後、こう気づきました。「キッチンでジェリーを見つけられないとしたら、キッチンでパンくずを見つけるよりも、それは何よりも最悪だわ」キッチンのパンくずの件は、問題のように見えても、彼女のパートナーへの深い愛を再確認するために、まさに鏡の役割をしてくれたのだと彼女は気がついたのです。それは、ダイアンにとって、「パンくず問題」の終わりでもあり、マインドの内なる平和の始まりでもありました。

時々は環境を変えることもできます。ですが、マインドはいつでも変えられます。あなたの環境をポジティブな見方を通して変えられれば、それで成功です。そして、抵抗を感じるものに、反対して働きかけるのではなく、欲するものへ、賛成して働きかけるのです。そのことをよく覚えておきましょう。すべての形而上学的な教えには、私たちが見ているこの世界は、自分の思考が反映されているのだとあります。だとすると、自分のマインドを変えることなく、この世界を変える試みは、映画館で上映中に先送りしようとしたり、何か別の画像を見せようとするようなものです。もし別の映画が観たいのなら、映写機に入れるフィルムを変えなくてはなりません。つまりは、ここで言うフィルムはあなたの思考で、スクリーンは世界です。新しいフィルムを差し込めば、あなたがスクリーンで見るものすべては、違うものになるでしょう。

だからこそ、自然を妨げないことが最善である
何もしなければ、すべては上手くいく
(無為自然)

〜三〜

真の助けとなるためには

では、とても苦しんでいる誰かを心から気にかけ、その人を救いたいと思ったら、どうしたらいいのでしょうか。たとえば、あなたの近くでアルコールや何か他の依存症の人がいたら？　病で苦しんでいる人がいたら？　落ち込んで、自殺を考えている人がいたら？　あるいは、法を犯すようにそそのかされている人や誰かを傷つけようとしている人がいるかもしれません。その人を変えたいと思うあなたの願いは、自己中心的な動機から噴き出しているのではありません。純粋にその人の幸せを願い、その人により良いものを選択して欲しいと思っているだけです。老子の無為の教えに従って、何もせず、横に立って、彼らの人生が壊れていくのを黙って見ているだけでよいのでしょうか。

それは違います。あなたの意志を押し付けることなく、救う道はあります。「偉大なる道」に任せるというのは、あなたの周囲からや、または、あなたを**通して**の自然な働きに委ねることです。働きかけるのは「タオ（道）」であって、あなたではありません。あなたが彼らの話を聞いてあげたり、あるいは、ガイダンス、お金、家、ギフト、仕事、本、セミナーや教師など、与えたいサポートがあるのなら、何でも与えてください。親切で寛容な気持ちで、それができる時にできる場所で、そうすればいいのです。しかし、与えたサポートを受け取ったからといって、彼らの変化の有無にこだわってはいけません。あなたの奉仕によってどうするかは、彼ら次第なのです。

これが、あなたを大きな不安から救ってくれる老子の「無為」の概念です。何か特定の結果を生み出さなくては、と思わなくてよいのです。それはあなたの責任でありません。あなたは彼らにとって最良のものが何かを知りません。真実は自然に露わになります。彼らはあなたの申し出を受け、感謝して、より幸せな人生を生きるために進んでいくでしょう。あるいは、少しだけあなたの助けを受け取ったら、もう必要としないかもしれません。より彼らをサポートできる別のものがあるのかもしれません。あるいは、あなたの助けを受ける前に、より深い学びのために今の状況にもっと取り組む必要がある人もいるかもしれません。タイミングだけが問題で、その人が学ぶべき他の要素がその前にあるのかもしれません。その人の前進に役立つ方法はさまざまで、そのなかのほんのいくつかにあなたが気づいただけかもしれません。そして真の答えがどれであるかも、あなたには分からないのです。

ここが、『老子道徳経』における「謙虚に」と「委ねる」という二つの本質的な教えが作用しあうところです。つまり、あなたにできることを心から愛を込めて行ったら、あとは「タオ」の癒しの手にその人をそっと委ねましょう。

「道」のはたらきは「無為」にとどまり続ける
しかしながら
すべては完全に成し遂げられている

～三十七～

究極の自己防衛

あなたの知る人の中で、本当に最悪の人物を思い浮かべてください。ずるくて意地悪な人、自己中心的な人、ナルシスト、あるいは妄想的な人。異常とさえ思える人。または、深刻な情緒の不安定さがあり、あなたを操ろうとしたり、感情的にぼろぼろになって、混乱するまでにあなたをもてあそぶ人。あなたはきっと自分にこう問いかけているでしょう。「こんな悪い影響を与えてくれる彼らから、どうやって自分を守ればいいのだろう」と。

答えはシンプルですが、理解と練習を要します。そんな関係の人とは会わないことです。彼らが住んでいる、幻想というかびくさい洞穴には、入っていかないようにしましょう。光の中にしっかりと立ちましょう。彼らが何をあなたにしてきても、自分の威厳と平和、明晰さを持ち続けましょう。その人が低く飛ぶのであれば、あなたはより高く飛ぶのです。そして、あなたの魂を刺激して、難しい人間関係に出会ったからこその精神を鍛える機会を与えてくれる友人として、その人をとらえなおしましょう。あなたはその人を自分の前進のために「雇った」のです。その人と戦い、その人を攻撃し、過去の傷をくよくよと考え続けても、あなたが欲しいものは手に入りません。その作戦は今まで成功しなかったのですから、これからも成功はしていかないでしょう。その人とその状況への見かたを変えることだけが、あなたを地獄から救い出してくれます。

他はすべてあなたを空回りさせるだけです。高い視点をもち、彼らがあなたにもたらした学びから卒業しましょう。そうすれば、あなたにはもう試練は必要なくなり、その人はあなたの世界から消えるか、あるいは、もうあなたの妨げではなくなるでしょう。

「道」に従い、世界に「道」を通せれば
鬼神も力を失うだろう
鬼神の力が消えるということではなく
その力が人を害することに使われなくなるのだ
鬼神の力が人を害さないだけでなく
「道」と一体である賢人もまた、護られる

〜六十〜

「タオ」はあなたに、人や国を制する勇気を呼びかけているわけではありません。あなたの人生から喜びを吸い上げている思い込みを制する勇気をもちなさいと言っているのです。自分の健全性を害している思考や感情の毒を取り出すメスとして使うよりも、ナイフを他人に向けるほうが簡単に思えるかもしれません。しかし、他人に対してナイフを向けるようにして攻撃する人は、ただ自分の人生に向き合い、学びを習得するのを避けているだけなのです。対照的に、賢人は自己鍛錬を人生の目標だと分かっています。また、他人をコントロールしたり、いじめたり、強制しようとすることは、自分の真の目的から外れていることも知っています。

意地が悪く、人を欺くような人は、重たい恐れのエネルギーに浸っています。その人を恐れ、混乱し、その人に対して怒って抵抗をすれば、あなたも自分が嫌いなその人のネガティブな周波数と一致してしまうでしょう。そして、エネルギーの一致による痛みのサイクルに閉じ込められてしまうのです。同じ周波数でいる限り、彼らの影響から逃げ出せる希望はありません。

しかし、より高い周波数を選択すれば、あなたはそれより重たいエネルギーを超えることができます。飛行機が乱気流に出会うと、パイロットは高度を上げて、より穏やかな空域を飛べるようにします。同じように、あなたが内側に穏やかな中心部を見つけて、居続ければ、あなたを否定するものは内側に一致するものを何も見つけられず、触れることさえできないでしょう。誰かを変えたいと思うのであれば、あなた自身がその人に見せてもらいたいエネルギーや行動の手本を示せばよいのです。そうすれば、二つの重要な目標を達成できます。（一）他人の行動を上向きにするための最も強力な影響を与えられます。（二）他人が変わらなくても、あなた自身が求めていた内なる満足を見つけられます。

善くない人であっても
どうして見捨てられようか
善くない人に対しても
「道」は変わらずそこにあり、はたらき続けている
なぜ皆が「道」を尊ぶのであろうか
それは求める者は「道」のおかげで得られ
罪ある者も「道」のおかげで許されるからではなかろうか
それゆえ、これは世界でもっとも貴重な宝となるのだ

〜六十二〜

エメット・フォックスはこう語っています。

「愛が充分あれば、できないことなどない。愛が癒すことができない病気はなく、充分な愛があれば、開けないドアはない……どれだけ問題が根深くても、見通しがどれほど絶望的であっても、どれほどぐちゃぐちゃにもつれていても、過ちがどれほど大きくても、愛にはまったく関係ない。愛が充分に現実となれば、すべて解消するだろう。だから、あなたに充分な愛さえあれば、世界で一番幸せで、またパワフルな存在だということだ」

『老子道徳経』はすべてが内なる力への励ましです。世の人が目指している何かの力ではなく、恐れで紡がれた束縛を断ち切り、奇跡への道のりを刻む、揺るぎない真実で作られた刀をもてるように励ましています。「タオ」はあなたのために、自分ではできないすべてをやってくれています。キリストは「私自身では何もできない。私の内なる神の御業である」と言いました。神は「タオ」と同じです。どんな名で呼ぼうとも、その力はあなた自身と他の者たちのために、あなたが求めている軌道修正をしてくれます。世界とは固く変わらないものだと教えられてきたかもしれませんが、そうではありません。あなたのマインドが変われば、世界も変わるのです。ただ「タオ」の働きに道を譲って、決して逸れないように、正してもらいましょう。

生きかたを知っている者は
サイやトラに出会う恐れもなく
遠くまで歩いて行けるという
戦争でも武器で殺傷されることはない
彼らの中にあっては、
サイもその角を当てる場所を見つけられず
トラも爪でひっかくこともできないという
武器も刃を突き立てられない
これはなぜだろうか
なぜなら彼らは死の入り口がある境地にいないからだ

～五十～

へりくだる者は高められる

私には大切に守り続ける三つの宝がある
一つ目は慈しみ、二つ目はつつましさ
三つ目はあえて先頭に立とうとしないことである

慈しみを守るからこそ勇敢になれる
つつましさを守るからこそ余裕をもてる
謙虚であるからこそ指導者となれる

～六十七～

日本人を祖先にもつアコニ・プレは、一九四七年にハワイ州の下院議員に選出されました。それから二年の任期後の選挙の際には再選できませんでしたが、彼がその後やったことは、決して誰も真似できないものでした。彼はなんと国会のある建物の管理人として、働き始めたのです。政治の環境に身を置き続けて、州議会がどのように動いているかをもっと知るためでした。選挙で自分が負けた人たちの後ろで床にモップ掛けをするなんて、アコニ・プレはなんて謙虚なのでしょう。

二年後、プレはまた返り咲きました。当選したのです。そして彼はそれから当選し続け、議員として勤め上げました。それは一九五二年から一九六五年までに及び、ハワイ州の歴史上でもっとも長い任期を勤めた議員のひとりとなったのです。任期中、彼はネイティブハワイアンの理念を支持し、港を建設し繁栄させ、指導者として大変尊敬されるまでになりました。郊外に住む人たちが新しく建設されたホテルで仕事に就けるようにと、彼が十年の政治活動を経て建設した高速道路には、彼の名前がつけられました。

人を導くためには、謙虚さをもってへりくだらなければならない
指導者であるためには、後ろに下がって付いて行かなくてはならない
そうすれば、指導していても、人々は誰も抑圧されているとは感じない

よって、すべての人々から支持されることはあっても、うんざりされることはない

〜六十六〜

謙虚さは、「幸福と成功へと続く扉」を開くための大切な鍵として、『老子道徳経』には一貫して書かれています。老子はこの「謙虚さ」のすばらしい働きについて、八十一篇ある詩のうち、五十九篇で書いています。謙虚さは、エゴから生まれる苦しみの呪縛へ関わらないようにと、私たちに呼びかけます。「タオ（道）」が私たちの人生を導き、護れるように促してくれるのです。聖書には「へりくだる者は高められる」（ルカの福音書十四章より）と書かれています。タルムード（ユダヤ教の経典）は「名誉を求める者は、名誉を失う。名誉を求めない者は、名誉を得る」と繰り返します。名声や名誉を得ようとする計画やそれらを求めるエネルギーは、常に失敗に終わります。なぜなら、それは、自然な力を適切に使って、全宇宙の力を私たちに与えるべく動いている「タオ」に通じていないからです。もし「タオ」があなたを導いたのであれば、あなたは豊かでパワフルになり、そして自然に有名になり、成功をおさめ、平和な気持ちでいられるでしょう。しかし、そんな場所を自分だけの力で無理に求めるのであれば、惨めに失敗するでしょう。あるいは、有名にはなれるかもしれません。しかし、正しい動機でなければ、あなたの魂は

切り刻まれてしまいます。「タオ」があなたに差し出しているその優しい意図とともに生きるなら、苦しみを伴わず、成功があなたのもとへやってきて、魂が求めている内なる平和をただ楽しめます。

ある朝のこと、師は市場で大きな袋一杯のライチを買った。ライチは彼の好物なのだ。そして、彼は支払いに青銅貨を渡したが、それはライチの代金にしては大きい額だった。その店主は片目が不自由なやせ衰えた老人だった。彼はコインを受け取って、師に「良い一日を」と言った。

「すみませんが、おつりを頂けますか?」と師が言うと、店主は首を横に振った。

「いいえ。あなたが渡したのは、銅貨です。ちょうどライチの代金分です」

「言いたくはないのですが、私がお渡ししたのは、青銅貨です」と老子は言った。

「いいえ。銅貨です」と店主はまた首を振った。

私は憤慨し、二人の間に割って入った。

「私は師が渡したコインを見ました。おつりを払ってください」

師は、まるで「黙っているように」と言うように、私の腕に手を置いた。彼は少し考えて、店主に「たぶんあなたが正しいのでしょう。すみませんでした。私の勘違いです。よい一日を」と言い、頭を下げた。そして、店を出て、また私たちは歩き続けた。

「でも、あなたは彼に青銅貨をあげました。おつりをもらえるはずです」と私は釈然としない気持ちで言った。

すると、「君があの者と揉めるほどの金額じゃない」と師は言う。

「それは分かります。しかしそんな金額だからこそ、彼はせこいと思うのです。もしもっと大金だったら、そもそも逆に議論なんてしないでしょう。人々は何か不足している理由を、すぐにお金にします。もし本当は豊かな世界に生きていると知ることができたら、必要なものはいつもまかなわれていると分かるはずなのに」

その時、私はふと、師が今までお金に関する争いを一切したことがないと気がついた。一度も見たことがなかったのだ。

「あの者に反対して、あそこにいることを選んだら、私たちはまだずっと口論しているだろう」

師はそう言い、その後こう加えた。

「でも、私はそれよりも自分の一日を自由に楽しむ方を選んだ。あのお金はなんらかの形で戻ってくるだろう。心配は要らないよ」と。

別の店に近づいた時、私は師に聞いてみた。

「もしかして、片目しか見えてなかったせいで、店主が間違えたと思ったのですか?」

「私たちは皆、片目で見ているようなものなのだよ」と師は答えた。「だからこそ、私たちは真実が見える目に導いてもらう必要があるのだ」

二人のマネージャーの話

物事の混乱や良し悪しを短いスパンで見て、だまされてはいけません。悪や過ちがどんなに力をもっているように見えても、真実は結局のところ、自然に知られるところとなります。真実の真実たる品格が現れ、その働きが満ちてきます。

以前、マネージャーを雇用した時のことです。最後に二人の候補者が残りました。年齢が若い方のメルは、やる気に溢れていましたが経験が浅く、もうひとりのジャックは数多くの成功経験をもっていました。結局私はより経験が豊かな方を選びました。メルはがっかりしましたが、もし何か手伝えるプロジェクトが他にあれば、是非やりたいと私に言いました。なので、私はメルにプロジェクトをひとつ任せることにしました。ところが、ジャックをその立場に置いてから、数か月後、彼がモチベーションに欠け、あまり良い仕事をしていないと気づきました。またビジネスの調子も落ちていました。ジャックが辞めるべきなのは明らかでした。その間、メルは任せたプロジェクトを立派にこなしていました。なので、私はジャックが去った後、かわりに彼をマネージャーに雇用しました。彼はそこでも卓越した結果を出し、結局私たちは七年間ともに働きました。その間、会社はとても利益をあげて、メルと私は二人でその恵みを分け合ったのです。

もしメルが最初のポジションに雇われなかったからといって、侮辱された気になって、怒ってエゴへと滑り落ちていたら、その後のすばらしい仕事の機会を逃していたでしょう。しかし彼の謙虚さとやる気が、彼を成功へと導きました。すべてがふるいにかけられた後、メルこそがそのポジションに完璧だと分かり、「タオ」(今日では「引き寄せの法則」と呼ぶ人もいるかと思います)が、すべてを一番上手くいくように再調整してくれたのです。

それゆえ人の上に立つ指導者となりたいのなら
自分の言葉を謙虚にして、へりくだらなければならない
人の先頭にたって導きたいのであれば
自分の行いを謙虚にして、人の後ろからついていかなくてはならない

〜六十六〜

すべての出来事は私たちに真っ白なキャンバスを与えているだけです。そのキャンバスに、何を描くかは私たち次第です。謙虚であるか、傲慢であるか、控えめにするか、お高くとまるか、奉仕するか、威張るか、どんな絵筆を使うかもあなた次第です。名声や地位を求めるなら、失墜するでしょう。品格や奉仕を求めるなら、高く上昇するでしょう。そして、たとえあなたの名前にちなんだ高速道路がなくても、皆が憧れるような職や賞を与えられなくても、あなたの心は自分とともに在って平穏で、そして、魂は満たされるに違いありません。

ずっと柔軟であれば、折れることはない
かがめば、伸びをする力を得る
空っぽなものは満ち得るし
古くなれば、新しく変われ得る
少なければ、多くなっていけるが
多すぎれば、迷いも多くなる
古いことわざに「柳に雪折れなし」とあるが
これは確かに正しい！
真に完全性に柔軟に通じようとするからこそ
すべてはその目的のもとに
あなたのもとへと集まってくるのだ

～二十二～

ほんの少しから、多くが生まれる時

無為であれば、欲望はない
欲望がなければ、素朴で静かである
そしてこれがすべてが平穏になる道である

〜三十七〜

有名な映画『素晴らしき哉、人生！（It's a Wonderful Life）』では、銀行員のジョージ・ベイリーが行内でのパニック騒動に対応しなくてはならない場面があります。あることがきっかけで恐れに染まった街の人たちが、こぞって銀行から預金を引き出しにやってきます。しかし銀行にとっては、それを全部払い戻しすれば、つぶれてしまう程の大金でした。客のひとりが自分の預金全額を引き出したいと言った時、ジョージは「本当はいくら必要なのですか？」と聞きます。

その客は一瞬考えて、ちょっと前に要求した金額よりもかなり低い額を口にしました。この誠実な彼の行動が、冷静さを周囲にもたらし、他の客たちの心を静めます。そして、彼らは次々と不安に踊らされるのを止めて、実際に必要な額を言い始めるのです。その結果、銀行は救われ、そこにいた全員が必要なものを手にしました。

「本当は何が欲しいのですか？」

この質問は人生を通して、私たちが自分に問い続ける質問です。もし「必要だと**思っている**もの」と「**本当に**必要なもの」の違いがはっきりすれば、真に必要なものとは、今まで必要だと教えられてきたものよりも実はずっと少なく、すでにいつも与えられていることが分かるでしょう。

他人が恐れるものを私も恐れなくてはならないとでも？
なんて意味のないことだ！
他人は皆、忙しく動いている
しかし、だからこそ、私はひとりであり
何かを狙うこともなく、欲望もない

私は他人とは違う。私は私である。
偉大なる母の手で養われている私である

～二十～

以前、老子がもし今生きていたら、きっと彼が書いただろうと思われる言葉が、車のバンパーにステッカーで貼られているのを見ました。

知れば知るほど、必要がなくなる

ここでの「必要」は欠如を意味します。そして、『老子道徳経』によれば、欠如している状態などそもそも存在しないのです。

他人が何かを成し得ようと必死になっていても
私は与えられたものを受け容れる
私はただひとり馬鹿のように見えるだろう
ほとんど何も得ず、ほとんど何に対しても費やさない
他人は名声を掴もうと躍起になるが
私はひとりで居るのを好み、注目を浴びるのを避ける
ものに関せず、マインドをもたず心配もない
本当に、私は愚か者のように見えているだろう

〜二十〜

私たちは、お金や名声、物理的なもの、そして必要な日用品などを充分に集めておくだけで、安全で安心だと教えられて来ました。そんな私たちに老子は外側の世界を操作できたとしても、幸福は手に入らないのだと念を押します。自分の正しいマインドに踏み入らなければ、幸福には手は届きません。幸せとは、条件が整った結果ではなく、在りかたから生まれるのです。

だからといって、「偉大なる道」が意味するところは、私たちにショッピングをするな、自分のものは全部他人に譲れ、ではないのです。むしろ、世界がもたらすものは、私たちを楽しませてくれます。「タオ（道）」はただ、まやかしの欲求と真の必要性の違いを知るように呼びかけています。あなたが必要とするものはすべて神によって調達され、いつもそこにあります。物質界においても、それがあなたにとって真に必要なものであれば、痛みや滞りがなくそれはもたらされるでしょう。以前に、ディーと私が不動産市場を見ていて、また新しい家を見つけた時のことです。私たちは売り手の仲介業者に連絡をとり、とても興味があると伝えました。彼は、売り手はすでにオファーを受けていて、今は買い手との交渉段階にあると教えてくれました。私たちはその家にとても惹かれていましたが、ここから先は「タオ」の手に委ねようと決めました。その家が私たちのものになると決まっているのであれば、やってくるでしょう。そうでなければ、また「タオ」が同等か、より良いものを連れて来てくれるはずです。一週間後、仲介業者から連絡があり、交渉は決裂したと聞きました。そこで、私たちは初めて正式にオファーを出し、売り手はそれを受けて、家は手に入ったのです。それはまるで、何かより大きな計画を奏でるオーケストラの一役を担ったような顛末でした。

そして、このことは、私たちに「タオ」が人生にどのように働きかけているのかについて、大切なポイントを教えてくれました。もしそのパートナーや仕事、家があなたに属しているなら、それらは自然とあなたのものにやってきます。そうでなければ、やって来ないでしょう。そして信じてもらえるかは分かりませんが、それはあなたが結局は欲していないということなのです。本当にあなたのものになるべきものは、あちらからあなたを見つけてくれます。私たちはお金や契約書類によって、何かを所有するのではありません。**正しい意識**によって、所有するものを決めるのです。あなたのところへ来るべきものは、あなたの顔をちゃんと知っています。これは本当です。信じてください。自分の内側に、すでにある豊かさを知っていれば、それに必要なすべてのものは外側の世界に現れてくるでしょう。

〜三十三〜

足るを知る者は、豊かな者である

富める者とは誰か？　自分が持っているものに満足している者だ

〜『タルムード』（ユダヤ教の経典）〜

与えれば、「タオ」もあなたに与え続ける

大いなる豊かさを味わいたいなら、まずは、循環の普遍的な法則を理解することから始めましょう。あなたの身体を巡る血液や生きとし生けるものを育てる雨のように、お金もまた循環によって、その機能を果たします。たとえば、お金を使わず、ベッドのマットレスの下にただため込むだけでは、その価値は少しずつ失われていきます。お金の目的は、手渡して回していくことです。その過程で、他人を豊かにし、経済を刺激し、そしてあなたへと何倍にもなって返ります。

お金や他の持ち物を失うのが怖い人は、ただため込んで、隠しているかもしれません。しかし、そのように積み上げて保管するのは、「タオ」には反しています。たとえば、漢方薬は、**気**と呼ばれる生命力の流れをベースに使われます。気が上手く流れている限り、あなたは健康です。気が滞り、何らかの理由で身体の端々に行き渡らないと、病気が発生します。健康を回復するために、また気を動かさなくてはなりません。

同じように、富むためには、自分のお金を活発に使わなくてはなりません。使いかたはいろいろあるでしょう。例えば、物を買う、誰かを雇う、何かに投資する、あるいはチャリティへの寄付もあります。たとえ多くのお金をもっていなくても、預金残高を自分のもつ豊かさを分かち合

わない理由にするのは止めましょう。心配なマインドはきっと「もっとあれば、もっとあげられる」と言うでしょう。しかし、真実は反対です。「もっと与えれば、もっと持てる」のです。あなたがお金を与えている時、そうやって自分が他人をサポートするのと同様に、世界が自分をサポートすると信頼し、それを肯定しています。これは私のプログラムでの話ですが、定員までの残り一席に二名の応募がありました。ひとり目は、お金がある人でしたが、ディスカウントを求めて、席を獲得しようとしました。もうひとりはさほど金銭的に余裕がなかったので、少なめの額でしたが受講料を申し出てきました。私は後者を受け入れました。なぜなら彼女からの申し出は、彼女にとっての精一杯であり、またそれは同時に誠実な学びへの意図の現れだったからです。いくらもっているか、与えたかは、重要ではありません。重要なのは、その時あなたが住まうマインドの状態なのです。

動かせるだけの充分なお金がなかったとしても、別の方法を使って気を動かせばよいのです。奉仕団体でのボランティアをしてもよいですし、音楽や執筆、ダンスなど、あるいは映画の撮影や建築などの芸術を通して、創造を深め、気を動かすこともできます。何かを教えたり、誰かを世話したり、他人のために祈ったり、好きな人と仲良くしたり、旅行したり、政治の変化への活動をしてみるのもいいでしょう。私の友人のジョージの話をしましょう。本当に彼は周囲に愛をたっぷりと与える人でした。国際色豊かなコミュニティの中の年配者であった彼は、一人ひとりを尋ねて、彼らがどんなに素敵な存在であるか、また彼らが自分の人生にもたらしたギフトにどんなに感謝しているかを伝え歩き、余生を過ごしました。彼はそうやって、すべてに愛を広げました。コミュニティの人々は時々彼を笑いましたが、それらの人々が自分が陥った場所でいくら探しても見つけられなかった豊かさへの鍵を、彼はこうやって見つけたのです。多くのお金を使えても尚、痛々しいほどに自分以外のすべての人を疑い、貧しい気持ちでいる人がいます。また一方で、あまり使えるお金をもっていなくても、喜びを広げていて、地球に住みながらも、天国を歩いているような気持ちの人もいます。

お金や優しさを出し惜しみし、他人からのサポートを拒めば、あなた自身から与えられる豊かさを受け取っていないことになります。あなたが誰かに対して、誰かのためにしてあげたいと思っているのと同じことを、あなたは誰かから（あるいは、人生から）、自分のためにして欲しいと思っているのです。それは根本的な心理学の原理です。気前のよい人たちは、宇宙が自分に対して気前よくあって欲しいと期待しているのです。そしてそうなっています。締まりやの人たちは、宇宙も自分に対して締まりやであって欲しいと無意識に期待しています。とはいえ、人生とは本来、気前がよく優しいものです。しかし、せっかく扉の前にギフトが置かれているというのに、出し惜しみの行動が心理的な壁を作り、その人が気づけないようにしています。キリストは「他人から自分にしてもらいたいことを他人にしなさい」と言いましたが、別の言いかたをすれば、「あなたが他人にすることは、あなた自身に対してしていることです」となります。
愛や寛容さ、あるいは優しさが自分のもとに戻ってくるまで、その行為の実践を待たないで下さい。見返りを期待しつつ座っているのは、与える目的がずれています。与えるという行為は、あなたが与えたその瞬間に、その体験を通して、あなたへ豊かさをもたらすのです。後から何がやって来るのか、あるいは来ないのか、それは考えたり心配したりするに値しません。より大きなギフトが待っているのですから。

賢人は何ごとにも決して出し惜しみしない
他人のために行えば行うほど、もっと持ちものが増える
他人へ与えれば与えるほど、かえって自分が豊かになる

〜八十一〜

シンプルであれば、上手くいく

ある日のこと、私は金物屋の通路に並んで順番を待っていました。隣の男性客が売り場の人に水栓の直しかたについて聞いてきました。修理のやりかたと修理以外に何が必要になるかなどについての長い議論の後、客の方が「人生はなにごともシンプルにとはいかないね」と言いました。それを聞いて、一、二メートル先に立っていた別の客が不意に「当然いくさ。あんたがシンプルにすればいいんだよ」と言ったのです。

私は笑いました。そして、生きかたを学ぶために、わざわざヒマラヤ山脈を登って遠く離れたアシュラムまで行く必要もなければ、大学に行って哲学の授業を受けるまでもないなと思いました。人生がどうであれ、金物屋はきちんと自分のすべきサービスを提供しました。

人生は私たちが複雑にしようとしない限り、シンプルです。エゴは複雑な世界に生き、一方で、スピリットはシンプルな世界で生きています。田舎の方に住んでいると、狭く、暗く、閉じ込められるような場所に、時々ムカデを見かけます。たとえば、ガレージの後ろに放置していた木の板を動かそうとすると、そこにムカデが隠れています。光に当たった瞬間に、彼らは別の暗い場所へと急いで逃げ込もうとします。人生におけるムカデは、私たちを刺す数々の問題のようなものであり、私たちが自分で作り上げた、あるいは放置して出来あがった、複雑で積み重ねたもののなかに隠れて入り込んでいます。ですから、複雑であればあるほど、問題は出てくるでしょう。シンプルであればあるほど、難しさはなくなります。もしあなたが複雑な状況にいるなら、シンプルな抜け道を探しましょう。十四世紀に「オッカムの剃刀《かみそり》」という科学的な定理を謳ったイギリスの論理学者ウィリアム・オブ・オッカムは、「もっともシンプルな答えが正しい答えである可能性が高い」と言っています。私たちは今まで、答えとは複雑なものだと、真反対に教えられてきました。しかし、それもまた、「多くの真実ではないものを信じるように言われてきた」ということです。

玄徳（奥深い真の徳）は深く、果てしなく遠くまで行き渡る
そして万物とともにまた「道」へと戻り
「道」と一体になっていく

～六十五～

充分に充分である

あなたは豊かな存在で、豊かな宇宙に生きています。その宇宙には、必要なすべてのものをあなたへと喜んで与える準備があり、またそれが可能なところなのです。自分のまわりに埋められている祝福に気づければ、世界中の人は豊かになれます。『老子道徳経』は、乏しい考えかたを真実へと正し、受け取るべき豊かさへと私たちを押し戻してくれるもっともシンプルな教えです。真の豊かさは、世の中の状況や預金残高で決まるものではありません。それはあなたの頭上を流れる雲の形、裸足で感じる草の柔らかさ、子どもの目に宿る光、また、あなたの猫がおどける姿などにも見つけられるものです。すでに与えられているギフトの深さとその量に気づけたら、物質を集めて得ようとしても、決して手の届かないほどの高揚感を手にできるでしょう。尽きることを知らない私たちの善の永遠の源である「タオ」に戻りましょう。

老子の住まいに、騎士たちがやって来た時、私は緊張で鼓動が早くなった。彼らの馬には、帝を守る騎兵隊の印のマントが、威厳をもってかけられていた。騎士たちは、夏の夕日のように美しく輝く深紅の上着に、キラリと光る剣を身に着けていた。この堂々とした一団を見た時の私の最初の衝動は、逃げ出して隠れたいほどのものだったのだ。しかし、老子が住居小屋から出てきて、彼らの方へとゆっくりと歩いて行った時、その静かな振る舞いに、私の心の動揺もまた静められていくのを感じた。

「あなたが老子様ですか？」

指揮官がしっかりした声で呼びかけた。

師はお辞儀をした。

「何なりと御用をおっしゃってください」

指揮官は馬を降りて、目上の賢人である老子にもとへ行き、尊敬を込めて一礼をした。

「私は、漢の最高指揮官である託賢《トウオシエン》将軍の命を受けてやってまいりました。今進行中である秦とのひどい戦についての助言をお願いしたいとのことです。優秀な助言者としてのあなたのお噂は広く遠国にまで及んでいます。託賢将軍はあなたに最高相談役としての名誉ある地位をお与えになりたいとのことです。返礼として、市内の良い場所にある豪邸とかなりの報酬、そしてあなたの意のままに動く使用人など、とにかく必要なものはすべてお与えになるとのことです」

老子はただ笑って、少しの間沈黙して言った。

「私はもうこの世で一番豊かな人間です」

そしてきっぱりとこう続けた。

「私が必要なものはすべてもうここにあります。それなのに、人が何かとささいなことで口論し、恐れに満ちた群衆が右往左往しているような都会に移り住みたいと思うでしょうか」

騎兵隊の指揮官は、あともうちょっとで、鼻の上で一直線になるくらいまでに、その濃い眉をひそめた。彼は老子の肩越しに周囲を見渡し、ゆがんで建っている小さな家をすばやく確認した。老子の家は、ゆがんだ柱の上にかやぶき屋根をかぶせている。そしてその屋根は明らかに修理が必要だった。その後、彼は目を庭に移した。そこでは、ロバが豚を追い払っていた。ガチョウは、泥のついた大きなひれ足をばたばたさせて、水浴びをしながら、クワックワッと鳴いていた。二匹の雑種犬は太陽の光のもとで、腹を出して寝そべっていた。

指揮官は言った。

「失礼を承知で申し上げますが、私はここが裕福な家とは思えません」

「それなら、もう一度見てみて下さい。見方を変えれば、前とは違うものが見えるはずですよ」と師は言って、後ろへ振り返り、腕を大きく広げて目の前の景色を指し示してみせた。

「あの山脈の頂上から差してくる黄金の太陽の光で、私は毎朝目覚めます。朝のお茶を愉しんでいると、あの谷から霧がゆっくりとあがってきます。その様子はまるで、恋人の別れ際のささやきのようです。朝のお茶の後、私は竹林を散策します。そこではさまざまな鳥たちが群れをなして、さえずっています。夜には、月あかりが寝室の壁にちらちらと揺らぎ、それはまるで別世界にいるようで、夜通し見ていたい気持ちにさせられます」

次に老子はまた庭の方を向き、指さしながらこう続けた。

「あのザクロの木は美味しい実を、絶えることなく無償で私に与えてくれます。私はそれをもらうために何ら自分を証明してみせなくてもよいのです。ここにいる動物たちは皆、私の最高の友人です。犬たちは、今まで出会ったどんな人間よりも私に忠実でいてくれます。ロバは決して私に嘘をつきません。豚は耳の後ろをこすってやると、鼻からおかしな音をだして、私を笑わせてくれるのです。私は、恵みに囲まれて住んでいます。どうしてこんな天国を捨てて、息の詰まるような都会の狭苦しい建物のなかで、噂話が好きな使用人たちとともに、戦々恐々とした政府へと仕事に向かう生活をしたいと思うでしょうか」

指揮官はもう一度、家、山、竹林、そして多種雑多な生き物の姿を見回した。彼の表情はやわらぎ、口もとにうっすらと笑みさえ浮かべた。束の間、平和が彼に訪れたのだ。しかし、すぐに彼は軍人としての自分を思い出した。

「ではあなたは託将軍からの申し入れは、お受けにならないと？」

「いいえ。お受け致します。戦に関してどうしたらよいかをお聞きになりたいのでしょう。それなら無料で差し上げます。こうお伝えください。『復讐を行うのであれば、墓を二つ掘っておくように』とご自身の剣にお刻みなさい、と。軍を導くために、彼が知るべきはそれだけです」

指揮官はこの奇妙な賢者からはもうこれ以上は何も得られないと悟り、長いため息をついた。彼は一礼をすると、両手をしっかりと握って、胸の高さまで両腕を上げた。それは尊敬を表す仕草だった。彼は馬に乗り、部隊に退去を命じた。数分後には、引き上げ時に馬が蹴り上げた砂塵だけを残して、彼らは視界から消えた。

老子は私の肩に手をまわし、小屋へ戻ろうと誘った。

「さあ、おいで。一緒に私の宮殿を楽しもうじゃないか」

彼は笑ってこう続けた。

「私もいつか屋根を修理するかもしれない。しないかもしれないが」と。

犬たちが立ち上がり、小さな住まいに入っていく私たちの後に続いた。老子は犬たちの頭に優しく手を置いた。ガチョウも後を追ってきて、ロバは声高くいなないた。師はガチョウを胸にだきあげ、細長い首を手で優しく撫で、その小さな頭にそっとキスをした。

本当にこんなに裕福な人は今まで見たことがない。

それゆえ、充分に充分だと知る者は
常に真に豊かで満ち足りている

～四十六～

理由とともに、時間とともに、一生を通して

行動は、時にかなっておこしなさい

〜八〜

ある朝早く起きて、老子と私は村の市場へと食料品を買いに出かけた。毛布を地べたに広げた上で、オレンジを売っている丸い顔の年老いた女性の前に立った時、師が、十歩ほど先で栗を買っている若い女性に目を止めたのが分かった。師は我を忘れて彼女を見ているようだった。彼女はひと際輝いていた。長いつやつやとした肩まである長い髪を、カラフルなビーズのクリップでひとつに縛っている。彼女が微笑みかけていたのはその店の店員だったが、笑顔から溢れる光はここにまで届くようだ。

「あの女性に惹かれるものを感じていらっしゃるのですか?」と私は老子に尋ねた。が、そう言った途端に、自分が恥ずかしくなった。今まで一度も師の恋愛に探りを入れたことなどなかったのだ。師は、私にとっては世捨て人のような存在で、隠遁生活をしていると思っていた。そして、きっと美しい異性への興味も失ったか、あるいは、それよりもスピリチュアルな歩みの方へと興味をもっているのだろうと思い込んでいたのだ。

「彼女を見て、妻を思い出したのだよ」と彼は答えた。

私はとても驚いた。

「奥様がいらしたのですね?」

「妻はいたが、出産で亡くなってしまった」

私は大きな驚くべき新事実を前に、言葉が見つからなかった。

かろうじて「それは残念なことでしたね」と、ぎくしゃくと答えた。

彼は振り向き、私の顔を見て言った。

「私は妻とともにいた時間を今も大切に思っている。彼女が亡くなった時はとても悲しかったが、ほぼ乗り超えた。でも時々彼女が恋しくなるのだよ」

老子は通り過ぎる人に会釈をしながら、その印象的な女性が立っていた屋台の方へ歩き出した。今はもう彼女は去った後だった。

「もう一度結婚したいと思いますか？」と私は尋ねた。

彼は肩をすくめた。

「もしそんなことが起こったら、そうなるだろう。でもそうならなくても、私はひとりで満足だよ」

それから私は師の歩調に合わせて、市場を歩き続けた。

「通常、結婚とは、『タオ（道）』が表すところではないのだよ」

彼は続けた。

「結婚は不安や恐れから生み出されることが多いとされているからね。多くの人は親や宗教や文化的な面から、結婚へと急がされるだろう。でなければ、本人が経済的な安定や社会的な立場を求めたり、つかまえたパートナーを通して人から羨ましがられたいと思ったりして、結婚を急ぐこともある。しかし、これらはすべて作為的で、心の選択とは無関係だ。作為と『タオ』とは相容れないものなのだよ」

今まで一度も、結婚について老子と話したことはなかった。まだ知らない領域に話が及び、私は心が揺れていた。

「ですが、愛し合って結婚する人たちはどうなのですか？　『タオ』の流れに従っているとは言えないのでしょうか？」と私は尋ねた。

師は振り向き、私の肩に手を置き、こう付け加えた。

「もし彼らが真に愛し合っているとしたら、そう言えるだろうね。しかし、多くの人は肉体的な衝動や妄想、孤独からの逃げ道と愛とを混同している。もし混同していれば、たとえ相手ができたとしても、もっと寂しい思いをするだろう。偽りで空虚さを埋めることはできないのだよ。自分はすでに満ち足りていると知る者は、自分を埋めるための他の誰かを必要とはしないのだから」

「では、師は結婚を信じていないのですね」

「私は『偉大なる道』を信じている」

彼ははっきりとそう言った。

「もし『タオ』が二人の人間をともにと言うなら、その二人は幸せで、結びつきは天から約束されているだろう。たとえば、僧侶や政府高官の証明書には、結婚は許されないと書かれているそうだよ。スピリットとして生きるか生きないか、そのどちらかなのだ。スピリットとして生きれば幸せで、そうでなければ、悲しみにも出会う」

私たちは買い物を続け、必要なものを買って歩いた。私は師に彼の亡き妻については二度と聞かなかった。彼ももうそれ以上何も話そうとはしなかった。師の悲しみとそれを抱える彼を見たのは、これが最初で最後だ。

「なるようになっていく」に任せる

すべての人間関係には目的があります。偶然や行き当たりばったりなどではなく、間違いで出会う関係性は存在しません。自分が引き寄せる人は皆、自分の魂の成長を促すためにやってきます。ある時は喜びを通じて、またある時は試練を通じて、その成長は促されるのです。ですから、その関係性が運んできたギフトを私たちが受け取ると、その目的は果たされます。目的が満たされた後、またさらにその関係性を続け、深めていく場合もあるでしょうし、関係性を解消し、別れていく場合もあるでしょう。しかし、それもこれもすべて「タオ」です。

人間関係は、**理由があってやってやってくるか、一定の時間とともにやってくるか、生涯を通してやってくるか**、その三つだといわれています。**理由があって**の人間関係は、重要な瞬間を共有するために道が交差し、短い期間だけともにする場合などが考えられます。

たとえば、ハワイのホテルでエレベーターに乗った時のことです。ある夫婦と一緒になりました。「休暇はどうですか?」と私が声をかけると、妻の方が「まあまあじゃないかしら」と答えました。

あまり楽しんでないように見えたので、私は尋ねました。

「最高ではなくて、まあまあなのはどうしてですか?」

「私は腎臓結石があって、それがとても痛いんです」と彼女は説明し、こう続けました。

「副作用を抱えながら、投薬治療をし続けるか、旅行から戻ったら手術をするか、どちらか決めなくてはならないの」と。

彼女が痛みに甘んじなくてはならないのを知って、私は悲しくなりました。

「それは残念ですね」と彼女に言いました。

「他にも何か手があるかもしれませんよ。あるハーブと果汁を摂取して、多くの人が腎臓結石から完治したと聞いています。『腎臓結石のためのホリスティック治療』と検索してみて下さい。もしかしたら、もっと簡単な方法で上手くいくかもしれません」
「本当に？」と女性の顔がぱっと輝きました。
「絶対見てみます。どうもありがとうございました」

ある階で、彼らは先に出て行きました。そして私は今起こった重大なやりとりに驚いていました。たった三十秒で、私たちはつながり、ひとりの人間が癒され、痛みから脱する可能性を得たのです。

また、こんな話もあります。友人のトムとヘイリーは出会った途端に、自分たちがソウルメイトだと知り、一緒に過ごし始めました。三か月後、ヘイリーは妊娠し、その後すぐに二人は小さな結婚式を挙げました。やがて、美しい男児がこの世界にやってきて、ジェイソンと名付けられ、文字通り彼らの人生の光となったのです。

数年後、トムとヘイリーの関係性は緊張したものになり、結婚生活が揺らぎ始めました。ヘイリーは別の男性へと走り、トムのもとを去りました。彼らの離婚にはいろいろありましたが、二人とも親として、息子は大切に育てようと決めました。

何年も経って、ジェイソンは素敵な若者へ成長し、両親も彼を誇りに思っていました。二人は友人としての関係性を今一度結び直し、自分たちの息子を互いに協力してサポートしていました。その頃、ヘイリーも再婚がやっと決まり、結婚式にはトムを招待しました。教会でヘイリーからの招待席に座っているトムに、別の招待客が「花嫁とどこで知り合ったの？」と聞きました。トムは平然として答えました。「彼女と前に結婚していたんだよ」と。

トムとヘイリーの結婚生活は短いものでしたが、息子を通しての二人の関係性は生涯続きました。二人が一緒になった目的は、（二人が関係性から得た双方の学びを除けば）彼らの息子をこの世に生み出すことだったのでしょう。それがいったん起こってしまえば、お互いもうさほどやるべきことはなかったのかもしれません。自分たちはソウルメイトだという強い思いが、彼らを最初に固く結びつけましたが、トムとヘイリーはソウルメイトというよりは、学びの仲間だったのかもしれません。しかし、彼らは息子を通しては、真のソウルメイトだったのです。

もうひとつの人間関係は、一定の**時間とともに**存在します。ある時期、誰かと結婚生活をしたり、ある会社に勤務したり、友情を分かりあったり、スピリチュアルな師のもとで学ぶなどの場合です。この関係性は、やがて、時期が来ると終わります。その終わりの瞬間は混乱させるものです。なぜなら親しい関係や重要な関係に入っていく時には、私たちは「常に一緒」と思いがちだからです。その人がずっと自分にとってその人のままで居てくれたらと思い、私たちはそこに安心を見出そうとします。

しかし老子は「いつも同じでいるものなど何もない。すべては変化しているのだ」と私たちに念を押します。あなたがその指で触れられるものすべては、いつかなくなります。あなたの身体も。あなたの家も。あなたが住んでいる町も国も。いつかはこの地球という惑星も、あるいは、その地球が周囲を回っている太陽さえもなくなるかもしれません。形あるものは何も残り続けません。そして、変化に抵抗をすれば、苦しむことになります。反対に、変化を受け入れれば、自由になれます。

やって来ては去っていくものとは対照的に、「タオ（道）」は永遠です。「タオ」が映し出す現実は、時間の概念を超越しています。「タオ」は万物が去った後も残り続けます。「タオ」を信頼すれば、この世界の何ものからも得られなかった安心感を生み出せるでしょう。この世界に参加しましょう。でもその一方で、それをはるかに超えたところで、自分自身を生きましょう。

万物は盛んに生長するが、見ていると、またもとに戻っていくのが分かる

生長し、生い茂り、そして、生まれ出た根もとへと戻っていくのだ
根もとである源へと戻るのは、静寂に入ることであり、それが自然の生業である

〜十六〜

ひとりの空間も大切に、定期的にとりましょう。去り行くものが何であれ、それらに安心を求めると、去り際に悲しい思いをすることになります。だからといって、関係性に距離を置くように勧め、その関係性から得られる喜びを否定しているのではありません。また、去って行った時に悲しむなというわけでもありません。反対に、今近しい人たちもいつかはいなくなると知ると、ともにいる間、彼らとの関係性をより豊かにしようとはならないでしょうか。愛する人たちとともにいる時に、もう彼らと二度と会えないとしたら？と想像してみてください。彼らとともにしっかりと時間を過ごし、彼らに聞いてもらいたい言葉を言えるでしょう。感謝、敬意、承認、そして彼らに恵みを与える言葉を。彼らは、あなたの人生の祝福された時間のなかで、唯一無二のギフトをあなたに授けにやって来たのです。愛の瞬間を逃してはいけません。大切なことを言い残したり、し残したりしないように。そうしていれば、あなたとその相手が去ることになり、「タオ」に戻る時が来ても、あなたたちの魂はきっとこう言います。「よくやったね」と。

生涯を通しての人間関係は、魂の成長をもっとも深く、大きく促してくれます。その価値はたとえようもなく大きなものです。両親や兄弟、配偶者、子どもたち、そして他の重要な家族関係など、この種の人間関係に含まれるかもしれません。また、人生を通しての親しい友人や仕事上の仲間、スピリチュアルな学びの仲間なども含まれるでしょう。その場合、あなたたちは聖なる魂の契約を結んできたと言えます。それが何なのかを見つけ、祝福しましょう。

ソウルメイトは、恋愛のパートナーに限りません。魂のレベルであなたにつながるすべての人たちです。とても大きな喜びをあなたにもたらすソウルメイトもいれば、大変な試練をもたらすソウルメイトもいます。両方をもたらす者もいます。もし長い間難しい関係を持ち続けている誰かがいるなら、その関係性が差し出している学びが何なのかを見せてくれるように、「タオ」に頼んでみましょう。そのギフトを見つけて箱を開ければ、問題はすぐに解決するとともに、その目的を遂げ、問題そのものが煙のように消えてなくなるはずです。そうなった時に、相手ともっと深くつながるか、あるいは達成感をもって別の道を行くか、あなたが決めればよいのです。

関係性を成功させる秘訣は、関係性が「なるようになっていく」に任せることです。関係性をありのままに受け止めようとせず、何か別の形に変えようとすれば、混乱や葛藤、失望を味わいます。短い間の付き合いであるものを、長期的なものに変えようとしたり、一定期間の関係性を、生涯を通しての関係性へと無理に引き延ばそうとすると、苦しむでしょう。各々の関係性に対して、その目的を自分に見せてくれるように祈りましょう。なんとか自分で編みなおそうとするのではなく、その目の前の関係性そのままからやって来る恵みを受け取りましょう。そうすれば、すべての人間関係は縫い目に当たることなく、スムーズに流れ始めるはずです。

一方で、一定の「時間とともに」ある人間関係と「生涯を通して」ある人間関係を、故意に縮めようとしたり、排除しようとする場合もあるかもしれません。この場合もまた、どうやっても成功しません。まだ目的を果たせていない関係性を終わらせようとしても、またずっと戻ってくるからです。多くのカップルが別れ、離婚しています。また家族や友人と距離を置こうとする人たちもいます。しかし人生は、何らかの形で、何か理由をつけては、その人たちをまた呼び戻してきます。（私は、同じ相手と結婚と離婚を三回繰り返したカップルを知っています）果たすべき運命をもってやって来る人間関係からは逃れられないのです。学びからの逃避も、効き目はありません。学びを卒業しなくてはなりません。その時まで、「タオ」はあなたとその人を宇宙の強力な接着剤でくっ付けておくでしょう。

人間関係の目的を果たしたら、もうそこに居続ける必要はありません。中国の格言は「馬が死んだなら、降りなさい」と言っています。私のコーチングセッションでも、数えきれない人から、このような告白を聞きました。「長い間付き合っていた良い友人がいます。ですが、私は変わってしまって、もう彼女と一緒にいることに何らギフトを見出せなくなりました。彼女はかなり否定的な人で、文句ばかりと言い、噂話が大好きで、薄っぺらな話しかしないのです。私もかつてはその会話に入っていましたが、今は退屈でいらいらさえします。彼女に誘われても行きたくないんですが、ずっと良い友だち同士だっただけに、誘いを断るのが後ろめたいのです」と。そんな時、私はクライアントにこう言います。「過去は過去。今は今です。古い形にしがみつくよりも、今のありのままに正直にいましょう。そうすれば、本来の自分と自分が望むものにぴったり合う、新しい大切な人間関係を創造できるでしょう」と。

『奇跡のコース』には、すべての人間関係は平和におさまるように運命づけられているとあります。どんなにネガティブで痛みある人間関係であっても、いつかは癒されるのです。その癒しのプロセスを、一生を通して関係を深めることで、味わうのかもしれません。あるいは、別の関係性を通してかもしれません。あるいは、物質界では顕著に現れなくとも、その関係性は魂のレベルでは癒されているのかもしれません。私の例をひとつお話しします。ずいぶん前のことですが、ある友人が怒って、口をきいてくれなくなりました。しかしそれから何年も経って、彼と一緒にいる夢を何度も見たことがありました。夢の中で、私たちはとても楽しい時間を過ごし、お互いを愛していました。魂のレベルでは、私たちの深い友情は消えてなかったのだと私は思いました。目に見える世界では、別れてしまったように見えますが、それは結局、幻想なのです。

誰かと離れてしまったからといって、誰かがあなたに背を向けてしまったとしても、去ってしまったとしても、打ちひしがれる必要はありません。スピリットを通じて、あなたはその人とつながれます。祈りや瞑想を通じて、その人に呼びかけてください。目の前にありありと彼の、彼女の顔を思い浮かべて見つめてください。そして、その人の魂に語りかけましょう。その人があなたの言うことを聞いて、あなたからのメッセージを受け取っていると想像してください。本当に話をしているとしたら、あなたはその人に何と言いたいですか。その人はあなたに何を知ってもらいたいと思っているでしょうか。スピリットを通して、人間関係を深めていきましょう。そうすれば、二つのことが起こります。（一）あなたの魂が平和になります、そして、（二）現実の世界でも、その人とのよりよい関係性を最大限に築けます。なぜなら、私たちは核の部分では、スピリチュアルな存在だからです。スピリットを通じての関係性こそが、私たちに真の満足を与えてくれるのです。それに比べたら、身体での体験はそれほど重要ではありません。同じ屋根の下で暮らしていても、隣同士で眠っていても、その人と離れて感じることがあるでしょう。一方で、遠く離れている友人であっても、深くつながっていると感じられることもあります。人間関係とは身体ではなく、魂レベルのものなのです。

「タオ」はいつも、あなたの魂を満たすような人間関係をもたらそうと、また、あなたの魂を切り刻むような人間関係からは遠ざけようと働きかけています。地球自らがもっているサイクルや季節のように、あなたと他者とのつながりも変化していくのです。浅く空っぽに感じる交流にとどまり続けるのは止めにしましょう。ぞれぞれの関係性がどうなっていこうとしているのか、ずっとそこで充分に自分らしくいられれか、耳を澄ましてみましょう。「タオ」は常にあなたに幸せを運ぼうとしていますが、それにはあなたの協力も必要なのです。自分の意志で、その人間関係の行き先を変えようとしないようにしましょう。最終的には、魂の真の意志に沿って、その関係性は行くべきところへ行きます。人生に舵をとってもらい、あなたに属するべきものとともに進みましょう。それ以外のものや人はすべて手放しましょう。そうすれば、それらもまた「偉大なる道」の大らかな領域で、それら自身の正しい居場所を見つけるはずです。

季節の移り変わりを愉しむことは
希望のない春にずっと居続けるより、心をより幸せな状態にしてくれる

〜ジョージ・サンタヤナ〜

今年の巣を見る

常に前を見なさい
昨年の巣には、今年の鳥は一羽もいないのだから
〜『ドン・キホーテ』ミゲル・デ・セルバンテスの言葉より〜

この世で私たちが頼れるものがひとつあるとしたら、それはすべては「**変化する**」という真実でしょう。老子は、変化に抗うことなく、むしろ変化によって力を得なさいと言います。変化に抗えば抗うほど、変化は大きくのしかかってきます。変化の流れにそって進めば進むほど、変化があなたを強くします。人生の河は曲がりくねっています。賢い者は、流れに逆らって戻ろうとせず、そのうねりによって、新たに導かれる先の神秘を楽しむのです。

すべては変化していくと理解すれば
何にも執着しなくなるだろう
よって、もし死を恐れなくなれば
成し得られないものなど何もない

～七十四～

ヨガの師であるパラマンサ・ヨガナンダは、「来るものを拒まず、去るものを追わず」と言っています。しかし、私たちは去ろうとするものをとどめておきたいがために、抗います。そして、代わりにやって来ようとするものに対しては、距離をとろうとします。私のセミナーの参加者のひとりがこう言ったことがありました。「私は手放さなくてはならないもののすべてに、爪を立てて引き止めようとする」と。人間の心理とは奇妙なものですね。たとえ、それががげんなりするものだとしても、知らないより知っているほうを好ましいと信じているのです。虐待の関係性にいる八十パーセントの女性がそこ居続けるのを選ぶか、あるいは去ったとしてもまた別の同じような関係性を結ぶと言われています。このパターンの背後にあるゆがんだ理由は、こんな感じです。

「私の世界は痛みに溢れているけれど、少なくとも何が起こるか分かっている。馴染みがあるから上手く切り抜けていける。でも、馴染みのないものは上手く扱うことができないかもしれない。この今のひどい状況には耐えられるけれど、自分のまだ知らない状況では生き延びることができないかもしれない。もう知っている悪魔の方が、まだ知らない悪魔よりはましだ」

しかし、もしまだ知らない次のものが、悪魔ではなく天使だとしたらどうでしょう？　人生がもしより良い幸せな方向へといつも進もうとしているとしたら？　あなたの過去や現況が勝手に終わって、次はもっと素晴らしいものが待っているとしたら？　より素晴らしい運命を生きるようにと人生に呼びかけられているとしたら？

『奇跡のコース』は、すべての出来事や出会い、関係性や変化が役に立つものだと理解するには、大いなる成長が必要であるとしています。スピリチュアルな師にとって、信頼とはその信念をまるごと支えている柱です。「信頼が今、すべての問題を解決します」と『奇跡のコース』はシンプルに表現しています。

「タオ（道）」を信頼すれば、逆境や不確かな未来に出会っても、私たちは前進を促されます。その信頼は目に見えない安全な網を張って、先ほどの虐待の関係性のなかにいる女性たちの内の、残りの二十パーセントが不健全な場から脱出し、より自分を尊ぶ関係性を創造していけるように守っています。依存を克服し、自分自身にダメ出しを続ける習慣に打ち勝とうとする者たちを、断固として支え続けています。健全ではない結婚生活や仕事、生活状況から抜け出て、人生のより良い場所を信じる者たちにとっては、その信頼は希望というトーチライト（たいまつ）になります。そして、このような人たちは、目に見える変化の裏側に働いている恩寵の存在を理解しているのです。もしかしたら、あなたがもっているその信頼はまだ完全ではなく、一歩踏み出そうとすると、疑いや恐れがまた襲ってくるかもしれません。しかし、ほんの小さな一歩でよいのです。踏み出せば、家への旅路が始まります。

ひとかかえもある大きな樹木も
ちいさな芽から育ち
九階もある高台も
ひと盛りの土から起こり
千里の旅路もまた足もとの一歩から始まる

〜六十四〜

黄金の交差点

私たちがその最初の一歩に恐れを感じる時、過去を美化し、もう一度過去を動かそうとすることで、今の満足できない状況から逃げようとしているかもしれません。老子は、「過去をずるずると現在に引っ張り込んではいけない」と言います。過去にあった何かがまた動き出すのであれば、それは自然とそうなるでしょう。そうならないのなら、過去はそのままの状態にして、今のこの状態は何らかの理由があってそうなっていると信頼したほうが、より幸せになれるでしょう。

私もかつては、過去の人間関係を振り返っては機会を逃したと後悔していました。自分の心のなかで、その関係性をロマンチックに仕立て上げて、「彼女ともっと一緒にいるべきだった」とか「もし自分がもっとよいパートナーだったら、今も一緒にいれただろうに」など思ったりしたものです。しかし、その**すべて**の場合において、何か不可思議な体験やメッセンジャーが現れ、それらの関係性が続かなかったのには理由があるのだと伝えてくれました。たとえば、私の初恋の相手、ローリーとの話をしましょう。ニュージャージー州にいた頃、大学で私たちは出会ったのですが、彼女のことが好きでたまりませんでした。しかし彼女が転校する時に、私たちはひどい別れかたをしました。そしてそれからもう二度と彼女に会うことはなかったのです。何年もの間、もっとあの時自分がちゃんとしていれば、彼女と恋愛を続けられ、一生涯のパートナーになれたかもしれないと私は思い続けました。

それから三十五年経った頃、マウイ島のはずれにある家に住む友人が、そこでの小さな夕食会に、私を招待してくれました。「君にオレゴン州から来たエディという友人を会わせたいんだ」と彼は言いました。現地に着いた時、私はとても驚きました。エディはローリーの弟だったのです。そして、やはり私たちの話題はローリーのことになりました。私は別れた時のことを今も申し訳ないと思っているとエディに伝えました。「その必要はないよ」とエディは言って、こう続けました。「ローリーが選択したライフスタイルは、今の君のそれとは天と地ほどに違うんだ。今となっては君ら二人の間には何も共通点はないと思う」と。そして、彼はローリーの恋愛がいかに移り気で、ひどい別れかたを繰り返しているかを教えてくれました。しかし、私はまだあきらめ悪く、あれから何年も経ったけれど、少なくともお互い挨拶だけでもできたら、と自分のメールアドレスをエディに渡し、彼女に渡してくれるように頼みました。ローリーからの連絡は一切ありませんでした。「タオ」が、私が過去の恋愛とのつながりを断てるように助けてくれたのです。私は彼女との関係性の終わりは、最善であったと知りました。たとえ、ばかげた未熟な理由で終わったように見えても、最善だったのです。「人間が受ける拒絶は、神からの守護である」という言葉もありますね。

またもう一度関係性を復活しようとする別のケースがあります。自分を助けてくれた人への負い目の感情からの場合です。たとえば、私の仕事のキャリアの始まりに、とても重要な役割を果たし、サポートしてくれた牧師がいました。何年か後に再会した時には、もう彼は牧師を辞めていて、自動車販売の仕事をしていました。私たちにはもう共通の話題はさほどなかったのです。もうひとつの例としては、助けが必要な時に、気前よくお金を貸してくれた友人の話があります。お金はすぐに返したのですが、申し訳なかったという思いがずっと抜けませんでした。しかし数年後に彼女に再会した時、彼女は多業種のビジネスを展開する大事業を営んでいましたが、彼女は私を下に見て、ばかにし始めました。彼女はもう、私が知っているかつての彼女ではありませんでした。私たちの関係性もかつてのものではなかったのです。

昔助けてくれた善良な人たちに永遠に感謝し、彼らの選択した新しい道のりを尊重する一方で、私たちの旅路は、あの頃のようにはもう二度と交わらないのだと、私は理解しました。こんな体験や、また似たような体験を通して、私は以下の三つのことを学びました。（一）これらの人々は私にやってきた善の**源**そのものではない。しかし、優しい人生の瞬間に、彼らは真の善の源によって、愛を運ぶ者として選ばれ、行動してくれた。そして、その真の源とは「タオ」であり、それが私へと善をもたらしている。（二）私たちが出会ったその瞬間は、「黄金の交差点」のようなところであり、両方にとって正しいタイミングで、正しいギフトをもたらすものだ。（三）人生は私たちを、それぞれにとって新しい領域へと完璧に動かしたのだと、私は受け止めなくてはならない。

この黄金の交差点の働きかけを理解すれば、私たちは今のありのままを受け入れ、過去の状態や「かもしれなかった」状態を理想化することなく、感謝と自信とともに、前に踏み出せます。ファンタジー映画『ベンジャミン・バトン数奇な人生』は、最初から老いた状態で生まれ、年をとるごとに若返る数奇な人生を与えられた男の話です。彼が若返る一方で、彼が生涯恋に落ちる相手は、年月が過ぎるごとに老いていきます。二人が出会い、情熱的な魂のつながりを楽しむ時が訪れますが、その後は男性は若返り、女性は年老いていきます。そして、ある時点で、これ以上は無理だと分かり、彼らはそれぞれの旅路を行かなくてはならなくなるのです。

この映画と同じように、つながり合い、互いの人生を高め合う成熟した時期は、多くの人間関係において存在します。しかし、その時期が完了すると、今度は動き出す時がやってきます。今のままでいようとすれば、ただいらいらを生み、次の黄金の交差点を遅らせることになります。素敵な状態を永遠に保っておきたいと願えば願うほど、早めに手放して、その関係性が走り去るままに任せなくてはなりません。これが「タオ」の教えるところなのです。

「黄金の交差点」が永遠に続かないことで、気持ちが沈んでいかないかと心配であれば、以下の三つのことを知れば、気持ちが楽になるでしょう。（一）たとえ別れたとしても、その人やその人と一緒に過ごした時間を愛し、感謝できる（二）終わったものに代わる別の（あるいは、より良い）黄金の交差点が常にまたやって来る、そして（三）黄金の人間関係のなかには、生涯を通じて（おそらくは何度生まれ変わっても）**続いていく**ものもある。

「偉大なる道」には、黄金が尽きることなどありません。老子は私たちにそう約束してくれています。

実家の近くにある格闘技の学校で、私はずっと学んでいた。そこは二人の教師が共同経営をしている学校だった。彼ら二人が一緒に教えている時、それはとても神秘的で、二人のエネルギーの相乗効果で、まさに神を天国から呼び寄せているかのようだった。学校の名前は当然広まり、弟子は溢れかえっていた。私も授業を決して休んだことはなかった。

しかし、まもなくして、二人の教師の間がおかしくなってきた。互いの行動の軽率さを責め合い、結局喧嘩別れとなってしまった。それに続いて、弟子たちも言い争いを始め、うわさ話をした挙句、自分が付いて行きたい教師のもとへとそれぞれ別れて行った。この出来事は私をとても落ち込ませた。才能ある教師たちがなぜ別れてしまうのか、私には理解できなかったのだ。二人で教えている時はあんなに素晴らしかったのに。あたかも彼らが崇高な場所から人間のくずに堕ちてしまったようにさえ思えた。悲しくて、混乱して、私はどちらの教師に付いて行くか決められないでいた。さらに言うと、私はどちらとも会いたくなかった。こうして私は老子のところへ行き、自分の混乱した思いについて話をしたのだ。

「君は格闘技に負けたんだよ」と老子は私に言った。

その言葉に私は驚いて目を見張った。

「どうしてですか？　私はもう何年も学んでいて、もうすぐ上級の帯をもらえるところなんですよ」

「格闘技の秘訣は、相手が自分に向けてくる力を上手く自分のために利用することだ」

そうだ。私もそう学んだ。でもそのことが今の私の悩みとどう関係があるというのだろう。

「今回は、相手というのは人ではない。変化の力だ。教師が別れてしまったことを納得できない君の抵抗が、君自身の力を弱めている。このことを人生で起こったひとつの事実として、君が受け入れれば、また力を取り戻すだろう」

師の言うことを理解しようとしていると、彼が棚から刀を取ってきた。その刀は一度見たことがあった。以前にある戦士が戦いを放棄して、老子の生徒になったことがある。その時に戦士がギフトとして彼に渡したものだ。

彼はまばゆく光るその刀を私に手渡した。冷たい金属が私の手に触れた時、私はただそれをもっているだけで、パワフルな力を感じた。

「では、それを私に返しなさい」と師が言った。

私は彼に従って返した。すると突然、老子は私の頭の上で刀を一振りした。私は反射的にそれを避けて、神経質に笑ったが、その後、信じられないという顔で彼を見た。

「君は私に自分の力を渡した。今、君は私次第だ。私の慈悲の手の中に君はいる」

そう言って、もう一度一振りした。今度はもっと近い位置で。私は後ろに下がって「ずっとこれをやるつもりですか」と尋ねた。

「さあ、自分の力を取り戻しなさい」

師は私の方へと刀を向けた。しっかりと両手で握って。私はためらった。自分の師と組み合いたくなかったからだ。

「いいから、言ったようにやりなさい」

私は一息吸って、彼から刀を奪おうとした。彼は抵抗した。なので、もっと強く奪おうと、取っ組み合うことになった。そして、ついに彼の手から刀を取り上げることができた。彼はきっともっと強く抗えたはずだ。しかし、彼が私に与えたかったのは、あくまで「学び」だ。私たちは姿勢を正して、衣服についたほこりを払った。

「これで、君は自分の力を取り戻した。もうこれからは、一切、私にも誰にも力を明け渡さないように」と師が言った。

師が言わんとしていることが少しずつ明らかになってきた。

「刀は、私が教師たちに与えてしまった自分の力を象徴しているのですね?」

「君は自分の力を、彼らがともに教えるという条件に渡していた。彼らが二人一緒であれば、君は幸せだ。彼が二人でいないと、君は幸せではない。これは、『タオ』ではなく、『愚かさ』なのだよ。自分の幸せは、外の世界の状況に委ねられるものでは一切ない。自分の幸せの源は、自分の内側で見つけなくてはならない。だから、外の世界のいかなるものも、君から内なる平和を取り上げることなどできないのだよ」

私は刀を師に返し、彼は棚にそれを戻した。そして、師は静かに部屋を出て行った。ひとり残された私は、今までの人生のさまざまなシーンを振り返り、今まで、どれだけ自分の力を明け渡してきたかを静かに考え始めた。

それゆえ、賢人は何を見るかではなく
何を感じるかに導かれる
外側にあるものには関せず
内側にあるものを選択している

〜十二〜

時間とタイミング

キリスト教の『伝道の書』では、「天のもとでは、なにごとにも定められた時期があり、すべての営みには、時がある」と書かれています。この格調ある一言は、「偉大なる道」の本質をとらえています。「タオ」はなんらかの目的をもって、ある期間、人々や出来事に生命力というエネルギーを与え、動かし、営み始めます。しかし、その目的が果たされれば、その力は引いていきます。すでに生命力が引いてしまったものに、また力を与えようとしても無駄です。生命力が満ちているところからその力を奪おうとするのもまた、無駄な試みです。習得の秘訣は、生命力がどこからやって来ているのかを見つけ、その力とともに動いていくことです。

人間とは、今ここ以外の場所に居ることができる能力をもっているという点で、とてもユニークな生物だと言えるでしょう。思考や感情を使って、過去や未来を漂えるのです。天才的な発明家であるバックミンスター・フラーは「人間は、時間を気にし、稼がなくてはならないと考える、この地球上で唯一の生き物である」と言いました。過去や未来はゴーストのように曖昧ですが、現在ははっきりとしていて具体的です。そして、現実は、「今」のみに存在しています。

後悔もまた時間を二倍分浪費するようなものです。何かの過ちに気づいたら、あなたはその時一瞬、あるいは、何年も後悔し続けるかもしれません。過ちへの後悔は、今の瞬間を浪費しているのと同じです。一方で、過ちから学べば、その時間と経験は価値あるものになります。

私のコーチングセッションにやってきた、離婚したばかりのクライアントは「私は人生の二十年を無駄にしたわ」と言いました。

「彼を愛していて、結婚が上手くいっていた間、あなたは楽しんでいましたか?」と私は聞きました。

「ええ。そうね」

「では、離婚を選択するプロセスで、何か学びはありましたか?」

「もちろん」

「では、この経験をまっとうして、自分はより強く、より良い人になれたと思いますか?」

「ええ、もちろん」

「それでは、その時間は少しも無駄ではないですね」と私は説明しました。

「良かった時も悪かった時も含めてすべて、その体験のおかげで、あなたは今パワフルなところにいますね」

「偉大なる道」は、体験から恵みと学びだけを選び取ったら、次へと動き出すようにと私たちに求めています。起こったことを振り返るよりも、今できることを最大限にするのです。手元にある学びを習得し、その学びのおかげで今手にすることができる宝物を使って過去を塗り替えるのです。

スティングとともに活躍したギタリストのドミニク・ミラーに、インタビューをした時のことです。私は彼にそんな幸運な立場を手に入れて、何を学んだのか聞きました。「ひとつ確かなことは、ミスにこだわってはいられないことです」と彼は答え、こう続けました。「コンサートで音を間違えたからと言って、『ねえ皆さん、今間違えちゃったから、ちょっとここで止まって、もう一回その部分をやらせて欲しい』なんて言えません。だから、間違いはそのままにして、間違えた場所にこだわるのをやめて、演奏し続けなければならないのです」と。

より良い何かが起こらないかと願ったり、ただ待っているのも、今この瞬間を無駄に使っていると言えるでしょう。エゴは、あなたがいる場所とあなたが欲しいものの間に見せかけの隔たりを作り上げて、嘘をつきます。仏陀は「欲望は苦痛の源だ」との言葉を通じて、自分がもっていないものに焦がれ、それがないと幸せになれないと信じれば、今ここにある莫大な幸せを見逃してしまうと教えました。仏陀と同じように、老子もまた私たちに、人生の瞬間から幸せのミルクをいつもしぼり出して、味わうように言います。

「道」は空っぽであるが、その働きは無尽である
そして、何かで一杯になるような限界も決してない

〜四〜

これもまた過ぎ去るだろう

私たちは皆、自分に対抗してくるような日々や状況に、日々出会い続けています。まるで、宇宙が一度にどれだけの間違いが起こり得るのか、私たちを試しているようにさえ思えるほどです。では、どうしようもなく重荷を感じ、人生がばらばらになっていくように思える時、あなたはどのようにして次へと向かえばよいのでしょう?

1　委ねる

今起こっていることに抗うのを止めて、出来事を自然な成り行きに任せましょう。あなたは、川の急流をカヤックで逆にこいでいるようなものです。ただ流れに乗って行きましょう。そして、この状況は一時的なものであると知っておきましょう。あなたはやがて、穏やかな流れへとたど

り着きます。

激しい風は半日も続かない
激しい雨も一日中降ることはない
なぜそうなのだろうか？
これは天と地の采配であるからだ
天と地さえこれらのことを永遠に続けられないのだ
だったら、どうして私たちが続けられるだろうか

〜二十三〜

2　信頼する

あなたが上手く対処できないような、また克服できない試練は、決して与えられないと信頼しましょう。

3　善を見つける

「もしこの変化がなかったら得られなかったものは何だろうか」と考えてみましょう。そうすることで、この変化があなたへともたらしている善や恵み、癒しを見つけましょう。人生をもっと広い視野で見るようにと促しながら、この大変化はあなたをどんな場所から押し出そうとしているのでしょう。どのようなより良い方向性へと、軌道修正を促されているのでしょう。

4　自分を大切にする

あなたの気持ちをリフレッシュさせることをしましょう。自分に栄養を与えましょう。マインドをポジティブにしてくれるような活動をすれば、それがどんなものであっても、あなたは物事をクリアに見られるようになり、解決へとつながる健全な選択をすることができます。

5　助けを求める

あなたが信頼している周囲の人や、その存在を信じるあなたの天使、高次の力、「タオ」や力の源へと助けを求めましょう。手を伸ばしましょう。祈りましょう。頑固に自分で全部やろうとしたり、自分を犠牲にしたりしないように。あなたがそう望めば、「タオ」は、あなたを愛する人や共時性ある出来事（シンクロニシティ）などを通して、あなたの道のりをより簡単にしてくれます。

困難な時を含めて、世界で永遠なものは何もありません。そこでもち堪えながら、自分に優しく接し、あなたのスピリットにつながり続けましょう。そうすれば、あなたは予期せぬギフトを手にできます。それはもう約束されているのです。

物事はさまざまで
先に行ったり、後から来たりする
急なものもあれば、ゆっくりと穏やかなものもある
力強いものもあれば、もろいものもある
育っていくものもあれば、壊れていくものもある

〜二十九〜

さらに先へ！

創造力のある人たちは、前の月や去年に刺激的に感じたものよりも、今活力を感じるものにつながろうとします。私も本を出版したら、もうそのことについてあまり考えません。次に書く本を考える方が、はるかに楽しいのです。もしあなたが芸術家や作家、デザイナー、ミュージシャン、俳優、事業主、教師、もしくは何かの指導者だった場合には、私の言っている意味が分かるでしょう。去年の本は、去年の思考が生み出したものです。人々はそこから何かを学び、見つけ、活用するのですから、もちろんそれらの思考も有効で重要には違いありません。

しかし一方で、私自身は古いものの上にすでに存在する新しい思考に、はるかに深い興味を感じます。私の仕事のマーケティング担当のスタッフは常に新しい本を求め、私はそれに応えます。しかし、私にとって、本のための創造の方が、本を売ることよりももっと意味があるのです。私が発見した魔法は、「その本を自身の情熱でいっぱいに満たせば、それは売れる」というものです。マーケティングに対してしっかりとした情熱や才能をもつ人々は他にいます。なので、私は私のスキルと喜びを行使して、彼らには彼らのスキルと喜びを行使してもらいます。そうすると、どういうわけか、ぴったりと合うのです。「タオ」は、宇宙からのジグソーパズルのすべてのピースを完璧に合わせます。私たちはそれぞれが、自分のピースを正直に磨く必要があるだけで、自分に合わない形のピースに、自分を無理に入れ込もうとしないことです。

これから紹介するコーチングでの会話は、クライアントが、仕事の方向性や人生の道のりをどのようにして見つけたかを示す良い例です。


「あなたが次にやりたいことで、一番ワクワクすることは何ですか?」

「そうですね。前に経理のトレーニングを受けました」

「そのトレーニングは受けたにしても、今回あなたがやりたいことは何ですか?」

「前に、店を経営したことはあります」

「いいですね。でも、それはその時のことですね。今はどうですか?」

「私の両親はいつも私に安定した職に就いて欲しいと願っています。今、そういう職に就いています。夫も収入について気にしていますし」

「分かりました。では、ご両親と旦那さんからのプレッシャーがもしなかったとしたら、何がしたいですか?」

「分かりません」

「もし分かっているとしたら、何と言いますか?」

「副業として経理をやって稼ぐこと以外には何も思いつきません」

「答えを見極めようとするのをやめて、想像力を働かしてみてください。創造性をもってみて。もしお金や経験を考えないとしたら、あなたが大好きなことは何ですか？」

「私は外に出て写真を撮るのが、大好きです」

「ほら、あったではないですか！　写真を撮りに外に行くとしたら、どこに行きますか？」

「家から一時間のところに州立公園があります。そこに週末行って、写真を撮れるかも」

「すばらしい！　じゃあ、写真を撮ることで、何か収入を得られる道はあるでしょうか？」

「そうですね。私のいとこが写真素材を販売する会社に勤めているんです。そこに風景写真のカタログがありました。自慢じゃないけど、私は写真が上手いと思います」

「情熱や才能が息づいていることを正直に言うのは、ちっとも自慢ではないですよ。では、それに従って進む必要がありそうですね」

「私が写真で成功できると本当に思いますか？」

「あなたが一番情熱を感じるものこそが、さまざまなレベルであなたへとギフトをもたらす一番の磁石だと私は思います」

「だったもの」を手放せば、「であるもの」や「あり得るもの」が生まれるスペースができます。子どもたちはこの地球上で一番の幸せ者です。なぜなら、彼らは長く重い過去の入ったバッグを身体に巻き付けて、引きずってはいないからです。つまずいて、転んで、泣いても、すぐに元気になります。そして、次にやって来るものの計画を練ったり、考え込んだりすることもないでしょう。今のこの瞬間こそが、彼らにとっては必要な楽しさと幸せを与えてくれるのです。私たちは大人になっていくにつれて、どこかの時点で、時間にこだわり始め、今の瞬間を手放してしまいました。ここに今無いものの方へと、気持ちを逸らしてしまいました。しかし、今この瞬間は、私たちが魂から望むことを取り戻せるように、いつもここにあるのです。いつでも、内なる天国へと立ち返れるのです。老子は、私たちにきっとこう言います。「さあ、今ここにテントを張りなさい。人生を真に生きる唯一の場所に」、と。

目を開けなさい！　世界は今なお、何ら損なわれていない
それはミルクのように新鮮で
初めての日のように手つかずだ

〜ポール・クローデル〜

嫌いな分だけ愛する

人生の悪魔は
私たちをより良い場所へと突き動かしてくれる
実は天使なのである

～著者～

老子の家に着いた時、師にはいずれにしても分かってしまうとは思っていた。でも、私は自分が「タオ（道）」を見失って、混乱している姿を見られたくはなかった。しかし、挨拶をした瞬間に、私のその虚勢はすぐに崩れ落ちてしまったようだ。

「どうかしたのかね」と師は尋ねたが、私は頭を振って、その問いの答えを拒んだ。すると彼は杖に手を伸ばし、私にこう言ったのだ。

「ちょっと散歩でもしよう」

老子は、年老いてはいても、とても元気だ。彼は私の肘に手をまわして、薬草を植えた庭から竹林の先まで私を連れて行ってくれた。その竹林までが小さな彼の所有地なのだ。風が吹いて、竹が互いにゆるくぶつかり合い、眠りを誘うような音を奏でていた。その音に、私はすぐにリラックスし始めた。私たちはこの不思議な王国のような場所に足を踏み入れて、落ち葉が敷き詰められた柔らかな小道を、静かにゆっくりと歩き続けた。

「で、何があったのかね？」と彼がもう一度尋ねた。

私は一息吸って、話しを始めた。

「数日前のことです。私は仕事を探しに船着き場に行きました。あなたに会うためにここに来る旅費が必要だったのです。そこで、魚を引っ張り上げている若者たちを指導している、浅黒い肌の男に会いました。それで、その人に私に何か仕事がないか尋ねました」

私は、それからの男との会話を思い出し、師に話した。

「お前は力は強いか？」

「もちろんです」

「ちゃんと時間は守れるか？」

「心配ありません」

「よし、いいだろう。今からすぐ仕事を始めて、今日をいれて二日間俺のもとで働け。三日目の朝に賃金を払ってやる」

そこまで聞いて、老子は悲しそうにうなずいた。まるでこの話の結末を知っているかのようだった。そして、私にこう聞いた。

「君を雇ったその人を、君はどう感じていたのかね」

太陽からの一筋の光が、彼の額を一瞬まぶしく照らした。

「正直、不快でした。彼は不愛想で、目が暗く光っていたのです。いつも白酒を盗んでは、飲み屋にこっそり売り飛ばしていた私の叔父を思わせました。その男のことは好きになれませんでしたし、私のなかの何かが、これは上手くいかないと言っていました」

「それなら、なぜ自分の直観に従わなかったのかね」

「仕事がもらえないと、あなたに会いに行けないと思うと、怖かったのです。それに『タオ』を信頼したいとも思いました。もし『タオ』がその男を私にもたらしたのであれば、何か理由があるに違いないと思ったのです」

私たちはすでに竹林の中に深く入り、木陰とともにリラックスしていた。師は、私の話に注意深く耳を傾けながら、ゆっくりと私の横を歩いていた。そして尋ねた。

「それから?」

「二日間、よく働きました。そして三日目の朝に、賃金を受け取るためにそこに行きました。しかし、その男は船もろとも消えていました。しばらく探しましたが、見つかりませんでした。最後に近くにいた漁師に、私の雇っていた男を見たかどうか聞きました。『彼と船員たちは、日の出とともに出て行ったよ』と彼は教えてくれました。『もう戻らないよ』と。それを聞いた時、私は怒りました! 私は彼を信じて、懸命に働いたのに、彼は私を裏切ったのです。そんなわけで、私はここに来るまで、ずっと気持ちが落ち着かないままでした。お金が無かったので、食べ物を人に請わなくてはなりませんでした。幸運にも、優しい人たちに出会えて、お米や野菜を分けてもらえました。ある家族は、私を昼食に連れて行ってくれました。あなたに会うまでに、この怒りをなんとかおさめたかったのですが、あなたのその目の前では、隠し通すことはできませんでした」

ちょうどその時、私たちは小さな空き地に出た。師は大きな岩の上に座り、私にもこちらにくるようにと手招きをした。

「君は正しい」

師は杖をもつ手に、身体をもたらせながら言った。

「『タオ』がその男を君に引き合わせたのには理由がある。しかし、それは君が思っているような理由ではないだけだ」

私はとても驚いて彼を見た。

「その男のために働くことに、君は不快な感情をもった。それこそが『タオ』が君に与えた導きだ。でも君は金銭的なことを恐れて、その直観を拒絶した。そのうえ、その男が自分にもたらされたのだから、彼と働くことになっていると間違った推察をした」

「でもあなたは『信頼が常に大切だ』と、私にずっと教えて下さっていたではないですか」

「この場合は、自分の内なる導きを信頼することが、その男を信頼するよりも大切だったのだよ。人は、常に信頼に値するとは限らない。だが、『タオ』は決して君を裏切らない」


師が話すと、すべてがシンプルでクリアに思え、当然のことにさえ感じた。


「私はなんてばかだったんだ！」

師は首を振りながら、私の手にその手を重ねた。

「そんなふうに、自分に厳しくし過ぎてはいけない。この体験は君にとても大切な学びを授けてくれたのだから」

それは何だろうかと私は考えて言った。

「自分の内なる声を信じて、それに従って行動することですか」

彼は微笑んだ。

「そうだ。友よ。それが人生の教えだね。君はこれから、『タオ』が君を促す声を、もっと注意深く聞いて従えるようになるだろう。一生ものの気づきを生んで、これから多くの苦しみから君を救ってくれるようになったのだから、二、三日の魚の水揚げ仕事も価値あるものだったと思わないかい」

あのひどい経験をしてから初めて、私の気持ちが和らぎ始めた。たぶん、すべてが悪いことづくめではないのだ。

「そして、もうひとつ大切な学びがあるね」

彼はそう付け加えて、私にそれが何なのかを考える間を与えた。思い巡らしてみたが、私には思い当たるものはなかった。

「君はここに来る旅費を手に入れられなかったが、それでも来ることができた。旅の道すがら、食事に困ることはなかっただろう?」

「はい。旅の途中に出会った親切な村のかたたちのおかげで」

「それは『タオ』が彼らを通して、君を気にかけてくれたのだ。ひとつの方法では手に入れられなかったとしても、『タオ』は別の方法を通して、必要なものを届けてくれる。君は、自分の豊かさは仕事からしかやって来ないと思っていただろう。しかし、それはいずれにしてもやって来ただろう。しかも賃金さえもらえなかったのに。『タオ』のこのすばらしい働きかけが分かるかい? そして、この体験を通して、失ったように見えても、実は君が得ていることも分かるかい?」

私はうなずいた。老子がすべてを理解させてくれたのだ。


私たちは、ときどき欲するものからより、欲していないものからの方が多くを得ます。間違いをおかした時、世俗的な世界においては、それは損失だとされますが、より高い視点から見れば、失ったと思ったものよりも、はるかに高い価値あるものを得ているのです。「タオ（道）」においては、本当の意味での損失などありません。

人生の痛みや、痛みを感じさせられる体験が、「タオ」を離れてしまったと私たちに理解させ、もとの道へと戻らなくてはと気づかせます。「嫌いな分だけ愛しなさい」という言葉もありますね。不快感をおぼえる何かを見つけ、嫌な経験をしたら、その嫌悪感を原動力として方向性を変えましょう。もう充分に嫌気がさしたのなら、変えるための何かを始めるのです。『奇跡のコース』は以下のように言っています。

苦痛に対する忍耐力は高められるかもしれないが
それも限界がないわけではない
結局は誰もがおぼろげながらも
別によりよい道があるはずだと気づき始める
この気づきがより強固に確立されれば
その時がターニングポイントになる

一方、老子はこう記しています。

無知を知っているのは、人としての強さである
自覚があるのに、無視し続けるのは、心の病である
病を病と知り、分かっていれば、病ではなくなる
賢人は病を病と知っているので、病になることはない
それ故、彼らは病から自由である

～七十一～

ですから、自分のエネルギーを高めてくれないものに出会った時、病気のような気持ちになり、うんざりして疲れてしまうことに、むしろ感謝しましょう。違和感に対する忍耐力がもつ価値は、ただそこだけにあります。自分と合わないものに我慢するのをやめましょう。そうすれば、あなたは大いなる計画のなかにある、自分の真の居場所へと通じる道を見つけられます。

ある兵士の話をしましょう。彼は陸軍基地で働いていました。ある日、彼はキャビネットから書類を取り出して、じっと見てこう叫びました。「これじゃない！」

次から次へと書類を取り出し、「これじゃない！」と叫び続けました。それは数時間にも及びました。

その兵士の上官は、その妙な行動を見て、彼は頭がおかしくなり始めていると思いました。そしてその兵士を陸軍の精神科医のもとへと送ったのです。精神科医のオフィスにやってきた彼は、そのまま書類のあるキャビネットのところに行きました。そして、自分のオフィスでやったのと同じように、書類を取り出し、「これじゃない！」と叫び続けたのです。

十分ほど兵士の様子を観察した後、精神科医は、兵士は本当に正気を失っており、もう任務に就くのは無理だと結論を出しました。そして、ペンと紙を取り出し、兵士に任務解除通知を書いて渡したのです。

兵士はその紙を見て、読んだ後、こう叫びました。

「これだ！」

私たちも「これだ！」というものと「これじゃない！」ものを目にし続けています。「これだ！」は、「タオ」からのやってきたものであり、「これじゃない！」は、私たちの心の喜びを遮るものです。この兵士とは違い、私たちの多くは、「これじゃない！」とはっきり感じるにもかかわらず、そういう状況を受け入れ続けています。嫌いな仕事を続け、息の詰まるような人間関係にとどまり、魂を満たすのではなく、頭を知識で満たそうとする学校に通っています。退屈な社会的な義務を果たすためにストレスを感じたり、気を滅入らせるような、永遠に続く悪いニュースの洪水に自分をさらしています。

直観を通して語り掛けてくる「タオ」の声に、正直に生きるならば、きっと私たちも自分の意図にそぐわない書類を拒絶する兵士と同じ行動をとるでしょう。私たちは、価値あるたったひとつの書類を見つけ、それを満たし祝うために、進んでいかなくてはなりません。それが「偉大なる道」です。とても重要だと教え込まれてきた今までの世界に背を向けて歩き出し、自分にとって真に正しいものを求めるには、もちろん勇気が必要です。しかし結局は、私たちは、ウォルター・ホイットマンが促したように、「あなたの魂を侮辱するものは何であっても、却下しなければならない」のです。

この世界では、人々は美しいものを美しいものとして見るが
それは実は醜いことである
人々は善いものを善いとわきまえているが、
それもまた善くないことである
（訳者注：世俗的な価値観にとらわれ、言葉にとらわれるのがそもそも間違いである）

〜二〜

跳ね続けなさい

たとえ過去に、崖から底のない谷に落ちたことがあったとしても、あなたは「タオ」を失ってはいません。小さな歩みを重ねるうちに、「タオ」から何百万歩分も滑り落ちて、離れてしまっただけです。心理学者は、この現象を「ドリフト（漂流）」と呼びました。あるグループが実験的に、カエルを室温の水に入れておき、繁殖させました。そして、それから水温を徐々に上げていきました。ほんの少しずつ、二、三日に一度ずつ。温度は上がっていきましたが、カエルはその温度に適応していきました。カエルは、水温の上昇にかなり慣れてきたかに見えましたが、結

局水温がかなり高くなるまで、そこに居続け、死んでしまいました。彼らの適応能力が少しずつの水温上昇に働き、それが致命的なレベルに達した時には、生命維持と死を分ける温度の境界線が分からなくなってしまったのです。ある意味では、私たち人間も、カエルと同じぐらいの進化しかしていないのかもしれません。自分に合わないものや、毒性のあるものにすっかり馴染んでしまい、そのせいで、すでに危険な境界を越えているのに気づけないでいます。しかし、少数派ではありますが、正しいものへの感受性を大切にし続けている人たちも増えてきています。そして、ただ人生を生き抜くのではなく、楽しめるように尽力しています。あなたもそのひとりかもしれません。

私のクライアントのテッドは、呆然とするようなひどい状態にはまり込んでいました。結婚生活はどん底で、大嫌いな仕事をしなくてはならず、気分はすぐれませんでした。まるで、映画『ジョー、満月の島へ行く』（ユーモアのある、しかしとても意味深い映画です）の主人公ジョー・バンクスを実生活で見るようでした。テッドは、この苦しい困難をただ我慢しなくてはならないと思っていました。なぜなら……そうですね、言うなれば、それが人生だし、皆そうしているからです。しかし、ある日、十一歳になる彼の娘が言ったのです。「パパ、まるでパパは幽霊みたいだよ」と。**その言葉**に、彼ははっとしました。テッドは自分を見下げていた唯一の人間が、実は自分自身だったと気づいたのです。彼はその時哀れな状態でしたが、何かを変えなくてはならないと思いました。彼は仕事を辞め、離婚し、より輝く道へと踏み出しました。最後に会った時、彼はとても輝いていました。「タオ」が彼の娘を介して、テッドに話しかけたのです。

こんなふうに、自分を充分に愛し、正直でいてくれる人たちを通して、「タオ」はいつも変わりなく働きかけています。私は、離婚をしたり、仕事を辞めたりするのが良いと言っているわけではありません。それらは単に選択のひとつです。そうではなく、自分の魂をいきいきとさせることなら何でもすべきだと言いたいのです。それは、環境を変えること、また現実への捉えかたを変えたりでもあるでしょう。どちらの場合であっても、自分の最大限の幸せを求める責任を自分で負い、パワーを出さなくてはなりません。池の温度があまりにも高くなったら、ジャンプをする時なのです。

人生からもたらされる、目覚まし時計のギフトを受け取りましょう。それらは「タオ」からのものです。そして、その「タオ」は慈愛をもって、さらなる苦痛を生む幻想から、真の現実へと引っ張り出そうと、あなたに手を差し伸べています。世の中は、本来あるべき場所や意図から漂い離れてしまっています。それは言葉では言い表せないほどの距離です。世の中で言われ、成されていることは、正しさや真実、癒しへ導くに値しません。欲深さや知ったかぶり、盗み、戦争、汚染、飢餓、政治的なごまかしの言葉などを、私たちはあたかも生まれた時から決まっていたかのように受け入れています。しかし**そうではない**のです。私たちが作り込んできた世界は、多くの面で、「タオ」の真逆です。時々、広い視野をもつ人たちがやってきて、こう叫びます。「目覚めよ！　こんなはずじゃない！　私たちはもっとたくさんのものをもっているんだ！」と。その目覚まし時計の声に耳を傾け、「偉大なる道」へと歩み始める人たちも少数います。しかし、ほとんどの人たちは、眠ったままでいたいと思うのです。幻想はあなたを惑わし、あなたは自分をそこに縛り付けようとします。しかし、幻想がどんなに重たく、暗く、そして痛みに満ちてきたとしても、救済への扉はいつも開いているのです。自分を明け渡していた夢が、実は悪夢だったと知った時、私たちは「タオ」へと目覚めます。そして、「タオ」が両手を広げて迎えてくれているのに気づくのです。

すべての健全な変化は、正直さから始まります。「これだ！」と思うもの、「これじゃない！」と思うものをまずは、正直に語りましょう。そして、「これだ」と思うものへと軌道修正を促してくれる大切なものとして、「これじゃない」ものにも感謝をするのです。新しい部屋へと小さな一歩を踏み出せば、馴染んできたものに執着していた時には見ることのなかった、大らかな別世界への入場許可を得られます。自分が誰なのかを知りましょう。どう生きていきたいのかも。そうすれば、あなたの目の前で、運命の扉はさっと大きく開きます。

白を知りながらも
黒を上手く使い続けなさい
それが世の中への手本となる！
そうなれば
真実と揺るぎなさが身につき
一定不変の永遠へと戻れるだろう

〜二十八〜

徳を支える柱

内なる善を高めれば、その徳（はたらき）は現実となる
家族の善を高めれば、その徳は子孫を代々増やす
村の善を高めれば、その徳は永きに渡り育つ
国の善を高めれば、その徳は豊かさを生む
世界の善を高めれば、その徳はすべてに行き渡る

～五十四～

前に大阪から東京へと向かう新幹線の中で、日本のイベント主催者が、第二次世界大戦後、戦火で灰だけになった日本がどのようにして復興していったかを説明してくれました。戦時中にアメリカからの爆撃で完全に破壊されたため、日本人はほぼ国全体を立て直す必要があったのです。

「何が日本を復活させたかご存知ですか?」と彼女は私に聞きました。
「教えてください」
「助け合いという美徳の精神です。戦争で生き抜いた人たちは、調和と協力、そして誠実さをもって、ともに成し遂げようと力を注ぎました」

西洋文化では、「**徳**」は、あまり使わず、聞かない言葉です。宗教的正義やアーサー王の神話を思い起こさせます。ドラゴンを倒し、乙女を救い出したりする、あの有名なガラハッド卿が聖杯探しの旅に出る話は、皆さんもご存知でしょう。徳のことは、通常は、古典的な理想だとして否定し、自分自身や他人には滅多なことでは期待しません。

しかし、老子はこう信じています。

「道」に従うものは
「道」とひとつになるものである
徳に従うものは
徳とひとつになり、それを経験する

徳を失って行動するものは
「道」を見失い、人生を見失う
「道」とひとつになろうとするなら
「道」もまたよろこび迎え入れ、ひとつになろうとする

徳とひとつになろうとするならば
徳もまた常にともに居ようとする

～二十三～

「徳」とは、「人生が困難を伴うか、それとも輝いていくかの違いを生み出すような、貴重なものだ」と言われていますが、本当に存在するのでしょうか。誠実さを見失って、それぞれが自分のことを周囲に偽善的に合わせてきたせいで、この社会は病的になってしまったのでしょうか。社会の常識に関係なく、威厳をもって人とは違う人生を生きるような、気高くてお手本にできる人はほとんどいません。私たちは、政治家の収賄や性的なスキャンダルがニュースになっても驚きません。なぜなら、政治家は有権者よりも特定の利益団体のために活動するものと思っている

からです。マンハッタンのアパートの住人が玄関扉に鍵を三つ取り付けた上に、扉の裏にも補強筋を取り付けて、侵入者を防いでいると聞いても、私たちは驚きません。子どもたちには栄養のない成分と糖、そして化合物いっぱいの食事を与えています。そのうえで、私たちは、彼らがなぜ過剰な行動をし、躁うつ病や糖尿病になっているのかを不思議がっているのです。そして、子どもたちは、テレビ漬けの日々を過ごし、コミュニケーションを指先のタッチに頼るようになります。飛行機に乗る許可を得るために、私たちは実際に服を脱がされるのにも我慢しています。ブラックフライデーの午前五時に、スーパーに詰めかけた買い物客に、もみくちゃにされた妊婦が死に至っても、私たちはその異常さに疑問を投げかけません。無差別な銃の発砲がまた起こっても、怒るどころか、無感覚なのです。「ここ最近はこんな世の中でこれが人生だから」と自分に言い聞かせ、そして、リモコンボタンひとつを押して、その週のゲームを見るのです。

文化に「徳」の意識があれば、こんな混乱が起こることはないでしょう。もし起こったとしても、長くは続かないでしょう。卑劣な状況にも我慢を続ける唯一の理由は、もっとより良いものの存在を信じていないことにあります。老子だったら、こんな私たちにヴィジョンをもっと高くもちなさいと求めるでしょう。彼はきっと言うでしょう。天と地とすべての善が創造した「タオ（道）」があるじゃないかと。『老子道徳経』は恩寵をもたらす手なのです。それは、もがき苦しむ人間に差し伸べられる手で、私たちが愛に背を向けたことで、自ら作り出した病から救い出してくれる手です。

重ねて徳を積めば
不可能なものはなにもない
不可能なものがなにもなければ
その力に限界などない
力が限界を知らないのであれば
その人は国家を治められる
国家安全の母のようなはたらきを保てば
国家を久しく永遠に維持する
しっかりと深く地に根を張る
これが「道」であり、久しく永遠である

～五十九～

人生を動かすもの

　善が生み出す徳は、十二の頑強な円柱に支えられた魔法の寺院のようなものです。人生の主力として、これらの柱を使えば、あなたは魂からの深い満足と輝かしい成功を経験できるでしょう。しかし、まずその前に、各々の柱のもつ強い力について知る必要があります。では、ここからはご一緒に寺院のなかを見て回り、その強さの秘密を見つけることにしましょう。

1　正直さ

「真実はあなたの友である」と信頼することです。また信頼は自分が生きたい場所や行く必要がある場所へと、あなたを連れて行きます。「真実によって傷つく」という言葉もありますが、真実が傷つける唯一のものは、幻想です。ですから、最終的には、真実は癒しをもたらします。その良い例をご紹介しましょう。コーチングのクライアントのひとりが、ずっと不倫をしていて、それを自分の夫に言おうと思うと、私に告白してきたことがあります。彼女がそれを夫に話した時、彼は自分もまた隠していたが、コカインに依存していたと認めたそうです。彼らの真実を語り合った時間は、隠れた汚い部分を表面化しました。その部分こそが、彼らの関係性からずっと生命力を吸い取っていたのです。二人が互いに正直に見せ合うほどに、彼らはつながりをより強く感じました。クライアントの彼女は、結局不倫関係を終わらせ、彼女の夫もまたコカインを断ち切りました。真実を語るのは、二人にとっては快適とは言い難く、また恐ろしいものでしたが、そのことによって、彼らの結婚生活は救われたのです。

このことは、あなたが自分のパートナーに真実を正直に話せば、結婚生活を救うと保証するものではありません。それが逆に終わらせることもあるでしょう。しかし、たとえ嘘をつき続けて結婚を続けられたとしても、一体どれほどその結婚を楽しめるでしょうか。

もし関係性を上手く終わらせたいのであれば、愛をもって真実を伝える方法を見つけましょう。私も誰かとの関係性を終わらせたり、誰かを解雇したり、また所有している物件のテナントに退去を願ったことがあります。その時分かったのは、もし会話の基本に、敬意とポジティブな意図があれば、コミュニケーションは上手くいき、互いにとって一番良い形で、変化が起こるということです。時折、容赦なく残酷なまでに正直であろうとする人たちもいます。ですが、カナダのユーモアのあるコラムニストであるリチャード・J・ニードハムは、こう言っています。「残酷なまでに正直な人たちは、正直さからよりもむしろ、残酷さから満足を得ようとする」と。真の正直さとは、優しく、癒しをもたらし、また自由にしてくれるものなのです。

では、嘘をつくのを正当化してもよいのでしょうか？　答えは、「もしその嘘によって、より大きな善がもたらされる場合のみ」でしょう。前章で、航空学の技術者だと偽って、この飛行機は大丈夫だと伝えることで、ひどく興奮している乗客の女性をなだめた話を書きましたね。では、ここでは、人が作り上げた法律を、あからさまに無視してつかれる嘘が、「タオ」に沿う場合について考えてみましょう。ナチス統治下のドイツに、今あなたが住んでいると想像してみてください。そして、ユダヤ人のカップルがあなたのところへ避難してきました。思いやりの気持ちから、あなたは彼らをこっそりかくまいます。翌日、ナチスの軍曹が家のドアをたたき、彼らを見なかったか聞きます。こんな場合、どうすれば、「タオ」に沿ったものとなるでしょう。恐れや人種差別、憎しみや虐殺にもとづいた政府の法律を遵守するか、あるいは無実の人間の命を救うのか、どちらがより倫理に沿っているでしょう？　私は、自分も含めて、私たちは後者を選ぶと思いたいです。人間の作った法律が「タオ」にもとづいていないのだとしたら、スピリチュアルな法が政治的な法をしのぎます。

正直さとは、「偉大なる道」の真実を生きることです。人がスピリットから法を生み出し、それが世間的な法と矛盾する場合、正直になれば、あなたは人間の作った法律には従えないでしょう。『奇跡のコース』は「私は神以外のいかなる法の下にも居ません」との言葉を覚えておくように、と私たちに言っています。

2　誠実さ

ここでいう「誠実さ」とは、あなたの住む外側の世界が、あなたの内側の世界と一致している完全性を意味します。外側の何かによって課せられた理念に、自分を無理やり押し込んで、あてはめることではありません。老子は、こうした状態を「道徳規範」とし、あまり良くは書いていません。すべての人は、正しさを知っている場所を内側にもっています。抑圧的な政治や宗教、家庭や社会は、個人が自分自身の人生を司る力があることを否定します。そして、個々のさまざまな行動も制度によって決められ、コントロールされるべきだとします。原始的なレベルでは、それは適切かもしれません。人々が内なる導きに触れる術を失っている場合には、生きかたを教えられた方が良い場合もあるでしょう。しかし、この本を読んでいるあなたは、おそらくすでにその原始的な段階を超えて成長し、自身の内なる智恵に耳を傾けながら、何が正しくて何が間違っているかの区別をつけることができるだろうと思います。私の師はよく「宗教は服従を教えるが、スピリチュアリティは自制を教える」と言っていました。外側に答えを求めるのをやめて、内側を見つめ始める時が来たのです。そう決めたその日が、謙虚さと畏敬の念、そして冒険心とともに、あなたのスピリチュアルな旅路の道標になります。

人生で感じる痛みの量は、「本当の自分」と「今生きている自分」の間にある隔たりの大きさに、そのまま比例します。隔たりが大きいほど、より多くのイライラや葛藤、落ち込みがあるでしょう。隔たりが小さいほど、より多くの活力や創造力、そして内なる平和を感じます。その隔たりの大小は、すべてあなた次第なのです。周囲の人たちや組織はあなたをコントロールしようとするでしょう。しかし、どれだけ真の自分を生きることができるかは、百パーセントあなたにかかっています。老子は、きっと私たちに、毎日時間をとって、自分の今の歩みを良く見て、自分自身に誠実に生きているかどうかを決めなさいと言うでしょう。もし誠実に生きていると感じるなら、そのまま続けてください。もしそうでないのなら、本当になりたい自分により近付くために、必要な変化を起こしましょう。

もし私が少しでも分かっているなら
大きな道を歩くだろう
そして、きっと脇の道にそれてしまうことが
唯一の恐れとなるだろう

～五十三～

3　優しさ

優しさは、霊的に生長していく時の特徴です。ユダヤ系の思想家であるアブラハム・ヨシュア・ヘシェルは、「若かりし頃は、頭のいい人たちを称賛した。だが年老いた今は、優しい人たちを称賛する」と言っています。意地の悪さや残酷さから表現されるものは、それが何であっても、あなた自身が痛みになかにいて、その不快感を他人へと手渡すことで自分が楽になろうとしているとのサインです。しかし、これは決して上手くいきません。ガンジーは「『目には目を、歯には歯を』は、結局は世界を盲目にし、すべての歯を失わせる」と言いました。優しさは、人間がもつ救いなのです。世界が私たちの目から見て、混乱の状態にあるのは、人々が分断され、孤独を感じているが故です。優しさがその隔たりに橋をかけ、疎外感を溶かします。世界平和は、国々の征服によっては決して成されることはありません。私たち自身の内なる暗闇を征服し、思いやりを優先する心と置き換えさえすれば、成し得られます。

唯一の真の宗教とは
善良な心をもつことだと私は信じる

～猊下　ダライ・ラマ～

尤利《ヨウリ》から帰る途中に通った村で、私たちは飢えた雌犬に出会った。かわいそうに、痩せ衰えて骨と皮だけになっていた。弱々しく、ひどくあえぎながら、その犬は小さな家のそばに横たわっていた。通りすがりの人たちも、犬に目を向けるものはめったにいなかった。

「すみませんが」

師は、歩いて行くひとりの男を遮って声をかけた。

「この犬の世話は誰がしているのですか」

「盛偉《シェンウェイ》が飼っている犬ですが、彼はこの犬には悪魔が憑いている、だから死ぬまで放置するのだと言っていましたよ」と男は答えた。

師の顔がこわばった。

「『タオ』は悪魔に力を与えることなどない」と彼は答え、こう続けた。

「『タオ』は、母が子を愛するように、すべての生きとし生けるものを愛するのです」

男はそれを聞いても、平然として歩き去った。老子は竹の杖の先にぶら下げている布袋に手を伸ばし、そこから茶碗を取り出した。そして、食べ物を譲り受けるために、まるで自分自身が乞うようにして、その村の家をドアからドアへと回り始めた。三十分後、彼は犬の元へと戻ってきて、もらい受けてきた食べ物を与えた。犬はものすごい勢いで、がつがつと食べ、まもなく弱々しい身体にほんの少しだけ精気が戻ってきた。

それから師は、今度は袋からたすきを取り出し、自分の肩と胸で固定して縛り、腕吊りをつくった。そして、私に犬を抱き上げるように促した。私は犬を抱き上げて、師が作った腕吊りの中に入れた。これで、布に覆われた犬は、手を使わなくても抱えていけるようになった。

「ここにお前を残して、死なせはしないよ」と彼は犬に向かって言った。

「お前は私たちと一緒に家に帰るんだ。恐れに満ちた人間が作り出した悪魔などいないところにね」

私たちは歩き続けた。しばらくして、私が交替し、犬を抱えた。お互い申し合わせたようにして、旅の道中、私たちは交替で犬を抱えた。

家に到着してから、師は犬に充分な餌を与えた。犬がとても嬉しそうに食べている様子を見て、涙が私の頬をつたった。

「お前のことは『満《マン》』と呼ぼうと思う」と老子が犬に話しかけた。
「お前は今お腹いっぱいだろう。そして、これからも、テーブル予約なしで、『タオ』がお前にお腹いっぱい与えてくれるように」

この小さな犬の目を覗き込んだこの時のことを、私は決して忘れないだろう。彼女はとても幸福そうだった。満はそれから死ぬまでずっと師とともに暮らした。いつも彼のそばにいた。彼女が餌を与えられなかったことは、それから一度もなかった。

「偉大なる道」は生きとし生けるものを
空のように包み込んでいる
しかし、彼らの主人にはならない
賢人もまたこの永遠の無欲さをもっている

〜三十四〜

4　すべて丸ごと受け入れる

すべてを丸ごと受け入れるとは、「『まず自分』を幸せにしたうえで、『皆がここにひとつになる』」ことであり、そうやって社会は向上します。日本の生徒たちと行うリトリートで、最初に私は、一人ひとりにこのリトリート期間中での自分自身の目標を言い、その後でグループ全体へ祈りの言葉を唱えるようにと言いました。私が参加者にその順番で言うようにと求めたにもかかわらず（西洋文化で育った私のマインドでは、その順番が普通でしたが）、彼らは毎回まずグループへの祈りの言葉を言い、その後自分の個人的な目標を口にしたのです。

以前、雑誌『行動脳科学』に、「個人主義」のマインド設定と「集団主義」のそれとの驚くべき違いを示す、大変興味深い研究が掲載されました。西洋文化では、人は「そこにある何が自分のためになるだろうか」と考えがちですが、東洋文化では、「私は何かのためになれるだろうか」と考えるのです。西洋人は自分以外を責める傾向にあり、一方で東洋人はより思いやりをもつ傾向があります。ミシガン大学の北山忍博士の行った研究では、野球選手がドーピングを行ったという状況に関して、西洋的思想をもつ人たちと東洋的思想をもつ人たちの両方にコメントさせました。西洋的思想をもつ人たちは、事実にフォーカスし、その選手の人格的な欠点の責任にしました。しかし、東洋的思想をもつ人たちは、よりそこに至るまでの内的なプロセスにフォーカスし、選手はきっとパフォーマンスに対して、社会の大きなプレッシャーにさらされていたのかもしれないと考えたのです。

これらの完全に異なる二つのマインド設定は、物事を分離的に考えるか、あるいは、全体性を重んじて考えるかの違いを表しています。徳を知る人々は、個人的な興味を超えて、その行動が全体にどんな影響を与えるのかを考えるのです。彼らは、自分のために何が得られるかにはさほど関心がなく、むしろコミュニティのために何が貢献できるかを考えます。

男性のような力強さを知りながらも
女性のような心遣いを忘れないように！
そうすれば、宇宙の流れとともになる！
宇宙の流れとともになれば
揺るぎない一定不変の真実の徳を身に着け
そして純真な赤子にもう一度戻るのだ

〜二十八〜

5　言葉を守る

自分の言葉を守れば、相手を大切することができ、人間関係やビジネスもしっかりと上手くいきます。ドン・ミゲル・ルイズは、彼の名著『四つの約束』のなかで、「正しい（罪のない）言葉を使いなさい」と書いています。何かをすると言うなら、それをやりましょう。立てたプランを実行しましょう。誰かと会う約束をしたなら、時間通りに会いに行きましょう。お金を借りたのであれば、返しましょう。反対に、何をしたらいいのか分からないのであれば、約束はしないことです。聖書には「だから、あなたがたは、『はい』は『はい』、『いいえ』は『いいえ』とだけ言いなさい。それ以上のことは悪です」（マタイの福音書五章三十七）と書かれています。恐れや抵抗、曖昧で従属を強いるものに、道を譲ってはいけません。かわりに信頼と信用ができるものを深めていくのです。イディッシュ語（米国や東欧などで使われているユダヤの言葉）には、mensch という「高潔な人」を意味する言葉があります。mensch となって、あなたとあなたの周囲の人たちを祝福する良いカルマの弦を動かしましょう。自分の言葉に正直に生きれば、尊敬と調和ある関係性や、公私での成功が訪れます。

人との関わりにおいては
情け深く、優しく

言葉においては
真実を守りなさい

〜八〜

6　寛容さ

宇宙は豊かであり、必要なものすべてを皆に供給するという真実を知っていれば、あなたに寛容さが備わります。誰かに何かを与えても、恐れを感じることはないでしょう。なぜなら、「タオ」こそが、すべての供給源であると知っているからです。寛容さはお金や物質だけに当てはまることではありません。むしろ、それはあなたの精神につながっています。経済的な豊かさがなければ、寛容になれないわけではありません。愛や優しさ、時間、傾聴、忍耐、思いやり、感謝、賞賛や奉仕も、あなたが与えられるものです。疑いをもったら、与えてみましょう。「あなたは神には与えられません」という言葉があります。それは逆に、あなたは神から制限なく自由に与えられることを意味します。宇宙の豊かさを相続するのですから、損失したり枯渇する心配なく、自由に分け与えられます。あなたには、王国の**すべて**を受け取る資格があるのです。そして、他人をあなたの場所へと招き入れれば、あなたの住まいはもっと確固たるものになるでしょう。

ありあまるものを持ち、
それを世界のためにと差し出す人は
だれであろう
賢人のみである

〜七十七〜

7 我慢強さ

光の速さで進んでいくこの世の中では、我慢強さは、私たちが深めるべき、もっとも価値ある善のひとつでしょう。『奇跡のコース』には「信頼をもつ者にとって、我慢強さは自然なものである」とあります。我慢のなさは、何かが欠けていると自分自身を見たうえで、もっと良い何かを熱望していることを意味します。しかし、実のところは、あなたが求める豊かさのすべては、あなたの立つその場所にすでにあるのです。『奇跡のコース』は「彼がいつも一緒なので、私はどこに居ても満たされます」（「彼」には神、大いなる存在、愛や宇宙などしっくりくる言葉を当てはめてください）という言葉を、私たちは覚えておくべきだとします。

ヘルマン・ヘッセの小説『シッダールタ』では、のちの仏陀となる男が、自分は三つのことを習得したとはっきりと言います。それは「私は考えることができる。私は断食することができる。私は待つことができる」です。ボタンひとつで何もかも終わらせる文化で、私たちはすべてが即時に起こるだろうと思っています。そしてそれが起こらなかったら、イライラして、文句さえ言います。インターネットが使われるようになった当初は、コネクションやダウンロードのスピードは今よりももっと遅かったはずです。オンラインになるのに、十五秒ほどかかり、ダウンロードするにもしばらくかかりました。私の事務所で誰かが「世界的な待ち時間」と呼んでいたのを覚えています。私も頭を掻きながら待ちました。今や驚くべき技術が、世界中の人とのコミュニケーションを瞬時に可能にして、指でタッチするだけで、人類の知識の全データベースへとアクセスできます。何かのプロジェクトの調査のために、図書館へ行って、薄暗い書棚から書棚へと歩き回り、書籍を手に取ったり、送られてくるのを待ったり、あるいは、どこか遠くの町や国に記録を見るためにわざわざ出向いていたのは、そんなに昔のことではありません。また、誰かを取材するために、出向いていく旅の時間や費用ばかりでなく、何カ月もやりとりをしていたのも、そんなに昔のことではないのです。今や、メッセージは十億分の一秒で、海を渡って飛んで行き、二つ三つのパソコンのキーを押すだけで、地球の裏側にいる誰かとビデオ通話を無料で楽しめるのです。さほど昔ではない時代に、数か月、数年、あるいは一生かけてやっていたことが、今は一瞬で成し得ています。それなのに、あなたは、ウェブページのダウンロードにかかる三十秒に文句を言っているのですか?

我慢強さは、私にとっても人生のレッスンのひとつでした。私はもともと、今すべて欲しいタイプです。列に並んで待ったり、交通渋滞にはまったり、ミーティングに遅れてくる人を待つのはあまり好きではありません。しかし、イライラしながら待つよりも、待ち時間を賢く使うテクニックがひとつあり、それが役に立っています。たとえば、郵便局で列に並んで待っている時など、近くにいる人に話しかけたり、私の『奇跡のコース』の今日のレッスンを実践してみたり、今書いている本の内容について考えてみたり、子どもに手を振ったりします。電話を保留にされている時には、メールをチェックしたり、書類をファイルしたり、机の上を片付けます。交通渋滞の時には、好きな音楽や気持ちを高めてくれるような番組を聴いたりします。何か良いことが起こるのをただ待つのではなく、自分がより興味を覚えることが、常に何かあるはずなのです。つまりは、自分のマインドを生産的に使うのです。自分の体験の責任は、自分にあります。ですから、私はその聖なるパワーを、郵便局員や技術サポートの担当者に、明け渡したくありません。フランスの自然主義者であるジュール・ルナールは「私は決してどこにいても退屈しない。退屈することは、自らを侮辱することだ」と言っています。

我慢のなさは、「タオ」を信頼せず、「タオ」が必要な時に必要なものを、あなたに届けてはくれないと思っていることを表しています。一方で、我慢強さは、あなたがいるその場所に、あなたとともに「タオ」が在るという信頼を表します。「神のタイミングは完璧です」これは私の大好きなアファメーションのひとつです。

人生の質は、自分の身体が何をしているかではなく、自分のマインドをどこに置くかで決まります。物理的に望まない環境にいたとしても、マインドをもっと広い領域に置くのは可能です。反対に、物理的に理想的な環境にいながらも、恐れの監獄のなかにあなたのマインドを閉じ込めるのもまた、可能なのです。マインドを目の前のものに感謝するように使っていけば、すべては完璧に開いていくでしょう。

自然のペースに合わせるといい
その秘訣は、我慢強さだ

〜ラルフ・ワルド・エマーソン〜

8　感謝

感謝は、あなたが求める豊かさへと続く扉です。もっとも幸せな人たちは、もっとも頻繁に「ありがとう」と口にする人たちです。私は師に「あなたは私に感謝する必要があります。私があなたの感謝を必要だからではなく、あなたが感謝を与える必要があるからです」と言われたことがあります。「かかったコストを見極めることができる人はとても多いが、その価値をはかることができる人たちはほとんどいない」と言われています。

不満は、感謝と正反対のものです。不満を言いたくなったら、代わりに感謝できるものを見つけましょう。

あるコメディアンが、飛行機に乗り、機内のエンターテイメントのサービスが、数分ストップした時のことを話していました。彼の隣に座っていた乗客が、ぶつぶつと文句を言っていました。「他に何か動くものはないのか」と。コメディアンはひとりこう考えたそうです。

ほら、君が座っているこの椅子がある飛行機は、慎重に操縦されながら、三万五百フィートの高さを時速六百マイル近くで飛んでいる。君はアラスカからサンフランシスコまで、五時間で行くんだ。それはかつては、一年かけての旅路だったもので、生きている保証だってなかったんだ。

君が機内Wi-Fiを使って、ネットサーフィンをしたり、メールを送ったり、子どもにメッセージを打ったりしている間にも、温かい食事とワインが用意されている。機内のエンターテイメントのサービスが復活すれば、百もある映画や音楽、教育番組から選べるんだ。いつだって、起きてトイレにも行ける。飛行している間、近代的な快適さや便利さ、そして安全のすべてが、君に差し出されている。それなのに、君は「何も動いてない」と言うのかい?

真実は、動いていないものよりも、はるかに、はるかに、はるかに多くのものが動き、働いています。ほとんどのものは、ほぼいつも動いています。むしろ、すべての善いものは動いているというのに、その真実を否定する私たちの思考のほうが、止まってしまっています。何も動いていないように見える時でさえも、その試練を克服できるようにと、気づきを深める力が、その試練によってもたらされています。「タオ」を習得した者は、すでにそこに存在している祝福を理解し、受け取り、祝い、そして、広げることによって、「タオ」の導きのままに、すべてを動かします。

謙虚に委ねなさい
そうすれば、すべてのものから好かれ、信頼されることができる

自分自身を愛するように、世界を愛しなさい
そうすれば、すべてのものを真に愛することができる

〜十三〜

9　存在の力

存在の有無は、人の交流において、重要な違いを生みます。多くの人が自分の存在と力を多忙さやテクノロジーへと明け渡しているこの世の中では、誰かといる時に、百パーセントで存在することは何よりも大切です。

私が教えているライフコーチ養成プログラムにおいて、「存在の力」は、生徒たちが最初に受け取るレッスンです。コーチがクライアントとともに、心から存在する時、あるいは、教師が生徒とともに、親が子どもとともに、医者が患者とともに、上司が部下とともに、セールスマンが顧客とともに心から存在する時、心と心で互いが出会う共通の場所を築いて、成功できます。心に痛みを抱えている誰かがいる場合、あるいは、その人がとても助けを求めている場合、彼らは

あなたに橋をかけて、心の距離を埋めて欲しいと願うでしょう。その人のために充分に存在することが、その距離を埋める最初のステップになります。最近では、人々はただ、ともに居てくれる存在を心から求めています。彼らは**飢えて**さえいます。別の人とただ存在をともにするだけで、その人の、そしてあなた自身の魂を養ってあげられるのです。

コーチ養成プログラムの卒業生のなかに、長い間公的機関のカスタマーサービスで働いている人がいました。彼女、リンダは、客が何か問題があるといつでも、最初にそれを聞かされる役目でした。プログラムのトレーニングを受け始めた頃、彼女は仕事を辞めようとしていました。不満ばかりの客を満足させようとして、十年余り働いた末に燃え尽きてしまったのです。トレーニング中に、リンダは反映的に傾聴し、クライアントに対してすべての注意を向け、彼らの言ったことを繰り返し、そして彼らの感情に共感を示すスキルを学びました。そのスキルの習得を通して、リンダは自分の仕事を、客に寄り添い、彼らを物理的だけではなく、エネルギーを通してもサポートしていく良い機会だと捉え直し、仕事を続けました。この新しいスキルを使い始めて数か月後、彼女は私に言いました。「今は、自分の仕事が大好きになりました！　もう辞めたいとは思いません。お客様とつながって、関係性を広げていくのがとても楽しいんです。自分の存在のすべてを通して、彼らに寄り添ったら、私も彼らと同じだけ受け取れるものがありました」と。カスタマーサービスのモットーは、理想を以下のように掲げています。「お客様は私たちの仕事を妨害するものではありません。彼らは、仕事の目的そのものです」。

たとえば、あなたがこう聞かれたとしましょう。「あなたの人生に一番大きな影響を与えた教師やメンターは誰ですか？　そして、なぜそう思いますか？」と。おそらくあなたは、自分に一番多くの事実を教えてくれた人たちの名前は言わないでしょう。代わりに、きっと自分にちゃんと注意を払ってくれて、いつも見守っていて、人としてもあなたを好きだと言い、あなたの内なる善やすばらしさを見てくれて、あなたに自分が可能性に溢れていると奮起させてくれた人たちを思い出すでしょう。私も高校の時の先生のことを、大学時代の教授よりも思い出します。彼らは私を信じてくれて、単なる生徒ではなく、友人としてもつながってくれました。仕事の対象ではなく、自分が可能性を引き出してあげられる相手と見てつながってくれたのです。

あなたも私も、自分のすべてをもって存在するかしないかを選択できる機会に、毎日何千回と出会います。たとえば、子どもを呼んで、コンピュータの前をしばし離れる時、静かに座って、年老いた両親の手を握る時、あるいは、もうすでに言ったことを、優しく何度もクライアントへ伝える時など。これらすべての瞬間は、人生という反物を織り上げる一つひとつの糸のようなものなのです。しばしば「取るに足らない」と考えられている交流こそが、とても大切なのです。たとえば、近くのコンビニの店員に、彼の子どものことを聞いてみたり、建築現場で車を誘導している工事員に手を振ったり、気を利かせてくれたホテルの客室係に御礼を言って感謝をしたり。人とつながるための「小さな」行動に見えますが、実はまったく小さなものではありません。それらの行動が、その日をただ漠然と過ぎて行くものにするか、真にギフトあるものにするかを分けていくのです。ロバート・ブラウトは、「人がその仕事を、誇りをもってやっているなら、どんな仕事でも単純作業とは呼べない」と言っています。

ある仕掛けをして人の反応を見て楽しむ番組で、面白いシーンを見たことがあります。公園のベンチで、仕掛け人の女性が知らない人の隣に座り、頭をその人の肩にもたらせて寝入ってしまうのです。数人のターゲットがそれぞれの反応を示しました。彼女を揺り起こして、席を立って行ってしまう人もいれば、「この女性はきっと疲れているんだろうな」と思い、そのまま自分の肩を貸して眠らせてあげる人もいました。こんなふうに、私たちにも常に選択肢があります。相手とともに居るか、居ないかなのです。

あなたに話すと、安心するの

〜エミリー・ディキンソン〜

10 自立

人の成長の過程では、自立を求め始める時が、大きなターニングポイントになります。それは、外側の権威ある何かから得ていた答えを、自身の内なる叡智に求め始めたと示す、重要な兆しです。私たちは小さな頃から、自分がどのように生きればいいかは、周囲の人たちのほうが、自分自身よりもよく知っていると教えられてきました。両親や兄や姉、先生、聖職者や政府などはすべて、自分よりも賢いとされてきたでしょう。そして、もし幸せになりたかったら、成功したかったら、彼らの言うことを聞いて、行動しなければならないと言われてきたでしょう。

最終的には、ある時点で、私たちは皆、教えられてきたことが、実は自分の真の生きかたとは違うことに気づきます。大きな成功をおさめているイギリスの劇作家、トム・ストッパードは、「分かっていたはずのほぼすべてが、実は間違いだったと知った時が、いきいきと生きるにベストなタイミングだ！」と書きました。その重要な瞬間に、私たちはそれぞれ、他人の意見や指示よりも、自分の内なる導きを信頼し始めるのです。もちろん、そんな岐路に立つのは、きっと恐ろしいことでしょう。なぜなら、他人には分かってもらえない変化を、自分の人生に起こすように求められるのですから。自己をもう一度見直すことさえ、余儀なくされるかもしれません。しかし、自分が思っていたよりも多くの選択肢や自由があると気づけると、気持ちが開放的にもなります。そして、その瞬間は、あなたにとってのスピリチュアルな成長の記念すべき始まりなのです。

「タオ」はあなたに何かを命じることはできません。導きはあなたの内側から現れるものです。他人を喜ばせるだけでは、人生をまっとうできないでしょう。自分自身に従ってこそ、まっとうできるのです。どこか外側に存在すると教えられてきた神は、ここに、あなたの内側にいます。外の世界の寺や神社は、あなたの内なる聖域を映し出しているだけなのです。内側からの施しを受け取れれば、あなたは自分自身というホームへと導かれるでしょう。そうでなければ、地獄のような場所を創造します。つまりは、自分の力を外側の何かに明け渡すことは、地獄なのです。しかし、内側に導きを見つければ、天国となるのです。

11　謙虚さ

それでは、ここからは謙虚さという徳に、もっとフォーカスしてみましょう。謙虚な人たちは、自信をもっています。なぜなら、彼らは「タオ」が善の源であると知っているからです。謙虚さは、エゴの計画よりももっと偉大な叡智があると知っています。だからこそ、エゴはまるで疫病のように、「謙虚であれば、力を奪われて負けてしまうぞ」と脅し、抵抗をするのです。しかし、真実は違います。謙虚であるほど、力をどんどん得ていくのです。

謙虚さには、私たちが実践すべきである二つの側面があります。ひとつ目は、傲慢さや頑固さを放棄して、人を操作したり、物事をこうなるべきと強いたりするのを止めること。つまりは、抑圧的なコントロールや、これが正しいとするこだわりを手放すことです。しかし大半の人は、これは難しく感じるでしょう。自分の手でコントロールした人や出来事によってのみ、宇宙からの成功を絞り出せると信じ込んでいるからです。しかし、わざわざ運転席に座る必要はないと思えれば、内なる静寂が、深いところから奇跡のような結果を連れてきます。

『老子道徳経』はコントロール依存になっている人たちにもっとも効き目がある、世界的な解毒剤です。リラックスしましょう。息を吸いましょう。そして人生が開いていくままにしましょう。世界への要求を放棄すれば、私たちは逆に、自由と平和を手に入れられます。そしてその平和とは、絶え間なくコントロールすることでは決してもたらされないものなのです。

「偉大なる道」は
決して自分から偉大だとはしない
だからこそ、その偉大さを真に完全にできるのだ

〜三十四〜

謙虚さの二つ目の側面は、私たちが自分のギフトを受け入れ、それを表現することです。自分の才能や情熱が分かっていて、ヴィジョンをもっているなら、それに向かって自信とともに大胆にさえ行動しましょう。よく言われる「私には価値がない」との言葉やその意味合いは、謙虚さを表すものではありません。むしろ、「タオ」があなたを創造した時に与えた深い本質や価値を否定するという点で、傲慢さの表れだといえます。あなたはここに目的をもってやって来ています。ですから、使命を果たすための役割をきちんと遂行すべきなのです。「自分は価値などない人間だ、だから意味のある結果や良いものを手にするに値しない」と思い込む思考の罠にはまらないようにしましょう。そんな自己否定は、自分のアイデンティティや、その目覚めを否定するのと同じです。

謙虚でいながら、すばらしいことを達成できるのです。トップにのぼりつめながらも、謙虚であり続けた輝ける人たちを最近でも目にします。バラク・オバマやメリル・ストリープ、イーロン・マスクなどは、お金や名誉、権力やエゴに罠にはまってしまった人々で溢れたそれぞれの業界で、注目を浴び、とても大きなトーチライトを掲げて、流れを変えました。自分本位にならず、他人への奉仕を続けて、何万人の人生の改善につながるような大きな結果を達成したのです。「謙虚である」とは、小さくまとまることではないのです。人間の個性から生まれた小さなものが、偉大な「タオ」へと通じ、光り輝くことなのです。

栄光を知りながらも
謙虚であり続ければ
万物が集まるところとなる

万物が集まるところとなれば
真実と徳が満ちわたる
そして、自らの本来の姿に戻れるだろう

～二十八～

12　ヴィジョン

ヴィジョンをもつことによって、スピリチュアルな師たち（どうかここに自分も含めて下さい）は、目で見る景色を超えて、より崇高な可能性を心の目で見ることができます。すべてをそれらがもつ可能性も含めて受け入れれば、今目の前のものは、そこで終わらず、今後の可能性のあるものとして認識されるでしょう。自分の深い部分では、損失や限界は真実ではないと分かっているのに、私たちはより良いものをしきりに欲しがるのです。しかし、限界に屈しながら、無限のなかに住まうことは同時にはできません。「人は一度に二人の師に仕えられない。ひとりを愛したら、もうひとりを嫌う」この言葉は、私たちの日々の選択に関する問いかけを比喩しています。すなわち、恐れや分離、衰退や死の世界が、真の現実なのだろうか。それとも、もっとこの世界にはより輝かしい次元が他にあるのだろうか、というものです。

熟練したヒーラーや教師、そして世界を変える役割を担う人たちは、自分のクライアント、生徒や社会を、本人たちが自分を見るよりも、もっと偉大に見ています。彼らは、目の前の人の明らかな欠点よりもむしろ、すばらしいところ、あるいは、その可能性に視点を合わせているのです。

私は善き人たちに善くする
私はまた善くない人たちにも善くする
なぜなら、徳とは、善であるから

私は信頼をもつ人を信頼し
私はまた信頼をしない人にも信頼をもつ
なぜなら、徳とは信頼そのものだからだ

～八十一～

アレハンドロ・ホドロフスキーが脚本と監督を手がけた、ちょっと変わっていて気の利いた映画があります。その映画『ホーリーマウンテン』では、スピリチュアルな師が的を見せて、生徒にダーツを与え、こう言います。「お前の心のなかで、的の中心が象ぐらいの大きさにまで見えて来たら、それを投げていいと思いなさい」と。こんなふうに、私たちも、豊かな可能性と自分の望む結果をイメージして、マインドを満たしておかなくてはなりません。そうすれば、他の良くないシナリオが入り込む隙はなくなります。ヴィジョンを高くもつ人は、自分ですばらしい出来事を起こしているわけではありません。ただ、**すでに**起こった出来事や、目の前に**すでに**在るもの、**すでに**在る場所を「すばらしい」と称賛して、そこに足を踏み入れていくのです。

あなたの徳の寺院は、しっかりと内側に建っていて、あなたをそこに招き入れようとしています。この寺院はあなたに犠牲を強いることはせず、威厳をもって歩いて行くくように求めています。犠牲を求められるのは、ただ恐れだけです。人の悪意や文化的な束縛という霧が徳の寺院から景色をぼんやりとさせたとしても、柱は損なわれてはいません。あなたが近づくほどに、柱はその純粋な光を放ち、あたりを明るくするでしょう。大多数がもつ力や、名声、世界的にもてはやされて豊かに見える人がいるからといって、だまされてはいけません。それらは安価なつまらないもので、目覚めていない者たちを気晴らしに喜ばせている、薄っぺらに光るおもちゃのようなものです。あなたには違う人生の目的があるはずです。もっと高次のギフトを現実にするために、ここにやって来ました。世界にある良いものは、あなたがそれらを求めたから手に入るのではなく、光のなかで生きようと決めて生きる時の副産物としてやって来るのです。徳の言葉を語り、徳に沿って生きるのを恥じないで下さい。結局はそれが、すべてになるのです。

この世の誰もが私の「道」は偉大で、比較するものがないという
偉大であるからこそ、他と違って見えるのだ
もし他と違って見えなかったら、そもそもとうの昔に消滅していたろう

～六十七～

「道」はそれ自体で育まれ、名付けられるものではない
しかし、「道」だけがすべてに充分な力を与え、すべてを立派に完成させるのだ

～四十一～

学び残しているもの

学問を修め続ければ
一日一日と知識が増えていくが
「道」を修め続けていると
一日一日と知識は減っていく

〜四十八〜

『トマスによる福音書』は、一九四五年にエジプト上部で発見された『ナグ・ハマディ写本』のなかに納められている古文書です。キリストがこの地に降り立って後、すぐに書かれたものですが、福音書には、『老子道徳経』に驚くほど酷似した格言が書かれています。

トマスは、以下のように書いています。

あなたが自分の内側から生み出すならば
それがあなたを救うであろう
あなたが自分の内側から生み出さないのであれば
それがあなたを破壊するだろう

世間の人は、多くの知識を集めれば成功できると、あなたに信じ込ませようとするでしょう。しかし、「タオ（道）」は、叡智にアクセスすれば成功できるのだと信じるように言います。外側のどこかにある答えを自分に取り込んでいくようにと、世間はあなたに教えるでしょう。一方で「タオ」は、答えはあなたの内側にあって、それを引き出せばいいのだと教えます。もっと多くの事実を知る人が、もっともパワーをもてると世間は主張するでしょうが、「偉大なる道」に一番寄り添って生きる人こそが、指先ひとつで宇宙規模の力を動かすことができると「タオ」は唱えます。

多くの人は、もっともっと勉強しなくてはと、次から次へ求めているかもしれません。なぜなら、認定証や学位をたくさん手にすれば、いつかは、自分はその資格があると認められると信じているからです。このような道では、ずっと自分は勉強しなくてはと思い続けることになるでしょう。しかし、この思いは、結局は「自分は充分ではない」という偽りから生まれているので、決して埋めることはできません。内側の深い何かが欠けているというなら、どんなに多くの学習コースに参加しても、どんなに多くの学位証明書を壁にぶら下げても、自分の名前の後ろに書けるタイトルがどんなに多くあったとしても、尽きることのない空虚な気持ちが、あなたの頑張りを打ち消していくでしょう。

老子は、教育や悟りについて、別の見方をもっています。老子曰く、私たちは自分の知らない何かを学ぶために、ここに居るわけではありません。むしろ自分がすでに知っているものを思い出すために、ここに居るのです。スピリチュアルな道のりとは、曲がりくねった学びの道ではなく、再教育のコースなのです。私たちは皆、知恵とともに生まれてきました。そして、その後、知恵を忘れるように教育を受けました。そして今、またそれを思い出すために、再教育を受ける必要があるのです。ですから、悟りの旅路は、何かをする教育ではありません。**元に戻す**教育です。真の自分を覆って、自分のもつ魔法の力を弱めてしまった幻想を取り払い、元に戻さなくてはならないのです。私たちが生きる目的は、すでに知っているはずの本来の自分になることです。

とはいえ、世界は、際限のない幻想に覆われています。何かもっと、見せかけに飾り立て、社会での体裁、過酷な競争、無理に人を動かそうとするようなイメージなどが必要だとの幻想に覆われています。そんな世界では、長年武装してきた衣を脱いで、自分を純粋に信頼して、新鮮な空気を胸に入れようとする人は本当に稀です。老子は、教育を誤用することで、私たちがむしろ目覚めから遠ざかり、真の人生から逃れることにならないようにと言っています。老子は、ずっと身に着けていた窮屈な服を脱ぎ、作り上げた自分よりも、自然なままの自分のほうが、はるかに多くのすばらしいものを手に入れて成功していくという真実を、私たちに知って欲しいのです。

真の教師は、自分を小さな箱に詰め込むような悪夢からあなたを救い出し、情熱を感じる道を歩くように励まします。「タオ」もまた、脳を雑多な知識で散らかすだけの、終わりのない事実の積み荷から、あなたを解放してくれるでしょう。そして、かわりに、あなたへ自分の生まれもった偉大さを見せ、それをギフトとして与えてくれるのです。教育とは本来、莫大なデータでできた山を、景色のない頂上へ向かって登るようなものではありません。目の前のブラインドをぱっと取り去って、忘れていた壮大な眺めを見せてくれるようなものです。

学ぶことをやめれば
思いわずらうこともなくなる

〜二十〜

その日の朝は、雲が大地に接したかと思うほどに霞がたちこめていた。そんななか、私は、朝の散歩から小屋に戻って来る老子の姿を見つけた。円すい型の帽子をかぶり、厚い灰色の着物を着た彼は、濃い霧にほとんど溶けこんでいた。

「先生！」

彼を驚かすかもしれないと思いながらも、私は大声で叫んだ。しかし、老子は、まるで遠くでこぜりあっている二羽の小鳥のさえずりを聞くようにして、私の方を静かに見て、ゆっくりと手を振った。

「聞きましたか？」

私は息を切らしながら、彼に近づいて聞いた。

彼は私の目をじっと見て、言葉の続きを待っていた。

「帝国大学の学長の周霍《ジョウフォ》を知っていますか?」

「うむ。彼には数回会ったことがある」

「今朝、亡くなっているところを発見されました。大量の塩を食して、自ら命を絶ったそうです」

老子は悲しげにうなずいた。そして、目に見えないスピリットと話すようにして、遠くを見つめた。そして、一息吸うと私の背中にそっと手を置いた。

「少し話をしようじゃないか」

そう言って、私を彼の小さな家へと導いた。

家の中に入るとすぐに、私は腰を下ろした。師はお湯を沸かすために、火をつけた。そして静かにキッチン台の上の野菜の位置を整えた。時折、彼は現実を今一度再調整するかのように、ものを綺麗に置き直すことがある。そしてこんな時は、師を急かすべきではないと私は知っている。私は師の言葉を、大人しくじっと待った。彼はいつも正しいタイミングで、言葉を差し出してくれるのだ。まもなくお湯が沸騰し始めたので、彼はそれに茶葉をぱらぱらと入れた。すぐに、辺りは強いミントの香りに包まれた。

「周霍はかつての君の恩師だったね」

「そうなのです。ですから混乱しているのです」と私は答え、この気持ちをすべて言いたいと思った。「彼は生徒からも同僚からも尊敬されるすばらしい教師でした。周霍は、地方全域で称えられていました。帝の相談役のひとりに求められたこともあったほどです。彼のような人が自殺するなんて、予想もできませんでした」

師は、身を乗り出して茶葉の様子を覗き込んだが、まだ充分に開いていなかったようだ。

「それで、どうして君は彼が自ら命を絶ったと思うのかい?」

「周囲の人間は、彼の家族との生活に問題が多かったと言っています。彼の妻は彼に従わず、子どもたちは学校での成績も悪かったそうです。彼はそれを恥じていて、酒をよく飲みました。亡くなる前日の朝、彼の一番上の息子が、教師を皆の前で馬鹿にしたとして、学校を停学処分になったそうです」

師は私を真正面から見て尋ねた。

「それで、君はその人たちが言った通りだと信じているんだね」

私はうなずいた。

「はい。そう思います。周霍に学んでいる時、彼は自分の社会的地位にとてもプライドをもっていましたから。彼は、あまり知られていない知識を語ることで、いつも特別に見られようとしています。時折自分を都合よく他の教師と比べてもいました。自分の名声を守ろうと必死でした。ですから、彼の家族に関することは、きっと彼には耐えられないものだったのではないかと思います」

もうすでに、お茶はできあがり、師は私のカップにそれを注いでくれた。それを両手で抱いた時、朝の凍るような寒さが、その温かさで和らいでいった。

「このことから君は何を学んだのかね？」

「前にあなたが私に教えてくれたことを覚えています。『すべての人は自分にとって教師である。ある者はすべきことを教え、またある者はすべきではないことを教えてくれる』と。この場合、私は周霍の自殺の原因は、彼のプライドだと思います。彼は自分の世界をすべて、周囲が見る自分のイメージをもとに創っていました。それが歪んだ時に、彼はその恥ずかしさに耐えられなかったのではないかと思います」

老子は私の横に座った。

「たぶん君は正しいだろう」

そう言った後、少しの間、自分のカップの中を見つめた。その様子は真実をその底から吊り上げようとしているようだった。

「でも、私はもうひとつより深い学びがあると思う」

「それは何ですか?」

「事実や知識は幸せを生まないということだ。ここに、他の誰よりもたぶん多くの事実を知っていた男がいた。そして、彼は、他の誰よりもたぶん哀れだった。彼は、山のような情報を知っていたかもしれないが、どう生きていけばよいかは知らなかった」


もちろん、過去の彼の姿を思い返しても、それはとても明らかなことに思えた。


「『タオ』は事実には関心がないのだよ」と彼は続けた。

「教室で教えられることは誰でも学べる。多くの生徒が、単に本や教師の言うことを丸暗記して真似て、試験には合格しているだろう。しかし経験に勝るものはない。知識の王国は、単に人生の一部分なのだ。心の王国を治める者はなかなかいない。そして、それが『タオ』が君に教えようとしているところだ」


周霍の悲劇的な死について、深く考えながら、私はお茶をすすった。世界的な栄誉があったにもかかわらず、彼は自分自身を誇りに思えなかったのだ。

私は彼の魂へと静かに祈りを捧げた。そして、私は人生で、知識ではなく自分自身を見つけることができるようにと祈った。

真の知者は、学ばせられてはいない
学ばせられたものは、真に知ったものではない

〜八十一〜

欠落したビタミン

社会の教育システムが、肝心なところで行き詰まってしまうのには、いくつか理由があげられます。（一）生徒たちが教えられていることは、人生においては適切ではなく、（二）生徒たちは、自分だけがもつ情熱や才能に向かって生きるよりも、社会的な型に上手くはまるように鍛えられ、（三）教師たちもまた、創造性を抑圧され、恐れがベースにある規律や書類の山に押しつぶされ

ています。そして（四）このシステムは、教室を出た後の生徒たちの人生には通用せず、彼らのケアもしません。学生生活中に起こることよりも、知識をとても効果的に得ることができるようにと作られています。

私のコーチングのクライアントであるロンは、十六歳になる娘が、学校で上手くやれていないことを不満に思っていました。彼女はしょっちゅう遅刻をし、悪い成績をとってきました。その結果、ロンとその配偶者は、良い成績をとりなさいと、彼女にプレッシャーを与え、それによって、夫婦の間でいつも喧嘩が起こっていました。

「あなたの娘さんは何をするのが好きなのでしょうね」と私はロンに尋ねました。

「彼女はアートが大好きです。自由時間にはたいてい、はけでTシャツに絵を描いています」

そう言って、ロンは携帯の写真のなかに収めている、彼女の作品のひとつを見せました。それを見た途端に、私はとても驚きました！　その作品はとても独創的で、しかもかなりプロ級だったのです。その少女の才能は明らかでした。なので、私はこう言いました。「私はこの芸術の才ある娘さんを学者にしようとするのは、諦めたがいいような気がします。彼女が大好きで得意なことをやれるように後押ししてあげてはどうでしょう」と。そして続けました。「娘さんには、芸術家として、生まれもった才能を使った仕事をして成功していけるかもしれません。彼女のままで居させてあげたら、喧嘩もなくなるでしょうし、皆さんが幸せになるでしょう」
彼は、私の提案に心を開き、娘を芸術の分野でサポートしていこうと決めました。

数か月後、ロンは娘とともに私の講義にやって来ました。自分の作品のひとつを身に着けてやってきた彼女は、輝くスピリットそのものでした。彼女は、私が両親に自分をサポートするように頼んだことに感謝していました。彼女の芸術性は開きだし、彼女はとても幸せそうでした。私は彼女に「きっと上手くいくよ」と言いました。彼女の目から涙が溢れました。

この少女は、自分を肯定してくれる誰かをただ待っていました。それが、彼女の魂に必要なビタミンだったからです。そして、また私たち皆に必要なものでもあります。それが欠けてしまえば、苦しみます。しかし、それを受け取り、また与えれば、私たちは豊かになれるのです。

生徒の自発性を大切にする教育

生徒たちの才能を引き出せるような良い学校もたくさんあります。熱心な教師たちもいて、生徒たちの人生を変えてくれるような学校です。良い学校は、良い目的のために奉仕しています。しかし、多くの場合、自分の内側から生まれてくる学びの意欲よりも、外側から取り入れる教育のやりかたにとどまっています。すなわち、生徒たちは完全であり、励まされるべきは自己表現であるとの考えかたよりも、生徒たちは空っぽであり、知識で埋めなければならないとする考えかたに基づく教育です。学術的な試験に合格して、称号をもらっても、自分の魂を失っているのであれば、何が良いと言えるでしょう。

生徒たちの多くが深い要求を満たされないような一般的な教育がある一方で、ユニークな教育のスタイルも増え続けています。そのなかのひとつが、サドベリースクールです。そこは生徒が何を学びたいかを重んじる教育をベースにカリキュラムが組まれます。生徒たちは、ただ学校にやってきて、教師にどのカリキュラムが自分にとって重要に思えるかを伝えます。サクソフォンの吹きかたを習いたい生徒には、サクソフォンの先生がやって来ます。また、もし朝、「木登りがしたい」と言えば、それが彼のその日の教育となります。五歳の子どもが文字を読むのに興味をもっていなければ、彼女が七歳か八歳で、文字を読むためのサポートを欲するまで、学校は待ちます。すなわち、そこでの学びは、決められた必修科目ではなく、生徒自身の情熱と意図によって導かれます。

多くの人は、こんなカリキュラムではやる気が育たず、自由過ぎるものだと反論するかもしれませんが、結果は正反対を見せています。サドベリーの卒業生の八十七パーセントがさらに学ぼうとして、大学や他の教育機関に進んでいます。多くの面で、この抜本的でユニークなシステムは、伝統的なやりかたを超えているのです。たとえば、「本当に学校にいたい生徒と教師のみしか居てはいけない」というルールを作ったとしたら、いったいどんな感じになるでしょう。さて、実際に登校してくるのは何人でしょう。たぶん今教育の場にいる人たちのなかからは、ほんの少数ではないでしょうか。どこか別のところに居たいと思っている者が、学びへ意欲的ではない者を教えるのは、本当にとても難しいのです。教育そのものを含めて、今ある教育機関を大きく変えるには、私たちはまず、強要や競争にもとづく丸暗記のやりかたから、直感やヴィジョンにもとづく、今までとは異なるやりかたについて考えなくてはなりません。

教育とは桶を満たすことではなく
火を灯すことである

〜ウィリアム・バトラー・イェイツ〜

友人のマーティは、発育上の問題を抱えていました。当時十代後半でしたが、八歳児ほどの知能だと診断されていました。マーティの読み書きの力は乏しく、両親がコンピュータを与えても、見向きもしませんでした。代わりに、彼はプロレス番組を観るのが好きで、すべてのレスラーを覚えていて、誰が悪役かそうでないかも含め、自分のお気に入りの選手に声援をおくっていました。まもなくして、マーティはひとりのセクシーな女性のレスラーに心を奪われました。そして、彼女のオンラインのファンクラブがあると知り、加入したいと思ったのです。彼はコンピュータのもとへ行き、みるみるうちにその使い方を学んで加入しました。それは驚くべきことでした！その日まで、彼の両親もカウンセラーも彼がコンピュータを使えるなんて、信じていなかったのです。しかし、彼に正当な理由ができた時、それが使えるくらい、彼は賢く「なった」のです。

私たちも皆、自分にとって大切なことをしたい時には、すでに、充分にそれに値するのです。それを成し得るための時間やお金、手段も見つけることができるでしょう。他人が自分に「すべきだ」と言ったり、「したいと思うべきだ」と押し付けるものには、やる気はわいてきません。情熱が、「タオ」の手を動かし、世界を上手く動かしてくれるのです。そして、目標に向かって、ワクワクしている時には、あなたは生命の源とつながっています。情熱をひとりよがりだと判断し、却下する人はたくさんいるでしょう。しかし、本物の情熱は、私たちを魂が満たされる方向へと動かし、豊かさや成功を引き寄せ、**そのうえで**人に奉仕するのです。真の喜びから表現する時、あなたは世界をより良い場所へと導いています。情熱を抑え込むのは、「タオ」を抑え込もうとするのと同じです。そして、それはいつも裏目に出ます。人生が少しでも、あるいはその大半が上手くいっていないなら、今自分がしていることにどう感じているか、本当はもっとどうしたいのかについて、真実を語りましょう。そこで、ひとつの正直な言葉を語るだけで、あなたは「タオ」に戻るための大きなステップを踏めるのです。

原始的な文化においては、子どもたちはコミュニティの全員で育てていて、自分が興味を覚えるものを探すように促されていました。ボートにとても興味がわいたら、きっとボートを木片から作る人を見たり、手伝ったりしながら、一緒に過ごしたことでしょう。洋服のデザインが好きなら、村の機織りの家に行って、そこで学んだことでしょう。狩猟が大好きだったら、狩人とともに、動物の捕獲のためにジャングルに入って行ったでしょう。子どもたちの人生の道のりを先に決めようとするのではなく、親たちは彼らが惹かれるものをよく観察して、それに従っていくように励ましたことでしょう。そして、これが賢人のやりかたでもあります。

老子は、優先順位をもう一度考えるように言っています。社会的義務を果たすのではなく、自分の幸せを求めていくようにと、私たちを励ましているのです。私たちが幸せを感じている時には、かならず「タオ」とともに在り、その活力は私たちが触れるすべての人やものに、自然にいきわたっていくのだと、老子は知っていたのです。

多言はしばしば行き詰まる
黙って中庸を守ることだ

〜五〜

生徒から師へ

ほとんどすべての教育的、宗教的、そして哲学的な信念体系においては、私たちは、人生という名の学校の生徒であると定義されています。「私は一生を通して学んでいきます」と言われるのを良く聞きます。このアイデンティティを取り入れてしまうと、私たちはまるで、ここにいる目的が、次から次へと学びのレッスンに向かい合って、習得し、卒業することのように感じられます。しかし、知っての通り、卒業は一生やってきません。学びの道は曲がりくねっていて、あまりに厳しく、すべてのレッスンを習得するには、何度も生まれ変わって戻って来なくてはならないでしょう。しかも、その理屈で言うと、あなたは単に一回の人生の生徒というわけではなく、ここに何十億年もいることになり、カルマの輪から抜け出ることなど決してないのかもしれないのです。

あなたが自分自身に教え込んできたことの一つひとつが
ますますあなたに自分が神の力をもっているとの真実を
分からなくさせてしまったのです

〜『奇跡のコース』〜

そこで、もっと極端に、より異端的でさえあるヴィジョンを通して考えてみて下さい。自分自身を学ぶ者としてではなく、知恵のある者として定義してみてはどうでしょう。答えを探す者としてではなく、発見者として定義してみるのです。あるいは、生徒としてではなく、師として定義してみましょう。知恵をもって生まれ、そしてこの地球に来た時にただそれを忘れてしまっただけだとしたら？　魂とは、何度も生まれ変わり、終わりのない学びを続けなければいけないものだとの考えは誤りで、もうすでに完全であるとしたら？　女性の赤ちゃんは、生まれた時すでに、大人になって排出するか、受精させるかの卵子をすべてもっています。この世界に彼女がもたらせるすべては、すでに生まれた時に彼女の一部なのです。女性は新しい卵子を育てることもなければ、取り入れることもありません。同じように、私たちは、自分がなり得るすべての可能性をもって、この世に生まれてきているのです。

探し求めるのは、エゴの行動です。見つけることが、スピリットの行動です。ほとんどの人たちが自分のことを、探し求める者と定義づけているでしょう。なぜなら、私たちはパートナーや、車、家や仕事を求め、最終的には、真実や癒し、悟りまで探し求めます。そして、継続的に何か外側のものへと手を伸ばし続けるのです。自分に欠けている何か、まだもっていない何か、手に入りにくいけど役立つ何かが、誰かや何かによって与えられないかと手を伸ばし続けます。教育とは、ご存知のように、探し求める行動のひとつなのです。一方で、悟りは、見つける行動のひとつです。『奇跡のコース』は、「悟りとは、再び認識するだけのことで、変わることではないのです」と言っています。また、T.Sエリオットは、「私たちのすべての探索の旅の最後は、旅の出発地点へとたどり着くだろう。そして、初めてその場所を知ることになるだろう」と、雄弁に語っています。

「学びを諦める」という、考えたこともないステップへと、あなたを招待したいと思います。教育を含め、あらゆるものをもっと探すのを止めましょう。そして、あなたの内側に埋められた種からの芽吹く知恵を使って、自分自身を立ち上げましょう。望むなら、学校に通い、称号をもらい、その他のいろんなものを得るのも良いでしょうが、空っぽな気持ちを埋めようとするのではなく、生き生きと表現できる場所を自分に与えられるように行動しましょう。必要性からではなく、喜びから進むのです。

成長への欲望を捨てよ
〜ホワイト・イーグル〜

生徒としてのアイデンティティを放棄すれば、教育はゴールではなく、あなたの人生の旅路の自然な副産物として、生まれ変わります。これが、老子や他の偉大な師たちが常にもっている意識であり、あなたとも分かち合いたいとしています。悟りを開いた人たちは、「いつもすでにもうもっている」と分かっているのです。彼らがもっているものは、あなたにもあります。彼らは自分たちを目標として従って欲しいとは思っていません。あなたが自分の内なる真の力に踏み入って、彼らと同じようにやって欲しいのです。その時、その時こそ、あなたは人生という名の学校を卒業します。そして、人生は実は学校などではなく、すばらしい光の存在である自分とその自分のギフトを使う場所だったと気づくでしょう。

外には一歩も出ずして、世界のすべてを知ることができる
窓から外を見ることもなく、自然界の法則が分かる
遠くに行けば行くほど、知ることは少なくなる
それゆえ（「道」とともに在る）賢人は
旅することなくすべてを知る
何も見ることなくはっきりと分かり
何もすることなく、すべてを成し遂げる

～四十七～

大いなるバランスの力

賢人は何かひとつに偏ることなく
極端であったり、贅沢であったり
自己満足にひたったりしない

～二十九～

老子が「タオ（道）」の思想を中国に持ち込んだ頃、そこからそんなに離れていないインドで、シッダールタという若い王子が、贅を尽くして裕福な城で暮らしていました。彼の住むその一画は、世間的な痛みからは完全に守られていました。ある日彼は城の外壁を超えて、外で出る冒険に出て、生まれて初めて、貧しさや病に苦しむ人々、歳をとって死んでいく人々を目にしました。このことがシッダールタの世界観に大きな衝撃を与え、彼をスピリチュアルな道へと駆り立てたのです。それは、なぜ苦しみが存在するのか、どうすればその苦しみを和らげることができるのかの答えを探す旅でした。

こうして、王子という地位を放棄し、彼は何年も断食苦行する、真逆の道へと進んだのです。一日にわずかな米しか口にせず、裸足で歩き、ひどく寒いなか、ほぼ裸で座り続け、片足で立ち、爪先立って寝るようにして、肉体を否定し、超越しようとしました。そんな禁欲的な生活を続けた結果、シッダールタは病気になり、がりがりに痩せてしまいました。その時、ひとりの女性が彼を哀れに思い、彼に一杯の米と牛乳で作った粥を渡しました。苦行中の彼は断るべきでしたが、その時彼は受け取ることを決意しました。それが、地位を放棄した王子が、悟りを開いた仏陀になる分岐点だったと言い伝えられています。人生のすべての要素は何らかの目的とともに在り、自分自身と自分をとりまくそれら要素と上手く調和して生きていかなくてはならないと、彼は悟ったのです。私たちは人間としての性を大きく受け入れるべきであり、抵抗してはいけないのです。それから彼は「中庸の道」を歩く重要性を唱えました。すなわち、人生における節度とバランスです。

老子もまた同じことを悟りました。彼は行き過ぎや極端さに対して警笛を鳴らし、均衡を守って生きるようにと私たちに助言しています。「タオ」思想のシンボルである陰陽太極図は有名ですが、上手くこの原理を捉えています。それは、光と暗闇、生と死、男性と女性、善と悪、喜びと痛みなどの真逆のものの存在とそれを融合させる必要性を示しています。つまりは真逆のものへの否定は、苦しみへとつながるのです。両方を理解し、両方を自然に上手く機能させることが、良い人生を生み出します。

陰陽太極図

学ぶことがあまりに多くても良くありません。またあまりに少なすぎても良くはないでしょう。「ちょうどよいところ」を個々が見つけなければなりません。「ちょうどよいところ」とは、相反する要素が調和し融合している場所で、そこでは幸せを感じ、また豊かさを生み出せるのです。

冬が近付いてきたある日のこと、師は私を留守番に残して、ひとりで村に出かけて行った。私は彼の留守中にできるだけ薪を割って、彼を驚かそうと思い、斧を探し、木を割り始めた。その日は一日頑張ろうと決めた。午後遅くなって疲れてきた。背中は痛み、手にはまめができた。咳も出始めた。しかし、少なくとも、私は師を手伝うという自分の課題を完了した。

日が沈む少し前に、老子は帰ってきた。私が割った薪を見てとても喜んでくれた。彼は私に心からの感謝を述べて、私に中に入って風呂に入り、夕飯を食べていくように言った。しかし食事ができあがる頃には、私の疲れはピークに達していて、とても食事を口にはできる状態ではなくなった。咳はどんどんひどくなる一方だった。私はその辛さに耐えられなくなり、とうとう横になった。

師は横になっている私のそばに座り、思いやりに満ちた目で私を見た。自分の手を私の額にのせて、熱を確認した。

「今日は働き過ぎたね」

「あなたが帰ってくるまでに、仕事を終えたかったんです」と私は説明した。

「君はとても優しいね。でも、自分の健康を害してしまった。それは『道』ではない」

なぜか、師との話はいつもそこに行き着いてしまう。

「どの時点で、ひどい疲れを感じ始めたのかね」

私は記憶をたどってみた。

「昼間だったと思います。汗をひどく掻き始め、ひざががくがくし始めました」

「では、そこで君はやめるべきだったね。『道』は君をそう導いていたんだよ。しかし、君はその声に耳を傾けなかった」

その通りだった。

「ストレスの限界を超えて進めば、結局戻らなくてはならなくなる。今、君は一日か二日寝て、回復しなくてはならなくなった」

「でも、先生、明日もあなたのお手伝いがしたいのです。自分の責任を放棄したくはありません」

「君の責任は、ただひとつ。『道』とともに在ることだ」

師はきっぱりと私に言った。

「私のことは心配しなくていい。良くなってから、たくさん助けてもらうよ。幸せは苦しい思いからではなく、恵みから受け取るのだ」

両親はそんなことは私に言ったことはなかった。彼らは、自分を犠牲をすればするほど、より貢献できると言っていた。

「少し眠りなさい。明日の朝またここに来るから」

彼は私の肩を優しくポンポンとたたき、胸まで、そして鼻が隠れるぐらいまでに、毛布をずり上げてくれた。そして、ろうそくの火を吹き消すと、寝ている私だけを残し、静かにドアを閉めて、部屋を出て行った。

適切なところで止まるべきことを知っていれば、
わが身が問題に巻き込まれることはない
そうすれば、永遠に安全で居ることができる

〜四十四〜

パズルをはめる

皆それぞれが人生という絵のパズルの一ピースをもっています。しかし、パズルが完成した絵をもっている人は誰もいないでしょう。昔からある例え話に、盲人の村に迷い込んだ象の話があります。その村の誰もが象がどんな姿をしているのか知らなかったので、村人たちは、その大き

な動物を手で触って確かめ始めました。象の鼻を掴んだひとりがこう言いました。「象とは、蛇のような生き物だ」

もうひとりは象の足に手をまわして、「象は木の幹のようなものだ」と声高に言いました。さらにもうひとりが今度はしっぽに触り、こう言いました。「象はロープのようなものだ」と。すべての盲人たちの言うことは、部分的には正しかったのですが、誰も完全に正しく言える者はいませんでした。部分的にはとても正確に特定したものの、全体像は特定できませんでした。本当は、象はどんな人の手にもまったく収まりきれないほど大きく、彼らの思い込みや理解をはるかに超えるものでした。

そして、これは真実との関わりについても同じことが言えます。宗教や哲学、そして生活様式などはすべて、真実という大きな絵のほんの一部を捉えているに過ぎません。そして、そのどれも真実のすべてを捉えてはいないのです。なかには「私の示す道が**正しい**道で、**唯一の**道である」などと傲慢に勧誘する者もいます。しかし、つつましい謙虚な人であれば、山頂までの道は多岐にわたることを知っています。宗教、戦争、宗教裁判、反対運動や布教活動などは、すべて不安から始まっています。「私がすることを信じろ。でなければ、お前は地獄に行くか、私がお前を殺す」との言葉は、根本にある深い自身の恐れを語っています。もしこの世界に平和をもたらしたいのであれば、私たちはそんな未熟さを超えて成長しなくてはなりません。「タオ」に溶け込めば、安心を得るのです。そして、それはエゴからは決して得られないものです。そうすれば、他人に自分の不安を反映させて、辛い思いをさせることもなく、彼らも自由に自分の道を歩けるようになります。

パズルをはめるためには、私たちはそれぞれの哲学の欠点ばかりではなく、良い点も理解しなくてはなりません。どんな信念体系にも、真実と幻想の二つの要素があります。それぞれの信念を純粋に信じ過ぎる人たちは、その道の理想を絞って、それが足りていない部分をまた拡大してしまいます。たとえば、ヒッピーは高いヴィジョンをもつ人たちでした。彼らは戦争や強欲、競争に窒息しそうな世界の浅はかさと、それらがもたらす病を理解し、もっとより良い生きかたがあるはずだと受け止めました。その結果、彼らは社会から抜けて、有機栽培の畑を作り、麻薬を吸い、共同体を作ったのです。そこでは、住民すべてが、自分たちの好きなように生きていました。しかし、その運動はふわふわとして、覇気がなく、自制に欠け、現実的な効果をずっと生み続ける変化には至りませんでした。多くの信奉者たちが、この地球で何もやらなくていいのだと思っていました。

これは私の体験談ですが、昔、所有している不動産の管理人として、ヒッピーの若者を雇っていたことがありました。ある朝、私は不動産の鑑定業者と家で会う約束をしていました。その前に、車を修理に預けなくてはならなかったので、その管理人の若者が私を修理屋まで車で迎えに来てくれて、朝十一時に家まで送ってくれることになっていました。十一時を過ぎても、彼は現れず、私はとうとう彼に電話をしました。驚いたことに、彼はまだ家にいました。私がどうして約束通りの時間に迎えに来てくれなかったのかを聞いた時、彼はこう答えました。「申し訳ないが、僕は時間にとらわれて生きていないんだ」と。しばらく考えて、私は彼がそう言った理由を思い出しました。彼は何にもとらわれないヒッピーだったのです。と同時に、約束が守られることで、世界が上手くまわっているとも私は気づきました。ですので、彼が時間の大切さを理解できるように、彼には別の仕事を探す時間をあげることにしました。

ヒッピーとは異なるもうひとつの例は、企業界がプロジェクトの完遂のために重視する極端な合理性にもあります。企業は契約や締め切りを守り、製品を作り出すことで、成功を収めています。しかし、企業の世界の大半は、心が通っておらず、営利以外にはヴィジョンをもちません。私のセミナーに参加する多くの会社員は、会社からのプレッシャーで燃え尽きています。会社は被雇用者に対して、次から次へと仕事を積み上げて、その一方で、報酬や評価は下がっていくのです。私のところに来るクライアントは、貪欲さと不誠実さをずっと見てきて、やる気を失くしています。もっと人間味ある雇い主のもとで働きたい、あるいは、お客やスタッフを利用するのではなく、気遣えるような事業を自ら立ち上げたいと願っています。

もし「人生のバランス大学」というものを始めるとしたら、私はきっとヒッピーに一年間会社勤めをしてもらうでしょう。そして、反対に、会社役員には、セドナやマウイ、ソノマといった場所にあるヒッピーの共同体へと行ってもらうのです。両方とも、たぶん最初は環境に適応するのに苦労することでしょう。しかし、それぞれが最終的には、自分が今まで居たライフスタイルに欠けていたものに気づけるかもしれません。そして、お互い元の世界に戻ったら、二つの世界の最善のものを融合させられるかもしれません。

しかし幸運なことに、私はそんな大学を創る必要もないようです。なぜなら人生はもともと、自分のポリシーに極端になりすぎると、融合へと自然に向かわせられるように設定されています。振子の片方にあまりに大きく振れ過ぎると、反対方向へと行かせられるのです。二つの究極を体験した結果、私たちは両方からベストなものを取り出して、ちょうど中間の道を見つけるのです。その証拠に、多くの元ヒッピーたちが、時間通りに生きる道を見つけて、誠実さと思いやりをもった会社を創造しました。たとえば、ホール・フーズ・マーケット、ベン・アンド・ジェリーズ・アイスクリーム、トムズ・オヴ・メイン、バーツ・ビーズ、それからセレスティアル・シーズニングス・ティーといった会社は、ポジティブな影響力をもった製品を創造し、世界に広げたいとする意識と行動とともに設立され、後継者へもそのヴィジョンは受け継がれています。

映画製作を手がけるパトリック・タカヤ・ソロモンは、『ファインディング・ジョー～英雄の旅』（神話学者ジョーゼフ・キャンベルの教えを明らかにする、ドキュメンタリー映画）のなかで、私にインタビューしてくれました。そのインタビューの撮影時のことです。私はパトリックにこの映画を製作する動機について尋ねました。「何年も、テレビのコマーシャルの製作指揮をしてきました」と彼は私に言い、こう続けました。「その結果、私は嘘を売るのに飽き飽きしてしまいました。そして今度は、真実を売ろうと決めたのです」と。彼の言葉通りに『ファインディング・ジョー』は売れ続け、賞をもらうほどの成功を収めました。オバマ大統領が、映画鑑賞のリクエストをパトリックに送ったほどです。このプロジェクトは、企業界でしっかりしたスキルを得た人が、それを使って、より高められたプロジェクトをやり遂げたひとつの注目すべき例です。仏陀や老子は、このことを「正命」（正しい生活）と呼んでいます。

～四十二～

万物は陰の気をもちながら、陽の気を胸に抱く
これら二つの気の結合によって、万物は調和をなしている

点をつなげる

この世のすべての善には、悪に利用される潜在性があり、すべての悪には善に利用される潜在性があります。すべては、真反対の中にその潜在性を秘めた種を抱いているのです。もう一度、陰陽のシンボルを見てみましょう。白い部分に小さな黒い点があり、黒い部分に小さな白い点を見つけることができるでしょう。

陰陽太極図

このことは、エゴは善をその暗い目的のために利用し、一方でより高次の叡智は、明らかな呪いを祝福へと変えることを表しています。

たとえば、宗教はもともと、この世界に癒しと向上をもたらすための、崇高なヴィジョンと気高い意図をもつ預言者たちによって設立されました。しかし、その後自己中心的な動機をもつ人々が宗教に入り込み、彼ら自身の不正な目的のために、その信仰を捻じ曲げました。純粋な要素は残っていても、他の要素は悪に堕ちたのです。そして、それは、陰陽のシンボルでは、光のフィールドにある暗闇の点によって象徴されています。この世界では、完璧な善や完璧な悪の形はひとつもないのです。使いかたひとつで、目的や価値、結果が決まります。自分のパワーを自分が信じる人や団体に明け渡さないように気を付ければ、完全です。不完全さはしかし、かならず顔を出します。二元性をもつこの世界へようこそ。

容器のふちいっぱいに満ちるまで
水を注ぎ続けるのは止めなさい
刃を研ぎ過ぎると、刃先はすぐに鈍くなるだろう

〜九〜

別の見方をすれば、すべての暗闇の体験にも、何か善いものが付いてくると言えます。たとえば、病気はあなたの人生の質を改善するための軌道修正です。痛みを伴う人間関係は、自分を大

切にして、もっとより良いものを求めるようにとあなたを突き動かします。職を失った時は、より意味のある、情熱に満ちた方向へと仕事のキャリアを考えさせられます。高圧的な国王の存在が、虐げられた人たちを民主主義へと誘いました。十字架にはりつけになったキリストは、その復活をもって、自分は（私たちも同じように）肉体を超えた存在であると教えました。陰陽のシンボルマークにある黒いスペースの内側の白い一点のように、スピリチュアルな師は、暗闇の真っ只中で、光を見つけるのです。もしあなたが暗闇に飲み込まれていると感じるのなら、光を探しましょう。光は必ずそこにあります。私たちの真のパワーは、世界をどんなヴィジョンを通じて見るのかにあります。世界が私たちを型に入れるのではなく、私たちが世界を創造するのです。

中庸の道をいかに上手く使うか

なかには、信頼とともに抜本的なステップを踏んで、自分自身と世の中のために、劇的でポジティブな変化を創造する人もいます。しかし、ほとんどの人は、中間の道を歩んで上手くやっているでしょう。私のクライアントのなかには、サラリーマンを辞めて、自分のより価値観に従って、新しい仕事を始めたいと願う人もいます。そんな人たちの多くは、今の仕事を辞めて、情熱に従ってもうひとつの選択肢に進むべきかどうかで、かなり悩んでいます。また一方で、彼らは自分や家族を養うだけの収入を得られないのではないかとも恐れています。通常そのようなクライアントには、両方のバランスを満たしてくれるような中間の道があるかもしれないと言うようにしています。「今の仕事をしながら、起業する道を、同時に広げていってはいかがでしょう」と尋ねます。「そうすれば、自分の創造したい気持ちを満たしながらも、収入を維持できるかもしれませんね。自分が情熱を感じる仕事を拡大していけば、ある時点で、その仕事で生計が立てることができるようになる可能性もあります。そうなったら、今の仕事を辞めるのにも恐れやストレスがなくなるでしょう」と続けます。クライアントは通常このやりかたをとても好んで、選択します。老子はそれを見て、きっと微笑んでいるでしょう。

「タオ」を習得した人は、頭は天につなげたまま、足はきちんと大地についているようなものです。人生のなんらかの分野で、自分は何か極端なことをやっていないか、今ちょっとだけ想像してみてください。あまりに多くのジャンクフードを食べていないでしょうか。あるいは、健康食にこだわり過ぎていないでしょうか。仕事の時間とバランスがとれるように、充分な休みをとっていますか。子どもや犬が泥を持ち込んだだけで怒りだすくらいに、家の中を綺麗に保とうとし過ぎていませんか。自分の信じる宗教だけが正しいと思ってはいませんか。それとも、他人がその人なりの神を信じていることに寛容ですか。自分の応援する政党の信念に付いて行けなくなっていませんか。それとも、少なくとも時に応じては、他の政党が正しいかもしれないと思えていますか。あまりに痛烈に何かに反対するあまり、その何かにも存在する理由があることさえ、忘れていませんか。

つま先で背伸びをして立つ者は、長くは立てない
大股で歩こうとするものは
ペースを守れず、遠くまでは行けない

～二十四～

自分が理解や賛成ができないものを許し、中庸の道を選べたら、どう感じるか考えてみてください。物事をこうあらねばならないとしなくていいのです！　ほっとしませんか？　最高です！　あなたは自由なのです！　漢方薬を使う時には、患者のバランスに重きを置きます。あまりに熱ければ、より冷たく、あまりにじめじめしていたら、より乾燥を、あまりに早ければ、もっとゆっくりと。すべての体験もまた、あなたの人生に、よりすばらしいバランスを与えようと突き動かしてくれるのです。内なる「タオ」は、あなたにすべきことをはっきりと教えていますが、

まずはあなた自身がそのサインに、自ら耳を傾けて従わなくてはなりません。

調和を理解すれば、不変になる
不変を理解し実現すれば、悟りとなる

〜五十五〜

究極のバランスの力

反対に思えるものが、バランスの究極の教えとなります。すなわち、二つの考えかたは矛盾しているように見えて、同時に真実でもあるのです。ここにあなたの力のポイントがあります。二つの明らかに正反対のものを受け入れられれば、山を動かすような神秘をものにできます。究極にある二つのものを融合しようとすると、思考には手に負えなくなります。しかし、あなたの内なる智恵は、その明らかな矛盾とともに座ることができるのです。戦うことなく。ただそれを楽しみ、そして、左脳の知性の抑圧を遮り、あなたを右脳の神秘的でわくわくした場所へと導きます。

真実はしばしば
普通とは反対のように聞こえるものだ

～七十八～

完全を求めながら、不完全さを許容していくのです。上手くいっていないように見えるものもまた、上手くいっているものの一部とするのです。夜と昼間にもっと互いに刺激を与えさせるのです。悪を善への道とするのです。離れ離れにあるように見えるものたちを、寄り添わせるのです。私たちが人生にバランスの有無を求めるのではありません。より良い人生の創造のために、バランスを求められているのは、私たちなのです。

中庸とは
美徳という真珠をつなぎ合わせて
ネックレスに仕立てる絹ひもである

〜トーマス・フラー〜

ゾーンに入る

天と地との間のこの世界は
ふいご[1]のような所である……
動けば動くほど、より多く生み出されるのだ

～五～

高校生のジェイソン・マクエルウィンは、何よりもバスケットボールが大好きで、「チームに入って活躍したい」と思っていました。しかし、自閉症で、一六七センチほどの身長しかない彼にとっては、バスケットボールチームで活躍するのは無理な話でした。コーチであるジム・ジョ

1 ふいご（鞴）：火力を強めるために用いる送風装置

ンソンは、親切にも、そんなジェイソンをチームのマネージャーとして迎え入れ、メンバーを助ける役割を与えました。彼を試合中もベンチへ座らせたのです。

二年後、ジェイソンの高校生活最後の、シーズンの代表チームを決める最終戦がやってきました。その時、コーチのジョンソンは、ジェイソンの思い出に残るようにと、最後の試合終了までの四分間だけ、彼をコートへと送ったのです。その短い時間で、なんとジェイソンは遠くからの六回のスリーポイントシュートを含めて、二十点のスコアを入れました。ジェイソンのこれまでの話とバスケットボールに不向きとされた彼の「限界」を知る観衆は、この結果にどよめき、とても興奮しました。そして試合終了のブザーが鳴るまでには、この「小さくて無理だ」とされていた高校生は、一躍ヒーローとなったのです。（その様子はすべて、YouTube『J Mac – A Hoop Dream』で視聴可能です）

この信じがたい功績について語られるほどに、ジェイソンは国民的有名人になっていきました。二十五人の映画のプロデューサーから、彼の功績を映画化したいと言われ、アメリカ合衆国の大統領がジェイソンの故郷を祝いに訪れ、全国放送のテレビ番組にも呼ばれました。二年後には、ジェイソンは『The Game of My Life（私の人生というゲーム）』という書籍の出版もしました。すべては、あの驚くべき四分弱の結果なのです。

ジェイソン・マクウェインの超人的なパフォーマンスは、運命の気まぐれだったのでしょうか？　あるいは、彼の功績を裏打ちするような科学的な原理があるのでしょうか？　あるいは、彼が不可能を可能にするような、何か希少な意識の状態に到達した結果なのでしょうか？　もしそうであれば、そんな意識の状態にあなたも私もなれるのでしょうか？

老子は「『タオ（道）』に沿えば、平凡なことであっても特別なことであっても、私たちも必要なことは成し得るのだ」ときっぱりと言います。世界を**超越する**力とともに働きかければ、世界を**超えて**、あなたが優位に立つのです。あなたを後ろから支える「タオ」があれば、奇跡が目の前で開いていくでしょう。

老子の住む家に到着したが、彼はどこにも居なかった。庭でニワトリが小さく鳴いている以外は、とても静かだ。師はどこかに行ってしまったのではないだろうか。師に会えなくなってしまうのではないか。私は恐くなった。家のなかを探し回ったが、彼は見つからなかった。

そこで、裏庭に回ってみた。そこには、小さな物置小屋があるのだ。老子は庭仕事の道具を取りに行く以外には、あまりそこには行かない。しかし、近づいた時に一定間隔でリズムを刻む、キーキーという音を聞いた。なんの音だろう。私は物置小屋の障子窓に近づき、それを少し開けて、中を覗き込んだ。

そこには、ろくろの前に座って、陶器を作る粘土を練っている老子がいた。前にもそのろくろは見たことはあったが、その時には他の道具の下に埋もれていた。なので、彼がろくろを使っているのを見たのは初めてだった。足先で、ろくろを動かしながら、彼は濡れた手で口の大きく開いた壺を作ろうとしていた。それは上王朝の時に、人々がさまざまな神への供物を入れて使っていたものだ。今の周王朝では、人々はもはや供物をしなくなっていた。その代わりに、人々は、自分の家に富の象徴として置くようになっていた。私の知る老子は、神への供物ためや個人的な財の象徴として、壺を作るようなことはしない。なので、芸術品として、それを好む誰かへの贈り物を作っているのだと思った。

彼に気づかれないぐらいに離れた場所から、私は彼を見ていた。彼の手が濡れた粘土の上を踊るように動くさまから、目が動かせなくなったのだ。彼の粘土への触れかたはしっかりと強く、しかも優雅だった。ろくろがきしむ音の抑揚に合わせて、彼の腕や頭もリズムに乗って動いた。

彼の身体は子どものような喜びの光を発していた。その彼の姿を見るだけで、喜びとは何たるかの教えがあった。

それから、突然に、説明できる言葉をもたないほどの驚くべきことが起こった。ただこう言おう。老子が消えたのだ。ろくろに寄りかかるようにして作業する彼を見たと思ったら、次の瞬間には、壺を乗せたろくろだけが回っていた。想像もできなかったことが起こって、私は目をぱちぱちさせた。しかしその数秒後も、師はまだ居なかった。私は障子窓を開けて、中が全部見えるようにした。たぶん光の加減か、見る角度によって起こった現象だと思ったのだ。しかし、彼はまだ居なかった。ろくろと壺だけが勝手に回っていた。私はとてもショックを受けた。ろくろの前で彼はいったいどうなってしまったのか。この奇妙な光景を前にして、私は自分に深呼吸を数回させて、しっかりしようとした。彼はどこか別の次元に行ってしまって、もう永遠に戻って来ないのではないかと怖くなった。

その時、彼がまた戻って来た。

どのくらい彼が消えていたのかは正確には言えないが、少なくとも数分はあったと思う。また彼を目にすることができて、私は心からほっとした。まだ驚きが残っていたので、障子窓から離れ、木の幹に背中をもたれかけて座り、自分を落ち着かせようとした。

しばらくして、老子は物置小屋から出てきて、私に挨拶をした。私は彼に自分が見たものと言うべきか、そして彼がどのようにして消えたのかを問うべきか悩んだ。しかし、結局は、ただ私の体験としておくことにした。それは師の、彼だけの世界でのすばらしい瞬間だったのだ。それに私がのぞき見ていたことも知られたくはなかった。

数か月後、老子と私は有名な画家の展覧会に行った。そこで、彼は私に真の芸術家は、「タオ」とともになり、自分の作品の中へ消えるものだと教えてくれた。芸術家と作品はひとつになるのだ、と。小さな自己が大いなる自己の導き手となり、創造主と一体になるのだ。

私は老子が「タオ」と一体になった瞬間を決して忘れない。

粘土をこねて、器を形作るが
内側にある空間があってこそ、器として使える
部屋に扉や窓を据えるが

内側に空間があってこそ、部屋として使える
そこにあるものから利益がもたらされるのは
そこにないものからの働きがあるからこそなのだ

〜十一〜

「タオ」というゾーン

時折、私たちも皆、「タオ」の中に溶け入って消えてしまいます。あなたも自分の大好きなことに熱中するあまり、その他をすべて忘れてしまうような経験をしたことはないでしょうか。そして、その時自分がやっていることと一体になった感覚はなかったですか。時間の感覚が緩んで、時間の存在しないところにいる感じを味わったことがあるでしょう。たとえば、私の場合、執筆をしている時には、二、三時間を費やしたにもかかわらず、十五分ぐらいに思えることがあります。一息ついて、コンピュータを見てみると、前にはなかったはずの一章がいつの間にか書かれているのです。「私」という意識が消え去り、「タオ」がとって代わり、私を通して創造したのです。多くの芸術家、ミュージシャンや発明家が、傑作が生まれた時のことを、小さな自己が大い

なる自己に溶け入り、驚くべき作品ができあがったと伝えています。

ずっと前から、「タオ」はさまざまな呼ばれかたをされてきましたが、最近一番言われている言葉は、「ゾーン」でしょう。「ゾーン心理学」と言われる分野全体から派生した呼ばれかたです。ゾーンとは、普通の状態を超越して、特別な結果を成し得る意識の状態のことを言います。ゾーンを、宇宙にある部屋だと考えてみましょう。そこでは、すべてのものがもっとも高い潜在力を発揮しているのです。この部屋では、難のない美しい流れのもとで、すべてが完璧に作用しています。キリストは「私の父の王国には家がたくさんある」と言いました。それは、同時に存在する現実は無限にあり、入っていく場所次第で、それぞれが現実となると示しています。スピリチュアルな学びの習得は、あなたが住まう部屋を意識して選び、それを自分や他人の幸せのためにどう使うかにかかっています。すべての人間は、ゾーンに入って、そこからギフトを得る能力をもっています。そして、皆それぞれ、時々はそれを経験しているのです。「心の科学」を提唱したアーネスト・ホームズは、「すべての人のための最上階の部屋がある」と述べています。

どんどんやることを減らしていくと
ついには何もしない「無為」の場所に行きつく

「無為」の場所では
何もしないでいても
すべてがなされていて、やり残したものなどなくなる

〜四十八〜

ゾーンへの扉

あなたはきっとこう問いかけるでしょう。

「ゾーンが誰にでも可能ならば、どうしたら私はそこに入って、そのギフトを受け取れるのか」

その答えを聞いて、あなたは驚くかもしれません。

「**元気が出て、自分が幸せを感じることをする**」だからです。

それだけです。とてもシンプルですが、真の理解と実践が必要になります。一体どんな感じなのか、これからご説明しましょう。

たとえば、ホテルの部屋のドアを開けるために、あなたは磁気設定をされたカードキーを必要

としますね。それと同じように、あなたの心や感情の状態がゾーンの扉と一致した時に、そこへ入ることができます。そのカードキーの設定には、根本に苦しみや痛み、犠牲心、抵抗や不満などの重くて暗い周波数は決して含まれません。喜びや信頼、流れとともにある肯定的なヴィジョンなどの軽くて明るい周波数が、常に根本にあります。怒りや混乱、素直さが欠けた状態では、ここからゾーンへは入っていけません。まず、意識を高める必要があるのです。自分の嫌いなものをやりながら、大好きなところへは行けません。苦しみを通じて楽になることも、葛藤を通じて平和な気持ちにもなれません。犠牲を払って完全性を手に入れることも、自己否定をしながら自分を肯定することもできないでしょう。つまりは、あなたが望む体験をしていれば、それに近い心の状態でいることができるのです。もちろん、一夜のうちに幸せを完全に習得する必要はありませんが、少なくとも少しずつでもその方向性へと踏み出す必要があります。『奇跡のコース』は、奇跡が起こるのに必要なものは、「少しの意欲」だけだと言っています。何か自分を幸せにしてくれることをすれば、ゾーンが自分を見つけてくれる可能性を最大限にできます。

さあ、ではここで少し考えてみましょう。人生で何をしている時が一番喜びを感じますか。それはダンスかもしれません。楽器の演奏かもしれません。芸術作品の創造、庭仕事、子どもたちや孫たちと一緒にいること、ペットと遊ぶこと、旅行、あるいは、ほとんどの人が選んだり、理解できないような珍しいことでも、あなたに幸せを感じさせてくれるかもしれません。いずれにしても、もしそれがあなたに喜びを運んでくるなら、それをする充分な理由になります。自分の喜びを説明したり、証明したりする必要は、誰に対してもありません。幸せとは、自己を肯定することです。

コーチングを受けにきたクライアントが時々私にこう尋ねてきます。「私が一番情熱をもてる道を見つけて、自分の人生の目的を知るにはどうすればいいですか」と。

私はこう答えます。「あなたがもっとも楽しめることを、二つか三つ言ってみてください」すると、クライアントは答えます。たとえばこんなふうに。

「ギターを弾いたり、日記を書いたり、海岸を歩いたりするのが大好きです」

そうすると、私は真剣な声でクライアントに言うのです。「今、まさに神からメッセージを受け取りました。神は、生きる目的を満たし、幸せになるために、あなたがすべきことをそのまま伝えていらっしゃいます。聞きたいですか?」

「ええ、もちろん!」とクライアントは興奮して答えます。

「何か書くものはお持ちですか?」と次に私が尋ねると、クライアントはさらに興奮して言います。

「はい。ここにあります。早く教えてください!」

演出の効果を高めるために、しばらくの間、私はクライアントを焦らします。そして、最後に、彼、あるいは彼女がもうこれ以上待てないほど気持ちが高まった時に、私は言います。「あなたの真の情熱と人生における目的を見つけるために、神はあなたにギターを弾き、日記を書き、そして海岸を散歩するようにと言っています」と。

伝えるまでのプロセスは冗談じみていますが、メッセージは真剣なものです。人生の目的は、本質的にあなたの情熱に直結しています。そして、その情熱は今立っているその場所に在ります。「情熱なんて少しもない」「自分の情熱が何か分からない」などとあなたは反論するかもしれませんが、あなたに情熱があるのは、**間違いない**のです。なぜなら、もしないのであれば、生きてはいないはずだからです。

あなたの一部が情熱を見失っていても、違うもう一部がちゃんとその場所を覚えています。あなたの人生の道と目的を知るその一部に尋ね、それを明らかにしてもらいましょう。きっとそうなります。人生全体の目的を描く大きな絵を把握しようとするなら、ぼやけてしまい、混乱させられるかもしれません。今すべてを一度に知りたいと思えば、より重荷に感じさえするでしょう。しかし、今すでに存在する情熱に従っての行動からはじめれば、その一歩がたとえ小さなひとしずくだったとしても、それはいつか流れを生み出し、そして力強い川になっていくでしょう。私は、こんなふうにして、今まで何千という人たちを導いてきましたが、ほぼ誰もが、少なくとも自分の情熱的な目的から出ている糸を、見つけることができました。その糸が、あなたを真の家路へ導いてくれます。

大好きなことをすれば、あなたが伸ばしたその手を握ろうと、神の恩寵が降りてきます。もちろん、自分を完全に表現できるようになるために、スキルを広げ、実践しなくてはなりません。しかし、喜びの拡大が目的であれば、鍛錬も喜びの敵ではありません。それは「blissipline」(bliss 喜び ＋ discipline 鍛錬の混合造語)、つまり「喜びを伴う鍛錬」になるのです。望むことを成し得るために、今できる一歩を踏み出しましょう。そして、「タオ」に余白は埋めてもらいましょう。ゾーンに無理やり入ろうとしないことです。そうしようとしてできるものではありません。挑戦は逆効果となり、招き入れてはもらえません。意図と行動、タイミング、相性や流れ、手放しをし、それらの結果として、ゾーンへ踏み入って行くのです。ですから、ただ自分の役割をこなせばよいのです。そうすれば、宇宙は宇宙の役割をこなしてくれます。

生み出して養い
生み出しても自分のものとはせず

成し遂げてもそれに頼ることはせず
導きを与えても、それを強いることはない
それが徳の根本にある徳である

〜十〜

もうひとつの扉

ゾーンへ入るもうひとつ別の扉には、「あなたが苛立ちを感じることはやらない」と書かれています。自分の好みではないことをしたり、しなければならないと抵抗を覚える時、あなたとゾーンとの距離は広がり、その扉を見つけるのが困難になります。「タオ」を求めるためには、その抵抗を感じる活動そのものを手放すか、あるいはその活動のなかにある平和を見出さなくてはならないでしょう。すべてのあなたの行動は、自分により大きな生きる力をもたらすか、あるいは、生きる力を失わせるかのどちらかです。両方を部分的に持ち続けることはできません。あなたでいるか、あなたではいないかのどちらかです。自分とともによりいきいきと生きる方向性へと向かっているか、あるいは自分を忘れてしまっているかのどちらかです。

紙を一枚取り出して、真ん中に上から下へ線をひきましょう。左側のスペースの上に、「私に活力を与えてくれるもの」、右側に「私の活力を弱めるもの」とタイトルをつけてください。そして、それぞれのテーマに合った行動のリストを書きこんで行ってください。行動の大きい、小さいは関係ありません。**正直に書くことだけが、このワークを上手くいかせる条件です。**両方のリストを書き終えたら、あなただけの、もっとも近くに在るゾーンへの入りかたの地図のできあがりです。『老子道徳経』では、短く、こう書かれています。

あなたに活力を与えるものをやりなさい
活力を弱めることを止めなさい

誠実な意図をもってこの道に沿って歩けば、あなたの旅路は、光の速度に高まって進んでいくでしょう。すべての価値ある宗教もスピリチュアルな道のり、哲学も、この一言に尽きるのです。さて、そしてそれを実行するかしないかは、あなた次第です。

世の中が何を必要としているかを、自分に問う必要はありません
代わりに何があなたをいきいきとさせてくれるかを問いなさい
そして、そこに行き、それをやりなさい
なぜなら、世の中が必要としているものは、いきいきと生きる人々だからです

〜ハワード・サーマン〜

ゾーンは、天と地が交わる場所です。あなたが今まで何を言われてきたかに関わらず、真の幸福は、人生があなたに生きて欲しいと願う場所にあります。『奇跡のコース』は「神が私に望んでいるのは、完璧なる幸福です」とあり、私たちにそのことを覚えていくように言っています。この世界であなたが行くべき場所や満ち足りた人間関係、そして溢れるほどの豊かさは、まさにこの瞬間にもあなたを求めています。しかし、まずはあなたがそれらを受け取らなくてはなりません。ゾーンを探している時、一方では、ゾーンがあなたを探しているのです。ゾーンに自分を見つけさせることができれば、奇跡が起こります。そうすれば、できなかったはずのことを可能にした、あの小さなジェイソン・マクエルウィンに、今度は**あなたが**なれるのです。そして、誰もあなたを止めることはできないでしょう。

「道」に従って進もうとするものは
「道」とひとつになろうとする
「道」とひとつになろうとすれば
「道」もまたその者を歓迎し、受け入れる

〜二十三〜

「主義」を卒業する人生

「道」の在りかたは
永遠に名付けようがないものである
それは素朴でいて小さいのに手に収まるものではない
しかし、指導者がその「道」の在りようを模範にすれば
万物は自ずから従い、何事も上手くいくであろう
天と地は和合し、優しい雨を降らせるだろう
人々にはもはや命令は必要なく
万物は自ずから行くべき道を行くだろう

～三十二～

老子はもともと型破りな考えかたをする人でした。現実はあまりに広大であり、それを表せる概念などないと、彼はすでに知っていました。すべての人が制限のない広大な海原にアクセス可能であるにかかわらず、四角いマインドを組み立てて生きようとしています。しかもそのマインドのなかには一切真実はないのです。禅の師は、「指で指さしているのは月なのに、指を見て月を見ないような過ちをしてはいけない」と言いました。言葉、哲学や宗教は、月を示す最高の指でしょう。それらは、思考では把握できないものへと導きます。しかし、もし指そのものをあなたが崇めてしまったら、宇宙もあなたには指しか与えません。老子は私たちに指を超えて、月明りを浴びて欲しいと言っています。

師は『老子道徳経』の一番初めに、言葉にできない無限についてこう紹介しています。

これこそが「道」だと示せるのであれば、
一定不変の真実の「道」ではない
これこそが「名」だと表せるようなものは、
一定不変の真実の「名」ではない

〜一〜

しかし、私たちは必死で、「タオ（道）」を「タオ主義」、「タオを実践する者」あるいは、「タオの人」などと呼んで限定しようとします。その呼びかたを通して、「タオ」を自分はこう捉えたいとの希望を表していますが、実際は捉えることなどできません。その人たちのマインドがもつ目的のもと、つけられた呼びかたですが、それは「タオ」そのものではなく、むしろ結局彼らの考えかたを限定し、閉じ込めてしまうだけなのです。優秀な心理学者、カール・ユングは、「自分がユング主義者ではないことを神に感謝する」と言いました。老子もまた自分のことを「タオ主義者」とは呼びません。自分が長く信じているものの高貴さや役立ちを知っているからこそ、老子は名付けて限定しようとはしないのです。彼の教えについての「主義」的思想が育ってきた時でも、老子は「そのように真実を型にはめてはいけない」と警告さえしました。もし当時の私が何か思想的な活動に従事していたとしたら、「タオ主義」はきっとすばらしいと思ったでしょう。しかし、その集まりに老子を見つけることは決してできなかったに違いありません。彼は、集まりに出ることなく、自分の家でこう書くでしょう。

目を凝らして見ようとしても、見えない
耳をそばだてて聞こうとしても、聞こえない
手で探り取ろうとしても、触れない

これら三つのものは、定義を超えているものであり
故に、もともと混じり合っていてひとつなのだ

～十四～

愛しなさい、ラベルを貼ることなく

エゴは、本来は制御不能である宇宙さえも、コントロールしようとします。私たちの心細い気持ちが和らぐようになどと称して、分かりやすくタイプ分けした箱を果てしなく作り上げ、それをまたきちんと積み重ね、コントロール可能だと信じさせようとします。しかし、根本的な不安は何ら変わらないのです。たとえば、私が犬をつれて歩いていると、人々は皆同じ質問をします。「犬種は何ですか」「何歳ですか」「どこで手に入れたのですか」などです。そして、人に対しても私たちは同じような見方をしています。誰かのことを説明する時に、「のりこはスラっとしていて、長い髪の魅力的なアジア人女性です。たぶん三十五歳ぐらいでしょうか」と言ったりするでしょう。そのひとつの文章のなかで、私たちはすでに、生命力に溢れるスピリットには言及せず、たった七つのタイプ分けの箱を使います。それらは、名前、体つき、見た目、人種、性別、髪型

そして、年齢などです。これでは、孤独で傷つきやすく、満たされない気持ちになっても不思議ではありませんね。私たちは、自分自身や他人について考える時、だいたいが、違いやレベルの上下、偏った見方をベースにしています。マーク・トウェインは、「比較は、喜びの死である」と言いました。

ほとんどの人は、真の自分は無限であるのにもかかわらず、身体だけの存在だと思っています。たとえば、マッチ・ドットコム（出会いを提供するサイト）で検索をかければ、最初の検索基準として「外見」があります。デートをするかどうかを決めるうえで、人柄を考える前にまずは、見た目の写真がなくてはならないのです。肉体が一番、スピリットは二番（言うなれば、ですが）。しかし、外見をこんな感じだと言われ続け、決め付けられると、気持ちが落ち込んでいきます。真実やスピリットのエネルギーの大きさを見落としているからです。そうなると、三十五万人ものアメリカ人が定期的に抗うつ剤を服用したり、アルコールや一時的な快楽のための薬などに依存するのも不思議ではありません。また感覚をじわじわと麻痺させていくような、テレビ、インターネット、ビデオゲームやスマートフォンに依存していくのも不思議ではありません。自分自身を、肉体だけで死にゆく存在として閉じ込めるのは、肉体という自分の一部しか見ないと意味します。そして、そうすることで、私たちは死を恐れるようになり、異常な人生へと駆り立てられるのです。

しかし、一方で良いニュースもあります。私たちには肉体がもつ境界線をはるかに超えて、広がっていくもうひとつの部分があるのです。そして、老子は、次のように記して、私たちにそれを知って欲しいと思っています。

やって来るのを前から迎えても、始まりはみえず
後から付いて行っても、終わりは見えない
ただ、古くからの本来の「道」とともに居ればよい
そして今、目の前のことに「道」を守って進んでいけばよい

〜十四〜

スピリチュアルな旅路は、形あるものから形なきものへ、肉体から魂へ、束縛から自由へと私たちを誘います。これは、すべての人間が最終的に歩かなくてはならない道です。最終的には、すべての川は大海へと流れ、私たちは皆「タオ」へと戻ります。つまり、私たちが貼られたラベ

ルを乗り超えて、可能性を伸ばそうとする時は、家へ還ろうとしている時なのです。

ある日、とても綺麗で小さな黄色い小鳥たちが、家の芝に降り立ちました。私は愛するパートナーであるディーに「何という鳥なのか、ネットで調べてみようか」と尋ねました。「やめておきましょうよ」と彼女は答えました。「名前は知らなくていいわ。私はありのままの彼らを楽しみたいから」と。

なんて、新しい考えかたなのでしょう！　もし私たちや友人たちも同じように、息が詰まるようなタイプ分けから自由になったらすばらしいと思いませんか？　私たちはお互いのありのままの姿を見ていないのかもしれません。とても高度なフィルターのかかったレンズを通して見ているのです。もし、自分や友人の真の本質が見えるとしたら、きっとまばゆい光のみを見ることでしょう。他のものはすべて、後から幾重にも身に着けたものです。

知性は、人生をより小さく詳細に分析しなくてはと急かされます。「専門家とは何もないことについてすべてを知るまで、より少ないことについてもっともっと知ろうとする人である」ということわざもありますね。それに反して、スピリチュアルな師は、より多くのことについて、より少なく知ることで、すべての真実を知っていきます。

完全なものを刻み解体した途端に
部分部分に名前が必要となる
すでに充分な名前が付けられたのなら
今度はいつ名前を付けるのをやめるかを知らなくてはならない

〜三十二〜

星と百合の花

宇宙は全く完璧に創造されていて、私たちの手で改善すべきところなどありません。自然を抑え込もうとする人類の試みは、私たちを生み出した源から分離させ、結局のところ、私たちを救ってくれるはずのものを破壊しています。カメラは原始の森の美しさや偉大さを映し出すことはできますが、創り出せはしません。スマートフォンがいくら多機能でも、惑星を自由に動かせはしません。神は常に私たちにささやきかけていますが、私たちはその声を聞く時間をめったにもとうとしません。私にとって、自然は教会のような場所です。自然のなかを歩くと、「タオ」を知ることができます。教会っぽい建物や、祭壇、儀式なども必要ありません。人間は壮大かつ荘厳な大聖堂を創り上げましたが、そのどれも星いっぱいの夜の感動を超えることはできませんでした。

十九世紀の米国の哲学者でもあり、文学者でもあったラルフ・ウォルド・エマーソンは、こんなふうに言っています。

もし星が千年に一度、一夜のみ輝くとするならば
人はどのようにして神を信じ、崇拝し
幾世代にもわたって、かつて見た神の都の記憶を
保ち続けることができるだろう
しかし、毎夜これらの美の使者は姿を現し
諭すように微笑みながら、宇宙を照らすのだ

キリストもまた彼の時代の言葉で、同じような教えを説いています。

野のゆりがどうして育つのか、考えてごらんなさい

働きもせず、紡ぎもしないのに
そして、わたしはあなたがたに言います
栄華をきわめたソロモンでさえ
このような花の一輪ほどにも着飾ってはいませんでした

キリストと老子は、きっと気が合ったことでしょう。彼らはどちらも、私たちの内側と周囲にあるすべての美と恵みの源を理解していました。

常に変わりなく無欲であれば
その唯一の神秘を認識できるが
常に変わりなく欲望をもっていれば
その神秘が創り出す現象を見るだけである
これら二つの神秘と現象は同一の源より生まれ出てはいるが
異なる呼び名をもつ……

思い込みを超えて生きる

すべての思い込みは、それが一時的なものだとしても、真実とは異なるものへと育っていきます。そして、いつかは自分が今信じていることすべては、本当ではなかったのだと気づく時がやってくるでしょう。自分の真実について分かってくるほどに、真実に従ってマインドが変わっていきます。そして他人に対して、自分の今のやりかたが唯一で正しいのだとも議論しなくなるでしょう。ある日、今までのことが間違っていたと証明され、他でもない自分自身がそれを知ることになるのです。しかしそれは、実は喜びに満ちた日になります。なぜなら狭い部屋を去って、より大きな場所へと踏み出していく日なのですから。

ずいぶん昔、菜食主義者だったことがあります。食物連鎖において下に位置するものを食べるのが健康的で、倫理的であり、それが地球の健全性に通じるのだと信じていました。また植物をベースとした食事は、平和を人に与えると教えられていました。しかし、ある日、今一度その考えかたを見直さざるを得ないドキュメンタリー番組に出会いました。アフリカのサンブル民族とある一定期間暮らした英国の女性、ローディア・マンの冒険を描いた『星に導かれて～サンブル族への道（Guided by the Stars: The Stargate of Samburu）』という番組です。彼女の説明によると、サンブル族の食事は肉と血と牛乳から成っていて、それは菜食主義者にとっては悪夢でした！　しかし、サンブル族の人たちは、とても健康で、スリムで活力に溢れていました。番組のなかで、彼女はハーブを使って施術するレシァ・ラングという名のヒーラーと会っていましたが、実年齢は七十代にもかかわらず、四十歳ぐらいにしか見えませんでした！　またサンブル族は、大変平和的で、霊的に進化した文化ももっていました。攻撃的な争いの多い民族に囲まれた地域に暮らしていましたが、平和主義者のサンブル民族は、彼らの戦いに関わりをもちませんでした。

そして、それらの情報が私を思い込みから解放してくれました。健康的で若々しく、スリムで平和な気持ちをもって生きるためには、草原の牛たちの元を去り、食卓に並んだ彼らも遠ざけなければならないとする思い込みです。私はまた、ストイックに熱心に菜食主義の食生活をしている人たちのなかには、病気になったり、若い内に亡くなった人もいれば、精神的に不安定になったり、独りよがりな人もいると知りました。そんなわけで、自分の思い込みから逃げたい思いと同じだけ、食生活と健康や生きる姿勢の関係性には、確固たる線引きなどないように思えました。軽めの食生活は今も続けていますが、それは自分の気分が良くなるからであり、倫理的で環境的にも価値があると信じているからです。そして、また一方で、私とは異なる食生活を選択する人たちのことも理解し、尊重しています。

人の苦しみは、食生活よりも偏狭なマインドと攻撃的なまでの思い込みから、より多く生まれます。キリストも「口に入るものは人を汚すことはない。口から出るものが人を汚すのである」と言っています。正しくあらねばと思うと、物事をかえって間違った方向へと動かすのです。もし不安定な宗教や政治、文化、教師、配偶者や親たちが、自分たちの考えかたへと人々を強制的に引き入れようとしなくなれば、暴力は減り、その未熟な独りよがりな考えかたを超越した人間性が育まれ、社会全体も急速に発達していくでしょう。

もしこの「道」のはたらきを守り続けるなら
万物はそれぞれ自ずから成長していくだろう

〜三十七〜

師のところに行く途中のある村を通った時のことだった。村の中央にある広場に、人だかりができていた。人をかき分けて進んだ先には、ひとりの男が地面に腹から血を流して横たわっていた。彼のそばには女がひざまずいて、傷口に布を押し当てている。年配の男が自分の上着を丸めたものを、横たわる男の頭の下に枕代わりに敷いてやっていた。横たわる男は、青白くとても弱々しく見えた。彼は死んでしまうのではないだろうか。

「何があったのですか」

私は隣に立っている人に尋ねた。

するとと彼はこう私に説明してくれた。

「この男は仕事を探して、この村にやってきたんだが、正郭《ジェングォ》が彼を収穫の人手で雇ったのだ。そして、彼に収穫した一部を賃金代わりに渡す約束をしていた。でも働きが終わった後、正郭は彼に自分の取り分の一部を、正郭の家が崇める、後濟《ホウジー》という神に供えるようにと言った。でも彼は自分は神を信じていないから、供えはしないと答えて、そのことが原因で口論になった。そして、とうとう正郭が彼の胸をナイフで刺したんだよ。正郭は彼に『後濟の前にひざまずかない者は死に値する』と言ったんだ」

震えがきた。私は急いでその場を去り、老子のもとへと向かった。

私は老子に事の次第を話し、神への供物の有無をめぐって、なぜその男は人を刺したりしたのかを聞いてみた。

「人々は自分の力のなさを感じて、不安になっているのだ」と彼は言った。

「であるから、外側にいる神や宗教的な儀式、また自分を救ってくれると信じる対象を信心しようとする。そして、彼らは自分以外の人たちにもそうさせようとするのだ。自分を正しいと思いたいがためにね。そして、自分と同じものを信じない者がいたら、排除しなくてはと思うようになるのだ」

「なんて、病的な考えかたなんだ！」と私は思わず叫んだ。

「その通り」と師はうなずいた。そしてこう続けた。

「しかし、人間は今までも多くのそんな思い込みに犠牲を投じてきたのだ。『タオ』とそれがすべてを包み込む自然の広大なはたらきを覚えてさえいれば、私たちは正しいマインドを回復し、世界との調和を保つことができる。自分を正当化するために、他人を自分に賛同させようなどと思う必要もないのだ」

師の言葉は納得できるものだった。

「ということは、宗教や伝統、宗教的儀式は排除すべきということですか」

「そうではない。純粋なる意図のもとで行えば、それらもよいものとなる。宗教も人を結び付けるはたらきをすれば、『タオ』の表わすところとなる。しかし、宗教を互いに傷つける理由に使うのであれば、それは『偉大なる道』を見失っているということだ。私は宗教とは『優しさ』だとしている。互いに助け合えば、それがとても小さなものであっても、私たちはすべての宗教の目的を満たすことになるのだ」

師は私の前に、茶碗に入れた白米と野菜、そして一杯のお茶を置いて、言った。

「少しでも何か食べなさい。辛い一日だっただろう。今日見たことに心を動揺させないようになさい。心が平和であれば、それがそのまま神への最高の祈りとなるのだから」

唯一の真の宗教は、
善良な心から成ると私は信じる
〜猊下 ダライ・ラマ〜

誰が「タオ」により近いか？

「タオ」はあなたから離れたところにあるのではありません。あなたを包括しています。分離がベースにあるものが押し付けてくれるのは、幻想のみです。そしてその幻想は、人間をずっと痛みのなかに閉じ込めようとします。キリスト教原理主義者たちが、コーランを大量に焼くと公言したのを聞いた時、私は自分の師に、なぜこのような偏狭なマインドをもつ原理主義のグループに魅せられる人々がいるのか聞きました。彼女は答えました。「自分で考える必要もなく、自分が正しいと感じることができるからよ」と。

対照的に、パキスタンのペシャワールにあるオールセインツ教会で起こった事件を考えてみましょう。過激派のイスラム教徒が、教会から出ようとしたキリスト教信者を、少なくとも八十人殺めました。翌週、二五〇人が教会を取り囲みましたが、そのほとんどはイスラム教徒でした。なんと彼らはつないだ手を挙げて、人の鎖をつくり、教会からキリスト教徒が無事に出れるように守ろうとしたのです。コーランを焼こうとするキリスト教徒と、キリスト教徒を守ろうとするイスラム教徒のどちらが、「タオ」に調和して生きていたと言えるでしょうか？　答えは明らかです。イスラム教徒が『老子道徳経』を学んだ経験があるとは考えにくいことです。彼らはただそれとともに生きていただけです。また他のスピリチュアルな道のりを尊重し、分離よりもつながりを求めているキリスト教徒ももちろんいます。そんな彼らこそがキリストの真の弟子たちです。

もし他人を誤りとすることで、自分の正しさを証明しようとするのであれば、「タオ」のなかには居場所は見つけることはできないでしょう。

『奇跡のコース』は、私たちに「正しくありたいですか？　それとも幸せでありたいですか？」と問いかけます。自分だけが正しいとの思考の沼にはまってしまえば、あなたは「偉大なる道」から逸れてしまい、「タオ」が差し出すギフトを受け取ることはないでしょう。

それを信じていない人を
嫌うように仕向けてくるものこそ
決して信じてはいけない

〜ロバート・ブロー〜

「タオ」に従うのであれば、あなたは常に正しく居ることができます。なぜなら、「タオ」はすべての状況ですべきことを知っているからです。そして、あなたを完璧に導くでしょう。翌週、翌年には、今日の行為はまったく不適切なものになるかもしれませんが、それでもよいのです。ガンジーは「私は、一貫性にではなく、真実に献身している」と言っています。安全を感じるために、固く思い込みをもち続けたい人たちは、「タオ」には魅力を感じないでしょう。しかし、形なきものこそが、すべての形を創造できると信じる人たちのみが、無限の広がりのなかに居場所を見つけることができるのです。

音楽やごちそうとなると、通りすがりの人も足を止めるかもしれない

しかし「道」には形も味もなく、描写をするのは不可能である
見ることもできなければ、聞くこともできない
しかし、そのはたらきは尽きることはないのだ

〜三十五〜

慣習（社会制度や法令）の有効期間

私たちは、社会制度も含めて、長く慣れ親しんできた多くの慣習がある時代に生きています。そのなかには、時を経てその目的自体が曖昧になってしまったものもあれば、あまりに腐敗してしまい、逆に害を及ぼしているものもあるでしょう。政府や政治、経済や教育、福祉や宗教、メディアなどがもつ重要な役割も機能しなくなってしまいました。人との関係性や結婚も、真実よりもむしろ幻想にもとづいています。こんな社会の慣習のなかでも、本来のヴィジョンに忠実に生きている人たちもいますが、少数派と言わざるを得ないでしょう。組織というものが、人々にとても重くのしかかるようになると、それらは次第に、あるいは突然に崩壊し、より新しい、より「タオ」に調和する目的をもった形へ変化し始めます。宇宙は、永遠に軌道修正し続け、より

高いレベルの現実を目指していくのです。

古典的なヒンズー哲学では、私たちが今生きている時代を「カリ・ユガ」と呼び、創造主が意図する場所からもっとも離れた暗闇へと、人類が迷い込んでいる時だと言われています。そして、私たちがとうとう光に向かう以外に何も見つけることができないと悟れば、自分の霊的な使命を思い出す方向へと突き動かされるだろうと言われています。そして今、個人にしても、集団においても、そんな兆候が確かに起こっています。一方で、暗闇の要素は常軌を逸するほどに、拡大しています。そんな暗闇の強まりは悪夢をまざまざと見せつけるに違いありません。そして、私たちは目覚めるしかなくなるのです。このような成長の仕方は、快適では決してありませんが、しかし必要なものです。

「タオ」に調和して生きるためには、自身の属している慣習的なものや組織をしっかりと見てみましょう。そして、それらとそれらに参加することで、「タオ」を反映できているか、それらが本来の作られた時の目的からもはや外れてしまっていないかどうか、自分に今一度問うのです。何があなたの人生を「タオ」により調和させてくれるのでしょうか。それは慣習の内側か、それとも外にあるものでしょうか？　こんな自分への問いかけは、最初は辛いものかもしれませんが、最後にはあなたを自由にしてくれるはずです。すでに機能していないシステムに参加し続けていると分かった方が、そのままそこに居続けるよりもましです。今までの何かがもう役立っていないと理解することは、また何かを役立たせる第一歩になります。冒険に必要な道具を自分の前に置きましょう。現実に縮こまらずに。あなたは真実を思い出すように、求められているのです。

偉大な徳とは、「道」に従うことである
ただひたすら「道」のみに従うことである

～二十一～

あなたの信頼が息づくところは？

誰もが強く信頼する何かをもっています。信頼を置くものが、自分が手にする結果を決定します。箱を信頼するならば、あなたは箱のなかに住むことになるでしょう。限界のないものを信頼するならば、あなたは自由に暮らせるでしょう。すべての「主義」はそれなりの作用を生み出しますが、ある地点で、「タオ」を知る者は、それらを超えて成長しなくてはなりません。「タオ」

は万物を尊重し、それらを使いますが、それらに囚われてはいません。真実はボトルに詰めて自分のものにすることはできません。著作権をもったり、ブランド化したり、売ったり、人々を信じるように脅かすこともできなければ、信じない者の頭をそれで殴ることもできません。あるいは、自分のものが唯一の真実で、他はすべて違うと主張もできません。「これだけが真実です」とあなたが言う瞬間は、他のものすべてを排除することになるのです。だからこそ、「タオ」は最終的に沈黙へと導きます。静かな沈黙の場所では、言葉を超越した豊かさを見つけることができるのです。エゴは私たちに沈黙を避けるようにと促します。なぜなら沈黙は空っぽだとするからです。一方で、スピリットは沈黙へ飛び込むように励ますのです。そこは満たされているからです。

やみくもな信頼は、むしろ視野を失くします。「タオ」は私たちに、信じるすべてを決して思い込まないようにと求めます。しかし、真実と幻想を見分けるためにのみ、「真実」と呼んで、真実としているのです。

すべての決断には、程度があります。勇気を伴ういくつかの決断だけが、自らすすんで、地平線から出てくる太陽を目にするでしょう。そんな決断とともに生きるよう、あなたは今招待されています。

思い込みによって閉ざされるマインドよりも
驚きによって開かれるマインドを
私はむしろもちたい。

～ゲイリー・スペンス～

未知の領域

車輪は三十本の輻《や》[1]が
中央にあるひとつの轂《こしき》[2]に集まってできている
しかし轂のなかに空洞の穴があってこそ
車輪としてはたらくのである

〜十一〜

「サイエンス・フィクション」の先駆者であるジーン・ロッデンベリーが、『スタートレック』のテレビシリーズを生み出した時、彼の書いたオープニングのメッセージが、二十世紀、またその後にまで、「タオ」のアイデアを人々にもたらすとは思いもしなかったでしょう。「宇宙ー未知の領域」（Space - the final frontier）との言葉は、宇宙は大きな宇宙ロケットでも突き抜けることができないほどの、莫大な広さの領域であると示しています。そしてこれは同時に、平和を見つけるために、私たちそれぞれが乗り超えなくてはならない内なる領域を比喩しているとも考えられます。

普段、頭の中で直感が働く領域が、どのくらい情報で埋もれてしまっているかは、あまり知られていません。マインドを通して、一体どれほどの散り散りの思考が、一日の内に暴れ回っているでしょうか。メッセージやメール、ウェブサイトなど、何回クリックしましたか？　あなたのやるべきリストのなかには、どれほどの仕事がたまっていますか。広告にどれだけ気持ちが刺激されましたか。地下鉄に乗った時、高速道路を車ですれ違った時、何人の人に会いましたか。テレビのチャンネルを何回変えましたか。衝撃的なニュースを何度目にしましたか。これでは、注意欠陥障害やストレスが原因で罹る病気に多くの人が苦しんでいる事実があっても、驚きではありません。データの量に埋もれて、私たちはまともに考えたり、リラックスしたり、「タオ（道）」に調和する決断ができなくなっています。二千五百年前に、老子は、当時混乱してしまった社会を後にしました。彼が今の世界を目にしたら、一体何と言うでしょう。

1 輻（や）：車輪の軸と外側の輪とを結ぶ、放射状に取り付けられた数多くの細長い棒状のもの。
2 轂（こしき）：車輪の中心の輻が集まる太く丸い部分。

その当時さえも、師は、自分の魂に沿って生きる意図とそこからの逸脱のはざまでの苦しみに気づいていました。そして、彼は、外側の騒音に影響されることなく、内なる静けさのなかに自分自身を見つけるようにと促しました。

ある日の午後、老子の庭を掃いていた時、ひとりの若い女性が門から走り込んできた。そのまま玄関まで行き、泣きながらドアをたたいて叫んだ。

「先生、話しを聞いてください！」

すぐに老子は現れて、外に出てきた。そして、存在感と静けさ、そして冷静さが入り混じった、その独特の口調で彼は尋ねた。

「どうしたんだね？」

「両親が私を好きでもない人と結婚させようとしているのです。彼はかなり年上で、がさつで、横暴な人です。彼と結婚するくらいなら、死にたいです！」

老子はすぐには助言を与えなかった。代わりに、ドアのそばに置かれた木製のベンチに座り、彼女も隣に座るように招いた。師と会えて、彼女は安心したようだった。彼らの邪魔になりたくなかったので、私は数メートル先へ動いて、木を刈り込むことにした。しかし、それでも彼らの会話は聞こえてきた。

その女性は自分の両親、結婚相手、そして自分の人生で上手くいっていないことを他にも延々と話していた。老子はその間、何も言わなかった。ただ時々同情的にうなずいただけだった。

もう少し先の庭仕事へと動いてしまったので、彼らの声はあまり聞こえなくなってしまった。だが、女性の声のトーンが変わってきたのを感じた。時間とともに、彼女が前よりもかなり落ち着いてきた。緊張はほぐれ、唇のまわりに笑みを浮かべさえしているようだった。そしてついに、彼女が立ち上がり、こう言ったのが聞こえた。「どうもありがとうございました。先生は私の話を聞いてくれる完璧な人です。おかげさまで、もうどうすべきかはっきり分かりました」と。その女性はそう言うと、頭を下げて、ちょっと前に駆け込んできた時とは、まるで別人のようにゆっくりと庭を出て行った。

私は師に近づいて言った。

「なんという変わりようでしょう！　すばらしい助言をしてさしあげたんですね」と。

彼は含みのある、ちょっといたずらっぽい笑いを浮かべた。

「一切何も助言はしてない」

「彼女がどうすべきか言わなかったのですか。彼女はあなたと話した後、とても自信をもてたように見えましたよ」

「そんなにたくさん会話を交わしたわけではない」

彼は答えた。

「彼女がほとんど話していただけだ」

私は混乱した。

「では、いったいどうやって、彼女をあんなふうに助けることができたんですか？」

「私はただ彼女に空間を与えただけなのだよ。彼女は混乱していて、吐き出す場所が必要だった。彼女は私に話すのは安全だと考えていたから、自分の心をさらけ出した。問題は彼女の婚約者ではない。問題は、彼女が自分で自分が見えなくなり、自分の声が聞こえなくなっていたことだったのだ。私が彼女の話をすべて集中して聞いてあげたことで、自分は充分に大切にされるに値すると感じたのだろう。それで安心したら、何をすべきかがクリアに見えたのだ」

老子が言葉をほとんど発することもなく、誰かを救えたことが、にわかに信じがたかった。なので、私はきっととてもびっくりした顔をしていたに違いない。

「こっちへおいで」

師はそう言って、家の中に招き入れた。そして、部屋の隅っこに置かれていた木箱から丸めた紙を数枚出してきた。そして、筆とガラス瓶に入った墨を手に取った。彼は白紙をテーブルの上に広げると、ゆっくりと「空（くう）」と書いた。それからも、「空」と何度も書いた。次から次に。また次も。たぶん五十回近く書いただろう。その紙は、その言葉「空」で埋め尽くされた。

「何が見えるかね？」と老子が聞いた。

「空ですか？」

「もう一度見て見なさい」

私は紙を見続けた。しかし、他の答えは思い浮かばなかった。

「君は、空をみているのではない。君は、『空』という字で埋まった紙を見ている。しかし、その字自体は、空間の体験と同じではないだろう。では、本当は、この紙にどれだけの空間があるかね？」

私はもう一度紙を見て言った。

「ほとんどないと思います」

師は二枚目の白紙を取り出し、またテーブルの上に広げた。紙の中央に彼は、「物」と書いた。

「さあ、今度は何が見えるかい？」

「物？」

「もう一度見てごらん」

私は後ろに下がり、そして、何も書かれていない部分が、紙の大部分であると気づいた。

「この白紙にたくさんの空間が見えます」

彼は、まるで私がとうとうたどり着いたと言わんばかりに、にっこりと笑った。

「で、『物』はどのぐらいクリアにみえるかね」

「とてもクリアに見えます。最初の紙にたくさんごちゃまぜに書かれていた時よりもはるかに」

「空間の目的は、コントラストを生み出すことだ」と師は説明した。

「空間と物をバランスよくもてれば、物はクリアになり、空間もまたそうなる」

彼は最初書いた紙に手を伸ばし、それを二回目に書いた紙の横に並べて置いた。

「どちらの紙を見た時に、君はより平和な気持ちを感じるかね」

質問されるまでもなかった。最初の方は、雑然としていて醜かった。二回目は、ほっと息ができた。

「こちらです。もちろん」

私は師にそう答えた。

「自分自身に、ありのままで居られるような空間を与えなさい。他人にも、彼らがありのままで居られるような空間を与えなさい。そうすれば、すべては自ずと明確になるから」

老子はまた紙を丸めると、それを床に置いた木箱の中に仕舞った。それから、私にたった今学んだことをじっくりと吸収できる空間を与えるために、彼は部屋を出て行った。

何にも囚われることなく、自分を空にせよ
そうすれば、マインドが深く静かになっていく

～十六～

自分の内側を見ることへの恐れ

「何かやらなくては」との強迫観念は、外側にあるものから課せられているわけではありません。それは、あなた自身の選択によるものです。休みのない行動は、私たちが自分自身と向かい合うことのないようにと、エゴによって企てられています。エゴは私たちに、そんな行動は避けられないのだと思わせます。そして私たちも自分の内側を見るのを恐れるあまり、走り続けることを選びます。自分の内側に向かい合うと、とても重たい痛みや闇をそこに見出し、自ら死に急ぐことになると私たちは信じています。ですから、私たちは、外側の世界に没頭できるような、使い走り、仕事、義務、問題、人間関係のドラマや緊急事態などの終わりのない流れを、自分で創り出しているのです。

ジェームス・サーバーは「すべての人間は、何から逃げているのか、何に向かっているのか、それはなぜなのか、死んでしまう前に学ぼうとすべきである」と助言しています。外側の世界における成功への探求を脇に置いて、代わりに高価な真珠を探して、自分の内側へと意欲的に飛び込めるような勇気ある人はあまりいません。しかし、人生を費やしてこの地球上を歩き回り、数えきれないほどの試みと失敗を体験すると、外側のものでは自分を満たしてはくれないと、私たちはやっと気づきます。探し求めている宝物は、魂の充足なのです。魂が満ち足りると、外側の世界もまた後から付いてきます。

自分自身とともにいる空間をもてれば、とても差し迫って重たく感じていた数々の問題が、その力を失っていきます。その問題のみにフォーカスし、自分よりも問題のほうが大きいと思い込み、自分の力を明け渡した時のみ、問題は力をもっている**ように見える**のです。つまりは、私たちは自分ではどうにもできない言い訳として、問題を使っているだけです。しかし、真のあなたは、どんな出来事よりもはるかに深い部分にまで影響力をもちます。キリストは、「あなたがたのうちに居るのは、世にある者よりも大いなる者なのである」と言いました。老子は「『タオ』は万物の内に宿り、万物をはるかに超えている」と言うでしょう。何かをし続けるのを止めれば、私たちはむしろ正しい見方を手に入れて、スピリットの計らいのもと、問題も収まるところへと収まっていくでしょう。だからこそ、多くの偉大なスピリチュアルの師と呼ばれる人たちは、今も昔も皆、休息する時間を大切にしてきました。老子は魂を回復させるために都会を後にしました。そして、この事実は比喩的にも受け取れます。彼は私たちに同じような旅路を促しています。

あなたの魂を大切にできなければ、カルマ的な出来事は押し寄せてきて、あなたを無理にそうさせようとするでしょう。そして、結局は病気を患ったり、病院へ行くことになったり、鬱的な症状が出たり、仕事の失敗や離婚、他にも何か「突きつけられる」体験をすることになるかもしれません。そして、それはすべてあなたに自分の痛みを知り、根本から癒すように要求してきます。そういう意味においては、すべての破綻は恵みだとも言えますね。破綻が突破口へと導けば、良い体験となるのです。

このような大変化について、「タオ」は以下のように大きく、明確に謳っています。「ずっとやってきたことが、自分自身や、自分の愛するもの、自分の人生から切り離してきたのです。このメッセージをどうか受け取って、必要な軌道修正を行いなさい。そして、真に大切なものへと戻るのです」やっと「タオ」に耳を傾けた時、あなたは感謝とともに、謙虚にひざまずき、あなたを我を忘れた崖っぷちへとこれ以上走らせまいとする宇宙の思いやりに触れるのです。

「道」は空っぽであるが、
そのはたらきは疲れを知らず、
無尽で、万物の根源である
「道」の内に在れば
鋭い刃先はスムーズになり
ねじれもつれたものは解きほぐされ
太陽は雲とともに、その光をやわらげる
そして、すべての塵までが、ひとつに集まるのだ

〜四〜

「する」から「在る」へ

たくさん行動すれば、成功できると信じているかもしれません。しかし「する」が「在る」を浸食するようであれば、効果があるとは言えません。何を行動したとしても、実りを得ることはできないでしょう。反対に、行動している間も、あなたの在りかたを維持できれば、自分本来の

生きかたを習得したことになります。

行動をしようとせずに、在りかたの方向性を思い誤る人たちもいます。自分の目標の夢想にふけって、考えてばかりいて、それを現実にするための行動をとろうとしない場合です。そんな人たちは「どうして成功できないのだろう」と思い続けるかもしれませんが、自分の足を動かしながら、祈りを捧げる必要があるのです。

「在る」と「する」が程よいバランスにいる時は、何事も上手くいき、もっとも幸せな時です。禅の格言に「悟る前に、薪を切って水を運びなさい。悟った後にも、薪を切って水を運びなさい」というものがあります。「タオ」に従って生きるなら、行動が止まることはありません。会社に通い、友人にメッセージを送り、ジムに通い、アマゾンで最高に割のいい買い物を探し続けるでしょう。あなたが**何を**行うかは、さほど変化をもたらさないかもしれません。**どのように**行うかが、大きな変化をもたらすのです。それに気づいたら、あなたの人生は、行き着くところのない必死の競争ではなくなります。結局は自分へと落ちて戻って来るにもかかわらず、重い岩を、丘へと押し上げるようなストレスを伴う仕事もなくなります。その代わりに、あなたの旅路は、直感に満ちた創造的な表現の場へと変わってくるでしょう。試練がやって来ることもあるでしょうが、あなたをつぶしに来るのではありません。かわりにその試練を通して、あなたはこの状況が自身のより大きな気づきのために、どのように役に立ってくれるかを理解しようとします。困難でさえも、より「タオ」を広げてくれる要素となり、あなたの友人となるのです。

あるいは、自分への目覚まし時計のような体験を経て、人生ががらりと変化する人もいるでしょう。ダグ・ハマーショルドが「自由になるには、立ち上がり、すべてを置いていく。後ろを振り向くことなく。そして、よしと言う」と思い描いたように、私たちもまた動き出す勇気をもてるかもしれません。エネルギーの源からひどく切り離されてしまったと悟ったうえで、古い人生を塵のなかに残して、もう一度自分を再発見しようとする人もいます。ドキュメンタリー番組『ミニマリズム』では、とても大きな金融会社から共同経営者のオファーを受けて働きだしたひとりの男性の話が紹介されていました。それは彼がそれまでずっと夢見ていたオファーだったはずでした。しかし、彼は言います。「自分の事務所に戻って、僕はすすり泣き始めた。自分が完全に囚われの身になった気がしたのだ。自分の人生について、夢見ていた目的や意味、意図も、すべてを失ってしまった……。だから、二十八階からエレベータで降りて行き、それで終わりにした。その時以来、この人生を自分のものにしようと決めた。野性味豊かに、派手に、自分の人生を生きよう、と」

あるいは、自分の頭をすっきりさせるために、終わりのない仕事から退いて、しばらく休暇をとる人もいるでしょう。そして、自分とのつながりを刷新し、目的を明確にしたうえで、戻って来るのです。だからこそ、私も他の教師たちも、一週間ほど抑圧的な毎日から飛び出して過ごせるリトリートのプログラムを提供しています。そこでは、新しく、リフレッシュし、活力を取り戻し、グループとともに自分を取り戻した後、より高い波動を携えて、日々の生活へと戻って行くのです。キリストは砂漠へ行って、四十日間滞在しました。その間に彼は誘惑を克服したのです。モーゼはシナイ山に登り、後に神からの言葉とともに山を下りました。モハメッドは、山の洞窟で瞑想していた時に、大天使ガブリエルの訪問を受け、最初の覚醒を体験しました。それから、そのすべての師たちに言えることですが、皆、世界へと戻り、彼らが受け取った気づきを広めました。

リトリートで良いものを得るために、宗教的な予言者である必要はありません。また週末や一週間、日常を抜け出せるまで、待つ必要もありません。日常的にそれをやればよいのです。ちょっとした瞑想や祈り、魂を回復させるような活動を毎日やってみましょう。一日をエネルギーの源とのつながりから始めましょう。そして、一日の内で可能な時に、数分間でもよいので、スピリットが満たされるような空間をもつのです。それから、就寝前には、思考や感情を洗い流す時間をしっかりともち、深い癒しの眠りにつく準備をしてください。

そのような空間を自分に与えようとする時間は、あなたを「タオ」と調和させ続けてくれるでしょう。内側から力を与えられ、意識的に自分らしい活動へと動かされ、何度も良いものを生み出し、豊かに健康で、内なる平和を持ち続けることができるでしょう。

結局のところ、自分の居ることができる空間を見つけるために、どこにも行く必要はないのです。あなたはすでに自分で自分の空間を抱えています。物理的にどこかへ行こうとするのは、単にスピリチュアルな空間に行こうとしている現れに過ぎません。あるクレジットカードのコマーシャルのコピーのように、「それを持たずに、出かけてはいけません」ということなのです。外側でのすべての旅路は、結局のところ真の答えが住まう内側へと導きます。愚者は外側の世界で答えを探しますが、賢者は内側へと入っていきます。

泥が落ち着いて水が澄むまで、誰が静かに待てようか
動くべき瞬間まで、誰が落ち着いて静かなままでいられようか
(他ならぬ「道」がそうしている)

〜十五〜

話すのをやめなさい、考えるのをやめなさい
あなたが理解しているものは何もないのだから
それよりも根っこへと戻りなさい
そうすれば意味が見つかるだろう

〜僧璨《そうさん》〜

仕事における「道」

無為をその振る舞いとして
特に何もしないことを仕事とし
味のないものを味わう
そうしながら、小さいものを大きくし
少ししかないものを増やしている

悲しみを思いやりで報いて
複雑ななかにシンプルさを見出し
小さな物事のうちに、偉大なる結果を生み続ける

～六十三～

ほとんどの人が、起きている時間の約半分を仕事に費やしています。それなのに、自分の仕事を嫌い、仕事に行く必要がないといいのにと思っています。しかし、家賃を払わなくてはならず、テーブルに並べる食事も必要です。そのため、私たちは必要悪として、仕事の日々を受け入れています。しかし、もし老子がここにいれば、きっと違う角度から、私たちの仕事している時間を見るでしょう。彼はこう言うに違いありません。「もしあなたが仕事の存在を喜び、それからのギフトを受け取ろうとオープンになるならば、『タオ（道）』はあなたが働いている間中、あなたに寄り添い続けます」と。

禅の研究の専門家であるアラン・ワッツは、正道の秘密をシンプルに「楽しめる道を見つけよ」と言っています。もしこの言葉にあなたが違和感を覚え、そんな生きかたは不可能だとするなら、それはそのまま、生きる日々のほとんどに喜びなどないと、あなたがどれだけ頑固に訓練されてきたかを示しています。朝の八時から夜の十時、時にはそれ以上を一日に仕事に費やすなど、あまりに大きな犠牲です。今ここで話しているのは、あなた**自身の**人生のことなのです。それでは、どうしたらあなたの働く日々を退屈で疲れるものから、心が沸き立つものへと変えることができるでしょう。

神学者であるフレデリック・ビュークナーは、この問いかけにこう答えています。「自分への呼び声を見つけるのは、自身の深い喜びと世界の深い渇きが交差する場所を見つけることだ」と。

あなたが大好きでやりたいと思えるものはあります。そして、それを通して、人々の暮らしを助け、その人たちが喜んであなたに対価を払うのです。そんな自分だけの特別なものを見つけ、求めましょう。あなたに幸せをもたらすものが、他人の恵みともなり、そのうえであなたの生活も支えてくれるものを生み出しましょう。稼ぐためには苦しまなくてはならないし、誰かの富の一部をもらうための計画をしなくてはならないと思うのであれば、それは「タオ」の力を信じていることになりません。他人の人生を助けて、自分の人生もより良くなっていくような仕事を、簡単に諦めないで下さい。「タオ」がベースにある仕事をしているかどうか見極める重要な点を、今から見ていきましょう。

1　日々、仕事、そして自分の人生に関して、良い気持ちで居ることができる

仕事に出かける時には、家に心を置いたままにするべきではない

～ベティ・ベンダー～

魂の喜びは、「タオ」がベースにある仕事をしているかどうかの鍵です。朝起きたら、その日一日が楽しみでなければなりません。一日の終わりには、満たされた気持ちでいるべきです。障害はもちろん現れるかもしれませんが、それを落ち込む原因ではなく、刺激だと捉えましょう。そうすれば、体験のすべては、成長のための動力源となります。多くの人は仕事が終わって、自分の人生を取り戻すまでの時間をカウントしながら働き、魂の充足については考えません。あるいは、まるで釈放されるのを待つ囚人のように、定年退職までのカウントダウンをカレンダーにバツ印をつけながら、待っています。もしあなたが「タオ」とともに在れば、分も年数も数えないでしょう。むしろあなたはその瞬間に没頭するあまり、時間の観念は消えてしまいます。時計の針を見続けるのは、退屈だったり、抵抗を感じていたりする時だけです。

あなたはこう言うかもしれません。「でも、私がやっているのは機械的な仕事で、情熱は少しも感じられません」と。「家に帰ると、仕事が終わったと嬉しくなります」と。いいでしょう。すべての人たちが、仕事に深い情熱を感じるとは限りません。この場合、内なる火を燃やし続けるための、いくつかのやりかたがあります。

a　あなたの仕事を捉え直して、より高いところから光を当てる

私のコーチングのクライアントであるリサは、長く勤務していた血液分析の研究室を辞めたい

と思っていました。そして、プロのライフコーチになりたいと思っていました。「私は人の人生を良くしていると実感したいのです」と彼女は私に言いました。彼女の仕事についてもう少し聞いてみると、彼女は説明を始めました。「珍しい血液タイプの人が、外傷のために重体になったら、私はあちこちに電話をかけて、その血液タイプを見つけなくてはならないの。そして、見つけたら、それをもって病院へと急ぐのです」と。それを聞いて、私はリサにこう言いました。「あなたは毎日人の命を救っているのですね。あなたは、自分がどれだけ良いことをしているか分かっていますか？　もし私が、あなたが介在してくれたおかげで、血液を受け取れた患者のひとりだったら、あなたのところに行って、つま先にキスをしたいほどです」と。それを聞いて、リサはこらえきれず笑い出し、言いました。「たぶん私は自分が思っているよりも人の役に立っているのね」と。

ギャングか詐欺師でないかぎり、あなたの仕事はなんらかの形で、誰かの役に立っています。ちょっと後ろに退いて、仕事を通じての自分の貢献を考えてみてください。そうすれば、自分で分かっているよりも、もっと多くのギフトを発見できるはずです。

b　仕事の内容とは別に、仕事場での楽しい瞬間を創造する方法を見つける

たとえ仕事が退屈であっても、同僚や顧客とのつながりを意味あるものへと育てることができ

ます。時々引き合いに出す例ですが、オペラを歌いながら、有料道路を通過する車の切符を集めている職員がいます。あなたの顧客がどんなに退屈で心を閉じていて、不機嫌であっても、それぞれの内側にはその存在を知ってもらって、感動したいとする元気なスピリットがいます。そのスピリットにつながるかどうかで、あなたにとって、また彼らにとっても、その一日がつまらないか、活力に満ちるかの違いが生まれます。あなたの顧客や同僚と、もっと知り合いましょう。関係性を広げるのです。どんな週末だったかを顧客に尋ねてみましょう。ともに笑いましょう。ともに遊びましょう。彼らを褒めて、承認してあげてください。彼らの気持ちが落ち込んでいるようなら、サポートして元気づけてあげましょう。すべての出会いには、癒しが潜在しています。あなたの前にあるギフトを開いて下さい。彼らはそこにいます。

c 仕事中も自分が好きなことができる方法を見つける

デスクワークであれば、イヤホンをつけて、好きな音楽を聴いたり、ヘイハウスラジオ（魂と自己の霊的成長を促してくれるラジオ局）の録音番組を聴くこともできるでしょう。トラック運転手であれば、気持ちを高めるような話を聴きながら、運転もできるでしょう。あなたが教師であれば、自分の生徒たちの気持ちを高められるプロジェクトを創ってみましょう。歩道を渡る時の案内役であれば、生徒たちや親たちに挨拶をしましょう。もし医師であれば、ホリスティックなやりかたを取り入れてみても良いかもしれません。警備室に座っているのであれば、自分の趣味のことを考えたり、家に帰ったら実行できる創造的なアイデアを広げても良いでしょう。あなたの仕事を、単なる足かせだとして切り捨ててしまわないで下さい。その場でもっているものを手にとって、やりたいことをするのです。

d 退屈で興味を感じない仕事は、他の誰かに任せる

もし管理的ポジションにあり、自営をしている場合には、退屈で興味を感じない仕事は、他の誰かに任せることもできます。「面白さを感じなければ、雇って終わらせる」のです。自分の魂が冷たくなる部分は薄く切り取って、熱を持ち続ける部分を最大限に拡大させましょう。

e 仕事がオフの時には、魂の滋養を育む活動をする

魂をいきいきとさせるために、情熱を感じる趣味に一日のうち八時間も費やす必要はありません。家に帰って、楽器を弾いたり思いついたアイデアを実行したりしましょう。どこでもいいので、二時間ほど、仕事している際にももっていることができる充分なエネルギーを充電しましょう。そうすれば、自分の好きなものと一緒にいれる機会がまたやって来るまで、元気でいることができます。

f 仕事中も自分の情熱を広げる

自分の好きなことをするのに、仕事を辞めたり、定年退職を待ったりしないで下さい。今から、そのためのキャリアの構築を始めて、あなたが価値を置く創造的なことを始めましょう。自由時間を使って、魂が喜ぶような仕事を発展させていきましょう。あなたが自分の情熱に投資をすればするほどに、どんどん早く成長し、豊かになっていきます。タイミングが熟した時、より高い場所へとスムーズに移行させればよいのです。

重要：自分がやっていることを楽しんでいないなら、自分の仕事を再創造するか、もう一度捉えかたを変えてみるか、あるいはその職場を去るかの方法を見つけましょう。退屈で、プレッシャーを感じるような場に居続けることのないように。自分の仕事と幸せに責任をもつのです。あなたをその場からむりやり連れ去って、より良い場所へポトンと落としてくれる人など誰もいません。自分の仕事における喜びと自分の全人生に、責任をもちましょう。

春のある日、私は彫刻家に雇われて仕事をしていた。私には彫刻をするスキルはないので、彼が切った木から樹皮を剥がす仕事を与えられていた。人々がそれぞれ崇めている神々の象を彫り込めるようにするためだ。彼は私を店の裏にある、森から引きずってきた丸太が山積みされているところへ連れて行った。そして、樹皮を実際に剥がして見せて、私にナイフを渡した。剥がした樹皮と残った丸太をどこに置けばいいかも教えてくれた。

仕事はそんなにきついものではなく、頭を使うものでもなかった。しばらくすると、私は座り込んで、やる気を失くし始めた。私のマインドが別の場所へとさまよい始めるのに、そんなに時間がかからなかった。数時間後、私はとても退屈してしまった。もっと刺激的で、達成感を味わえる仕事があると良いのに、と思った。店の持ち主である彫刻家の彼は、ちょくちょく客を店の裏側まで連れて来て、自分の作りかけの作品を見せていた。私は彼らに会うたびに挨拶をした。

数日後、私は完全に退屈してしまった。私は雇い主である彼に、今あるひとまとめの丸太の作業を終えるまでは働きますと言った。しかし実際にその丸太の山を見た時、何週間もかかることが分かった。たぶん作業を終えるのに、一か月はかかるだろう。この仕事を辞めたいが、お金も必要だ。私は、まるで罠にはまったような気持ちになった。

祝日になって時間ができたので、私は老子に会いに行った。彼は温かく私を迎えて、どんな生活をしているかと聞いた。私は自分の今の退屈な仕事のことを話し、仕事を辞めるべきかどうか、彼に相談した。「辞めたければ辞めればいい。『タオ』は誰にも苦しみや悩みを求めてはいない」と彼は言った。

それを聞いて私はほっとした。そしてすぐに、辞める理由を何と言おうか考え始めた。その時、師がこう続けた。「しかし、そうする前に、君に見せたいものがある」と。

私は驚かなかった。今までもある方向へ行こうと思った矢先に、「しかし、そうする前に」と、師はよく言っていたからだ。

師は私を連れて丘を下り、私たちは大きな家畜小屋に来た。老子は顔見知りの小屋の持ち主に挨拶をして、「倫《ルン》さんはどこに?」と聞いた。

「南のほうの小屋に行ってみるといい」と彼は答えた。

私は師とともに、もうひとつの小屋に行って、倫を見つけた。彼は痩せた中年の男性で、日焼けして乾いた肌をしていた。老子が近付いて来るのを見て、彼は微笑んだが、その口元には、歯が数本しかなかった。背中は曲がっていて、服は仕事の塵で汚れていた。彼は円匙《えんし》（土掘り用の小型のシャベル）で、馬のふんの最後の山をすくって、荷車の中に投げ入れていた。

「今日の調子はどうかね。倫」と師が尋ねた。

「いいですね」と彼は答え、「馬たちは元気で、太陽は輝いている。私の家族も養えていますし、私は恵まれています」と続けた。

私はあっけにとられた。なぜなら、彼は幸せからほど遠い人だと思っていたからだ。

「今までに、あまり調子がよくないと感じたことはあったかね」

師は、歌うような調子でそう尋ねた。

倫は微笑み、首を振った。

「それはあり得ません。そうすれば、人生の一瞬を味わい損ねます。もったいない」

老子はうなずき、二人はそれからちょっとしたおしゃべりを続けた。私はこの一番身分の低い男性を見ながら、ただ唖然として立っていた。彼からは、富や権力をもつ人々からは見ることができない輝きと光が放たれていたのだ。

しばらくして、老子は彼に別れの挨拶をしたので、私も彼に会えてよかったと伝えた。それから、老子とともにまた丘を登る帰途についた。

その場を離れてすぐに、私は老子に尋ねた。「彼はいつもあんなに幸せなのですか」と。

師は微笑んで「いつもだ」と答えた。

「でも彼がやっているのは、馬のふんをすくうだけの仕事ですよね」

「それと、他の単純な修理仕事だね」

私は言葉を失ってしまった。歯が抜けて、背中が曲がっていて、馬のふんを引きずっているのに、私が今まで会ったどの人よりも輝いている人がここにいる。老子が私を彼に会わせた理由がよく分かった。

私の思いを見透かしたように、師はこう言った。「仕事は、幸せを作ったり壊したりはしないのだよ。私たちのマインドのみがそうする。君のマインドを正しい方向性へと向ければ、すべての仕事は君にとって冒険となり得るのだ」と。

彫刻家の店に戻った時、私は新しい気持ちになっていた。ナイフを取り出し、樹皮を剥がし始め、自然を相手にしている仕事を楽しみ始めた。春の佳き日に、外に居られることが幸せに感じた。彫刻家が客を連れて来て、私のそばを通り過ぎる時、私からも会話をし、彼らと交流を深めた。給与をもらえるのが嬉しいと思った。そしてそのうえで、永遠にはこの仕事はしないだろうとも思った。突然、すべては結構いい感じだと思えたのだ。私も、人生の一瞬たりとも無駄にはしたくないと思った。

人生はあなたに起こっているのではない
人生はあなたに応えているのだ

～出典不明～

2　顧客のより良い人生ために、貢献している

小手先の技巧を捨て去り、儲け心を捨てれば
盗賊や泥棒らはいなくなるだろう

これら三つはうわべだけの表現では
まだ言葉が足りないだろうから続けよう

飾り気のないところを見て
自らの真の内なる本質を理解し

自分勝手な利己心をおさえ
世俗的な欲望を少なくすることが
より重要なのである

〜十九〜

イギリス人の小説家であるジョージ・エリオットは、「お互いの人生をより楽にしていくためでないとしたら、私たちがここに居る意味は一体何だろう」と問いかけました。すべての人間は、なんらかの要求や困難を抱え、内側で葛藤をもちながら生きています。そんな彼らの要求に応え、困難を光で照らすことによって、彼らが内なる戦いで勝利を手にできるように、あなたが手伝えるのであれば、自分の仕事を最高に活用できていると言えるでしょう。ある不動産業者の男性が、私にこんなことを言いました。「私の仕事のターニングポイントになったのは、私は不動産を売っているのではなく、お客様の夢を叶えるお手伝いをしているのだと、自分の仕事を定義し直した時でした。今、私は前よりもずっとこの仕事を楽しんでいます。そして前よりもずっと成功しています」と。

誰もひとりでは生きていけません。だからこそ、「タオ」は私たちにお互いを与えたのです。あなたの働く日々は、**どのように**サービスを提供するかであり、サービスそのものが重要なのではありません。ある時、空港からレンタカー会社へ向かうシャトルバスで、喜びに溢れた運転手に出会いました。この女性は、とても大きく歓迎の気持ちを表してくれて、気遣いをしてくれました。乗客に冗談を言い、よくあるやる気のない運転ではなく、むしろ喜びに満ちて、私たちを送ってくれました。あまりに感動したので、私は彼女の上司に、自分の体験と運転手の彼女への誉め言葉を書いたメールを送りました。次の時にまたその空港に降り立った時も彼女に出会い、私は自分がメールを送ったことを彼女に伝えました。それを聞いて、彼女はぱっと顔を輝かせ、彼女は私が送ったメールを印刷して、額に入れ、家の壁に飾っていると教えてくれました。メールを書くのに、私は数分しかかけていませんが、その効果は言葉を超えるものだったのです。手渡された高いエネルギーの上に、「タオ」が現れたのです。善いものは、それをシェアした時に何倍にも拡大します。

3　豊かさを感じ、必要なものは満たされている

豊かな宇宙に生きていると気づけば、富は永遠のものとなります。宇宙はあなたがやりたいことをやりたい時にやれるように、いつも準備ができていて、喜んでサポートをしようとしています。供給のための方法は無限にあり、あなたを見つけてくれるでしょう。仕事からの利益は単に

そのなかのひとつに過ぎません。たとえば、あなたの配偶者や家族、政府、あなたを愛する人々からの優しさ、あるいは遺産などの他のやりかたを通しても、あなたは支えられています。

サンドラの両親は、彼女が生まれたばかりの時に離婚しました。彼女は自分の父親を知らず、離婚後は会ったこともありませんでした。大人になってから、サンドラはコーチングで仕事をしたいと強く願っていました。ですが、自分でサロンを持ちたいと思いながらも、資金がなかったのです。その時、サンドラはある手紙を受け取りました。それには、サンドラの父親が亡くなって、彼女に多額の遺産を遺したことが書かれていました。その額は、彼女がビジネスを始めるのに充分過ぎる額だったのです。サンドラは自分には父親はいないと思っていましたが、父親の方は彼女を忘れてはいませんでした。彼は彼女を遠くからでも愛し続けて、彼女が必要なものを与えてあげたいと思っていたのです。私はこのサンドラの話を比喩的に受け止めました。それは、たとえ自分が誰からも知られておらず、気にかけてもらっていないと思っていても、私たちには恩人となる存在がいて、私たちを愛し、必要なものを時折予期せぬ方法でもたらしてくれるのだということです。愛はあなたを見捨てたことはないのです。あなたは恩寵の法則の例外ではありません。あなたはその実現の対象なのです。

4 霊的に成長し続ける

人生の目的は、霊的な目覚めにあります。自分が誰であるかを思い出し、一番高いアイデンティティから人生を生きるのです。すべての出会いや体験は、よりすばらしい目的地へ向かわせるために、それぞれ役割を担っています。仕事も含めて、日々の出来事をあなた自身の霊的な成長を高めるために用いるならば、人生の旅路の重要な地点を通過したことになります。

植物が新しい芽を出せば、それは健全な状態にあると言えます。それと同じように、あなたも仕事を通して、新しい芽をいつも生み出し続けているのです。新しいアイデアを得ていたり、自分の創造性を表現するためのより良い方法を探し出したり、仕事を楽しみ、顧客の生活を向上させたりしています。再生しないのであれば、退化しているということです。作り出せないのであれば、ばらばらに壊れているということです。仕事に特に面白いことがなくても、あなたの個人的生活において、新しい芽を生み出していくべきです、あなたは体験の何らかの側面において、成長し続けなくてはなりません。多くの人は、轍《わだち》にはまり込んだうえで、なぜ幸せではないのかと考えます。教育者であるローレンス・J・ピーターは、「轍とは、両側がロックされた墓場のようなものだ」と言いました。特に日々お決まりのことをしさえすれば、お金が流れてくると分かっていると、同じやりかたで同じことをし続けたいと思うでしょう。しかし、あなたの人生をより意味のあるものにしたうえで、より多くのお金を生むようなより深い流れがあるかもしれません。自分の仕事を平坦で、また空っぽに感じるのであれば、自分に問うてみましょう。「私の生命力を動かし続けるには、何ができる?」と。想像力を使って、創造的に考えてみてください。うっすらとでも情熱を感じる場所があるなら、それがあなたを、魂を満足させ、より大きな豊かさを感じることができるような次のステップへと導いてくれます。喜びは「タオ」の声だと信頼してください。そしてそれに沿って行動しましょう。そうすれば、自分の前進に必要なすべての手段が引き寄せられるでしょう。

5 挑戦を自分の好きなように使う

「タオ」の習得は、挑戦を避けることではありません。挑戦を要する困難なことが現れたら、「タオ」はそれを受け入れ、そして「この明らかに困難を伴う出来事の裏には、どんな好機があるのだろう」と問いかけるのです。後ろに少し退がるのは、実は前進するための準備です。すべての挑戦はそれに出会わなかった時よりも、内なる筋肉をはるかに鍛えてくれます。挑戦すべきことが大きければ大きいほど、変容の機会も大きくなるのです。私のラジオのショーに電話をしてきたリスナーのなかに、こう言った人がいました。「なんだか混沌のなかで、ぎりぎりのところにいるような気持ちです」と。私は「実はあなたは変容する手前のぎりぎりのところにいます」と答えました。時々、物事はよりよく収まるために、一度ばらばらにならなくてはいけない時があります。すべての困難な出来事は、新しい方向性へ移行するためのガイダンスを運んできます。挑戦を要する困難な出来事を、あなたの友として、新たに定義してみましょう。そして、それがそうであると証明するのです。

6　害を与えない

「タオ」や仏教、または（本質的に純粋な）キリスト教の教えは、他のスピリチュアルな道でいうところと同じく、人に痛みを与えないことの重要性を根底に説いています。自分の仕事を通じて、誰かをなんらかの形で傷つけているなら、それは「タオ」に反していて、成功はできないでしょう。自分の勝ちが他の誰かの負けによって成り立つのであれば、双方が負けとなるでしょう。

ここに「タオ」に背き、害を起こすビジネスや行動の例を書いてみました。

- 人や環境を病的にする化学物質を製造し、売ること。例えば、毒性のある肥料や殺虫剤、保存剤や汚染物質、また依存症や致命的な副作用を作り出す薬など
- 製品を買わせるために、偽りの必要性を作り出すこと。不足の意識を生み出すこと。消費者の恐れを犠牲にすること
- 肉体のイメージや収入ランク、あるいは社会的地位などの情報を満たせば、魅力的でパワフルで愛されるとのまやかしを、消費者、特に子どもたちに向けて作り出すこと

・視聴者を駆り立てるような、暴力的な映画やビデオゲーム、音楽やスポーツを作り出すこと
・重荷になるような負債を生み出すように、消費者を誘うこと。たとえば、高金利の融資によって、経済的な破綻へと消費者を誘うこと
・市民や国民の平等性や健全性、自由や人権を否定するような政治に従事すること
・個人としても会社としても、必要以上の法外なお金を貯める一方で、一部をコミュニティへ慈善や奉仕のために返そうとしないこと

容器のふちいっぱいに満ちるまで
水を注ぎ続けるのは止めなさい
刃を研ぎ過ぎると、刃先はすぐに鈍くなるだろう
法外な量の黄金や翡翠をため込んでも
誰も守り切れるものではない
財や地位で高慢になると、破滅が付いて来るだけだ

〜九〜

・国益の大部分を戦争や武器に費やすこと。戦争から利益を得る製品を製造し、販売すること
・個人的な利益や楽しみのために、生き物を操作して卑しめる行動をさせること。たとえば、小児性愛、小児ポルノ、性的不正取引、動物に対する非人道的な研究、絶滅危惧種の捕獲、サーカスのショーなどのための動物へのひどい拘束など
・食料のためではなく、スポーツとして狩りをすること

このリストにはもっとたくさん加えられますが、これだけの例を見ても、どれだけ多くの人が、精神的にも身体的にも苦痛を抱えているかが分かるでしょう。かなり多くの業種が、苦しみを生んでいるにもかかわらず、普通に受け入れられ、認可をうけ、促進されてさえいます。非倫理的な業種を減らすために、私たちは、そこで働かず、製品を購入しないようにすることができます。また不快な活動を禁じるための政治的な活動に参加するのもいいでしょう。個人的であっても、仕事であっても、「タオ」に寄り添うものであれば、すべてこの世の痛みを減らす役割を担えます。マハトマ・ガンジーは「優しさと奉仕、誠実さの力を決して侮ってはいけない。これらの美徳は決して、あなたやあなたが触れる人々を萎えさせることはないのだ」と言っています。

あなたは、仕事とは日々のお金を稼ぐための活動だと信じているかもしれません。しかし、あなたの真の仕事は、「タオ」に調和して生きることです。自分の仕事にかける時間を、意味のな

い、空っぽの生きるためだけの必要条件だと見限らないで下さい。あなたの大切な時間を退屈や不満の内に、無駄にしないで下さい。すべての瞬間が、あなたが与えられたあらゆる豊かさのヴェールを開けるための招待状です。一日を通して、ギフトを創造して下さい。立っているその場所で、あなたを通して愛の存在を思い出させ、自分自身と周囲の人々を祝福して下さい。あなたがその招待状を受け取れば、収入を得るにとどまらず、人生を得ることができるでしょう。

馬車は全体をもって、動くことなしには、
部分的には使えず、馬車とはならない
人が宇宙全体に調和して生きなければ
人の人生は何ももたらさない

宇宙に調和して、自分の役割を果たすこと
それが真の謙虚さである

〜三十九〜

リーダーを偉大にするもの

法律や規制ができればできるほど
人々は豊かさをなくしていく
武器や道具を発達させるほど
国家は混乱していく
そこでますます法規やルールが増えて
すると盗賊や泥棒が増えていく
それゆえ、賢人はこう言う
「私は何もしない（無為）、すると人々は自分らしく振舞う
私は平和を楽しむ、すると人々は正直になる
私は欲望をもたない、すると人々は善と素朴な生活へと立ち返る」

〜五十七〜

ハワイの三つの島々への『You Fly』ツアーの広告を見た時、私の胸は高鳴りました。飛行機を操縦するのは、私の長年の夢だったからです。天国の上を飛んでいる時に、ほんの少しの間でも、自分で飛行機の操縦桿を握らせてもらえるのです。すぐに申し込んで、心からその栄光の数秒間を楽しみにしていました。

マウイ島の空港でパイロットのスコットと私は、二対のエンジンを供えたセスナ機に乗り込みました。スコットは、操縦席にあるさまざまな機器について短い説明をしてくれました。しかしその後、彼は私の横の席に座りシートベルトを締めると、こう言ったのです。「さて、それでは離陸して」と。

え？　なんだって？　と私は思いました。**広告には離陸についての表記は何もなかったはずだぞ**と。私はこう言いかけました。「たぶん、まだ聞いていないかもしれませんが、私には飛行経験はないんですよ」と。しかし、その時スコットは、離陸の通信のために既に管制塔と周波数を設定し始めていました。それで、ようやく私は何かが起こっているかを理解したのです。彼は私が飛べると思っているんだ。スコットにとっては、離陸がどうのと、私に聞くまでもないことだったのでしょう。なので、私は口を閉じました。そして、スコットが信じている私の能力を、私も信じようと決めたのです。私は彼の詳細な指示に注意深く従いました。そして、数分の内に、飛行機は飛び立ちました。

その日、私は三時間近く飛びました。マウイ島の感動的な北海岸の上を飛び、モロカイ島の九百メートルほどの高さの弧を描いた崖を通り過ぎて、ラナイ島の黄金の砂のビーチを横切り、クジラやイルカが戯れている海峡を通って、マウイ島へとまた向かいました。ほとんどの飛行時間、私が操縦し、スコットは時折軌道を修正するために手を添えただけでした。私の心の不安は、高揚へと取って代わり、疑念は消え、代わりに自信が生み出されました。

マウイ空港への帰りの航路で、スコットはまた私を驚かせました。「さて、それでは着陸して」と平然と言ったのです。**ちょ、ちょっと待ってくれ**と私は思いました。**離陸と飛行はまあいいにしても、着陸だぞ。着陸は危険に決まっている！** と。でもその時、大好きな飛行家であるリチャード・バックの言葉を思い出しました。「自分の限界を論じるがいい、どのみちそれがあなたの限界になるのだから」。なので、私はまた、抵抗したい気持ちを否定しました。

スコットの指示に沿って、飛行機を着陸へと動かしていくと、強い突風が吹いて、その小さな飛行機を揺らしました。「もちろんこのあたりは強風だよ」とスコットが笑いました。「マウイは、風が一番強い空港のひとつなんだよ」と。**なんと！ よし、じゃあ深呼吸しよう。** スコットがタッチダウンの手前で交替するまで、私は彼の指示に従い続けました。

空港を去る時、私の気持ちは実際に飛行した高度以上に、高まっていました。スコットが私を信頼してくれたおかげで、私のなかの最高の力が引き出されたのです。フライトは三時間だけでしたが、一生の学びを得ました。

リーダーには二種類あります。ひとつは、人にこうするべきだと言うリーダー。もうひとつは、人にこうするべきだと行動で示すリーダーです。前者は命令によって人を導こうとし、後者は手本になることで人に影響を与えます。前者は人をコントロールするために自分の地位を使いますが、後者は自分に付いて来る者を励まします。真のリーダーは栄光を手に取りません。むしろ、それを自分が率いる者たちへと与えるのです。

もし人々を導きたいなら、謙虚さをもって行わなくてはならない
もし人々を率いたいのなら、人の後から付いて行かなくてはならない

～六十六～

『老子道徳経』で、老子はリーダーと呼ばれる立場の人たちに、とても多くの助言を与えています。一見すると、老子は一国を統治するための秘密を伝えているように見えますが、彼の教えはむしろ、人生をどう全うしていくかにより強く通じています。自分で分かっているか否かにかかわらず、またそうなりたいか否かにかかわらず、あなたはリーダーなのです。なぜなら、日々、何千という決断を下すことで、自分の人生の舵を取り、そのエネルギーや行動を通じて、あるいは手本となることで、出会うすべての人に影響を与えているからです。自分の人生をどのように導いていくか分かれば、他人のことも助けることができるでしょう。

では、偉大なリーダーとは何をもっているのか。その問いについて、老子の教えの中核を見ていきましょう。

1　自分自身を超えた奉仕

リーダーになりたいと願う人たちに、是非確かめたい問いかけがあります。

あなたは心から他人を助けたいと思っていますか？　それともエゴを満たすための地位を求めているのですか？　あなたがここにいるのは、世界をより良くしたいからですか？　それとも、自分のための王国をより強くするためですか？

大衆をほとんど気にかけず、むしろ自分のプロフィールを大げさに盛り、私腹を肥やし、特定の団体にばかり好意的な政治家やビジネス界の大物を見れば、これらの問いの答えを知るのにさほど時間はかかりません。私たちが生きているこの時代では、たとえ卑劣な性格の持ち主だとしても、誰しも選出され、任命され得るのです。倫理観や思いやりに欠けた人物であっても、ビジネス界や宗教の世界で高い地位に就くことができます。今、実権を握っているリーダーは、不実な人かもしれません。しかし遅かれ早かれ、「タオ（道）」は彼らをその場所からはじき出すでしょう。なぜなら、彼らは誠実さに反しているからです。「タオ」に調和していれば、そこに衰退はないのです。

真のリーダーたちは、公共の場所をはるかに超えて、その影響力を広げます。感動的なドキュメンタリー番組『優しさの日記（The Kindness Diaries）』では、冒険家のレオン・ロゴテティスが地球上のさまざまな場所を旅し、人々の優しい奉仕を見つけ、そこに恩恵を見出します。彼は、まずはアメリカ大陸を渡り、ヨーロッパ、そしてアジアにまで、一銭も持たずに、衣食住、そして彼の壊れかけた古いモーターバイクの燃料まですべてをその土地の善良なハートをもつ人々からの優しさに頼って旅しました。多くの人はレオンをがっくりさせましたが、一方でまた、彼は、訪れたどの場所においても、自分を守るよりも他人を気遣う人たちに出会えました。

ロサンゼルスでは、ホームレスに出会いましたが、彼はレオンに、少ないながらも手持ちのものをすべてを与えました。トルコでは、戦争の危険区域であるイランやパキスタンを通ることなく、インドに行けるようにと、ある男性がレオンを貨物用の飛行機に乗せる手配をしてくれました。インドでは、自分の家族を養うのにも苦労している父親が、自分は床に寝て、レオンにベッドを与えました。

ベトナムでは、白内障除去の手術を、お金を支払えない人々に無償でやっている外科医がいました。ヴー・スアン・グエン医師は、寄付のみをベースとし、基本的には無償で、何千という人々の視力を救ったのです。グエン医師の顔は輝いていて、そこにはお金や名声や地位のためだけに働いている人には決して見られない、穏やかさがありました。ファンファーレを鳴らすような注目を欲しがらない、なんらエゴのない、本物のリーダーシップです。

アルベルト・シュバイツアーは「本当に幸せになれる者は、人に奉仕する道を探し求め、それを見出した者である」と記しています。

賢人は、人の後に身を置きながら
自ずから望まれて
人の前を行くことになる
離れていながら、
自ずから招かれてそこにいる
私利私欲のない行動を通して
自分らしく幸福とともにある

～七～

2　公明正大である

誠実なリーダーには、隠しごとはありません。なぜなら自分自身、自分を支持する人たちや自分の使命に一貫し、誠実であるので、傷つく恐れなどなく、裸で立っていることができるのです。そんな正直な人を世間的に高い地位に見つけるのは、とても稀です。しかし、いったんその人が語り始めると、その言葉はまるで美しいベルのように澄んで鳴り響きます。ダイアナ妃が離婚後のインタビューに答えているのを観たことがあります。彼女はとても勇敢に自分の結婚や不倫、拒食症、そして皇室での愛と憎しみの体験を語りました。過激ともいえるダイアナの正直な言動を無防備過ぎると言う人もいましたが、結局のところ、彼女のなかに、信頼と親しみ、そして揺るぎない強さを、多くの人が見出しました。『奇跡のコース』は私たちに「防御しなければ、安全でいることができます」と覚えておくように言います。

弱きものが、強きものに勝ち
柔らかなものが、固いものに勝る
この世の誰もがこれを知っているが、誰も実行には移していない
それゆえ、賢人は
「人民の屈辱を甘んじて受ければ、統治するに相応しく
国の災いを甘んじて受ける人は、世界の王に値する」と言う
真実はしばしば、普通とは反対のように聞こえるものだ

～七十八～

3 言葉を実践する

ある母親がマハトマ・ガンジーのところへ、六歳になる息子を連れて来ました。母親はその尊敬される自由解放の運動家に、息子に糖を摂取しないように言って欲しいと頼みました。ガンジーはその女性に一週間後にもう一度子ども連れて来るように言いました。実際に彼女が再度子どもを連れて来た時、ガンジーは息子に言いました。「糖分を取るのをおやめなさい」と。
「どうして先週それを息子に言っては下さらなかったのですか」と母親は尋ねました。
「なぜなら先週の時点では、私もまだ糖を摂取していたからです」とガンジーは答えました。

真のリーダーは、他人に欲することを自らが行うことで、周囲からの信頼の力を得ます。美しい言葉を並べて、他人に生きかたを説いて聞かせるのは簡単です。しかし、他人に願う生きかたを、自分が実践して生きるのはより困難でしょう。偉ぶるのをやめて、明言するとおりに実行すれば、言葉と行動の疑いの余地のない一致によって信頼が深まり、リーダーシップは強められます。

それゆえ、成人は称賛の期待もなく仕事をし
仕事を成し得ても、その成果に居座らない

自分の知識をひけらかそうとしない

～七十七～

人を動かすには、模範を示すことが大切であるというより、それしかないのだ

～アルベルト・シュバイツアー～

4　包容力と公平さ

本物のリーダーと偽物を見分けたいなら、彼らの包容力のレベルを観察するとよいでしょう。すべての人を気にかけているか、あるいは一部の選ばれた人たちだけを気にかけているか。すべての有権者が自由と豊かさ、励ましを受ける権利をもっていると信じているか、あるいは、エリートと呼ばれる一部のメンバーだけだと思っているか。自分の利益を皆と分かち合おうとしているか、あるいは、反対派を切り捨てようとしているか。天国という名の王国には、カースト制

度はないのです。すべての人が歓迎され、すべての人が祝福を受ける権利を有します。真のリーダーはすべてを包み込むでしょう。偽りのリーダーは分断しようとします。

それゆえ、賢人はすべての人を気にかけ
誰ひとりとして例外にしない
すべてのことを気にかけ
何ひとつとして例外にしない
これを「光に従う」と言う

～二十七～

賢人は意見をもつことなく
人々が必要とするものに気づき、意見とする
私は善ある人たちを善と受け止め
善のない人たちにもまた善として受け止める

なぜなら、賢人の心の徳は善であるからだ
私は誠実な人たちを信頼し
誠実で無い人たちもまた信頼する
なぜなら、賢人の心の徳は信頼であるからだ

〜四十九〜

5 非暴力

老子は、「タオ」をすべての癒しと成功の背後にある力としました。しかし、「タオ」と正反対に、挑んで来るもうひとつの力があります。それは、攻撃性や恐喝性があり、罪悪感で圧力をかけ、人を操ろうとする、エゴがベースにある力です。個人的なレベルでは、その力によって、人は人を脅迫したり、怒鳴ったり、妨害したり、罰を与えたり、傷付けたり、時には殺めたりします。国のレベルでは、他国に向けて力を誇示し、武器をちらつかせたり、軍事的な行動をしたり、優位な立場を誇張したり、侵略したり、より強力な爆弾を製造したり、大量虐殺したりするのです。個人においても、国においても、こんな攻撃性は一時的にはまるで力があるように見えますが、それは幻想です。最終的には、個人も国も内側から崩壊していきます。「タオ」でないもの

の行き先は、奈落の底なのです。『奇跡のコース』は、「この世界が作り出しているものは完全に正気を失っています。ですからあなたはどこにも導かれません」と伝えています。

「道」を心得る者が、統治者に助言をする時は
世界を征服するために力を使わないように常に言う
力での征服は、ただ抵抗だけを生み、報復を生む
軍隊が制圧した後はどんな土地でも
茨《いばら》や棘《とげ》しか生えない荒れ地になり
それから何年も飢餓が続くことになる

政治とはする必要あることをただ行い
武力によって利を得ようとは決してしないことだ
結果を成し遂げても
暴力を通じてではいけない
武力はやがてその力を失う
なぜなら、これは「道」に従うものではないからだ

「道」に従わないものは
早々に滅びていく

〜三十〜

最後に老子は、ずばりとこう言います。

「力で無理強いする人間は
力で無理強いされる死を迎えるだろう」
これが私の教えの根本である

〜四十二〜

6 慎ましさ

真のリーダーは大衆とともに在り、自分が代表しているグループの目的と一致しています。自分自身に対してではなく、組織の目標の方へと目を向けさせようとします。掲げているヴィジョンではなく、自分という個人に対して注目をさせようとする場合は、エゴに乗っ取られてしまったリーダーだと言えるでしょう。

マハトマ・ガンジーは慎み深いにもかかわらず、最高にすばらしいリーダーの見本です。腰巻布だけを身に着け、麦わらマットの上に座り、財産ももたず、それでいて地球上の人口が最も多い国のひとつを、柔らかく自由へと導きました。彼個人がスポットライトを浴びようとすることもなく、彼の目的はただ、彼の国とその国の人たちへ奉仕することだったのです。

ビジネス界の世界的成功者であり、リーダーのひとりでもある、ウォーレン・バフェットもまた、ありのまま気取らない生活をしています。何十億ドルというお金が彼のもとに集まっていても、彼は郊外にある普通の家に暮らし、車で遠くへ移動し（自家用飛行機を所有しているにもかかわらず）、定期的にローカルな映画館に行き、アイスクリームショップを訪れます。二人の子どもたちにどこかに寄付をするようにと、十億ドルずつ渡しています。私は一度、彼にある会合でスピーチを頼みたいという友人の代わりに、彼の事務所に電話をしたことがあります。彼の秘書と話ができ、彼女はバフェット氏にメッセージを伝えて、返事をしますと言ってくれました。ウォーレン・バフェットは名声や富の罠にはまり、溺れている人ではありませんでした。彼は現実に気さくな人で、ごく普通に皆と会って楽しむ場を大切にしていました。

民を愛し、国を治めて、
それでもおごることなく、万物の源の門が開閉する時は
女性のように静かに受け入れる
すべてを理解し、すべてにオープンでありながら
何もしないでいることができる

生み出して養い、生み出しても自分のものとはせず
成し遂げてもそれに頼ることはせず
導きを与えても、それを強いることはない
それが徳の根本にある徳である

〜十〜

この地域の統治者の住んでいるその豪邸が近くなってきた時、私はすでに弱気になっていた。この豪邸で処刑の宣告や破門を受けた者たちのことは、何年も前からずっとこの地方では噂だったのだ。老子がなぜここに呼ばれたのかを考えてみた。彼は自由思考の持ち主として、広く知られていた。だから、きっと尋問か暗殺されるため呼ばれたのではないかと思った。私も彼によく会っている身だから、きっと私のことも簡単に排除するのではなかろうか。

老子がこんなに派手な領域に入っていくのを見たことは、一度もなかった。師は、お金持ちや、有名な人たちとの付き合いをめったにしない人だ。彼は家で農業を営み、社会的地位や表舞台に出ることなく、簡素な生活をしていた。しかし、世俗的な力や財産によって陥る罠については、よく話してくれた。

守衛が私たちを止めた。老子が自己紹介をすると、彼は承知していたように頭を下げて、扉を開き、私たちをなかに入れてくれた。

この豪邸を初めて見て感じたものが、恐ろしさだったとしたら、私は今その時よりももっとそれを感じていた。壁に飾られた高価な異国からの芸術品、細やかな細工のあるチーク材のテーブルの上には、金の縁取りが施されたお椀と芸術的な箸が、飾りとして置かれていた。またもう一方の壁には、珍しい古来の剣のコレクションが誇らしげに吊るされていた。私は国々の征服を栄光として見せるような、美術館かどこかに足を踏み入れてしまったのだろうか。

そのうち、四十歳半ばぐらいの女性が私たちに近づいてきた。彼女は美しかったが、彼女の顔はやつれていて、その上品な服も乱れていた。私は、彼女の袖のしみに目を奪われた。それは血の痕のようだったのだ。

「あなたが老子様ですね」と彼女は言いつつ、助けを請うように師を見た。

師は頭を下げた。

「私は譚賽兒《タンサイアー》と言います。ここを統治する者の妻です。どうぞこちらへ。夫があなたに会いたがっています」

私はみぞおちがふっと緩むのを感じた。尋問ではなかったのだ。だったら、何のために私たちはここに来たのだろう。

彼女は私たちを連れて、階段を上り、どっしりとした木製の扉の前まで連れて行った。そこには浅黒い顔の守衛がまた両側に立っていた。そのなかのひとりが扉を開けると、なかには、大きな寝室が広がっていた。臣下らしき人々が数人、ベッドの周りをうろうろとしていたが、私たちが入ってきたのを見ると去って行った。ベッドには、ところどころ白いあごひげを生やしたひとりの中年男性が横たわっていた。彼の肌はとても青白かった。彼は頭を大きな枕に沈み込ませ、目は天井を見上げていた。

「老子様がいらっしゃいました」

譚賽兒が、ほっとさせるような優しい抑揚をもって声にした。

ほのかな微笑みが男性の顔に広がるのが見えた。彼は少し頭を上げようとしたが、痛みを感じ、すぐに枕へと戻した。病人である統治者が、老子の近くに寄ろうとしているのは明らかだった。師は私を促し、私は彼のもとに行き背を支えた。

「ずっとあなたに会えるのを待っていたのです」と彼は言った。

老子は彼にお辞儀をし、ベッドの近くへと進み、彼の腰のあたりに座った。

「二日前の夜、用を足しに家の裏手に行ったのです」

彼は言った。声が緊張していた。

「樹のかげに、二人の刺客が隠れていました。ひとりが私を取り押さえ、もうひとりがナイフで私の腹を刺しました。守衛が私の叫び声を聞いて走ってきましたが、奴らは逃げました」

そして、彼は顔を苦痛でゆがめた。

「私は血を大量に失いました。医者は肝臓が使いものにならないと言っています。私はもうだめです。希望はありません。たぶん明日の太陽は見ることはできないしょう」

私の身体は緊張し、事の大きさを理解した。統治者は師の前腕をつかみ、こう言った。

「私はもう何年もあなたの教えの噂を聞いてきました。あなたは他の人が知らないことを知っていると。どうか率直に言って欲しいのです。私は地獄に行きますか。それとも、何か天国に似た場所が見つかる希望が私にもありますか」と。

老子の視線は、彼にしっかりと揺るぎなく注がれていた。そして、前腕を掴んだ彼の手に、自分の手を優しく乗せて言った。

「『タオ』は慈愛に満ちています。あなたは万物の源に還っていくのです。あなたの本質はずっと生き続けます」

わずかに、彼の顔に血色が戻ったように見えた。そして、前よりも穏やかな表情になった。彼の妻はすすり泣き始めた。

「老子様、私は本当にひどい人間だったのです。もちろんあなたも噂を聞いているでしょう。たくさんの人を死に追いやりました。私は罰せられますか」

「あなたはすでに罰を受けています」と師は答えた。

「この地球に生きていたとしても、あなたは地獄に住み続けていました。そして今あなたの身体が衰退へと向かっています。また戻ってくる時、今度は自分の過ちを正す機会を得るでしょう。なぜなら『タオ』はすべてのバランスを保つからです」

統治者はうなずき、辛さと心地よさの相まった表情を浮かべた。それから彼は目を閉じて、頭を枕へと沈ませた。死んでしまったのかと思ったが、彼の胸がまた上下するのを見て、眠ってしまったのだと分かった。

老子はゆっくりと立ち上がった。そして彼を背にして、扉の方へと戻り始めた。私も彼に従った。

彼の妻が慌てて私たちのところへ駆け寄り、師の腕をつかんだ。

「おいでいただき、ありがとうございます」

彼女はそう言いながら、涙で頬を濡らした。

「夫の魂が天から慈悲をかけて頂くために、私に何かできることはないでしょうか」

「彼が亡くなった後、彼の財産を売り、貧しい人たちへ食料を買ってあげなさい」と老子は言い、こうはっきりと続けた。

「そうすれば、彼のためになるでしょう。そして、彼に関する人々の記憶も埋め合わせられるでしょう」

彼女はうなずき、理解した。


私たちは豪邸を出て、帰途についた。黙って歩き始めたが、数分後に老子が私に尋ねた。

「肖佳《シャオジャー》のことは聞いたことがあるかね」

私は少しの間考えたが、「梁《リャン》地方を統治している人ですね」と答えた。老子はうなずいた。

「彼が何歳か知っているかね」

私は肩をすぼめた。知らない。

「彼は七十五歳に近いが、三十年以上もあの地方を治めている。民からとても慕われているんだよ」

「なぜですか?」

「なぜなら、彼は自分を統治者とは思っていないからだ。そのかわりに『タオ』に、彼を通して統治するようにさせている。自分は民を助けるためにのみ、そこにいると分かっている。その結果、彼は称えられ、安全にそして、長く実りある人生を送っているのだ」

死の直前にいるあの統治者を見た後では、特にこの教えは心に染み入った。

「すべての人は君の教師なのだよ」と師は続けた。

「『タオ』に従う統治者は少ないが、徳の教師だ。努力して、彼らを見習うといい。鉄の手を使って統治を試みる者は、力や栄光が集まって来るように見えるが、それは幻想だ。最後には、『タオ』が修正をする。それは時間の問題だ。『タオ』のもつバランスを保つ力には例外がないのだから。邪悪な統治者は、一時は太陽のもとに居ることができるだろうが、正義が結局その日々を終わりにするだろう。うぬぼれは常に、屈辱に道を譲ることになるのだ。友よ。良く見ておきなさい。真のリーダーの強さとは謙虚さなのだ。傲慢は、かならず破滅へと導かれる」

私たちは柔らかく、そして弱々しく生まれるが、死ぬ時はこわばって堅くなる
緑の植物はもまた柔らかく、生気に満ちているが
死ぬ時には、枯れて、乾いてしまう
それなので、固くてこわばってしまうものは、死の仲間であり
柔らかくてしなやかなものは、生の仲間である

それゆえ、柔軟性のない軍隊は決して戦に勝利しない
曲がらない樹は簡単に折れる
堅く強いものはやがて朽ちる
柔らかく弱いものが、克服していくのだ

～七十六～

7 「タオ」とのつながり

有能なリーダーは自分の力で率いていないと理解しています。彼らは人間のマインドや個性よりももっと偉大な創造主の存在と力を理解していて、その無限の源との共同作業をしているので

す。すなわち、彼らのリーダーシップは共同創造なのです。友人のひとりが数多くの成功した最高経営責任者にインタビューをして、彼らが何を知っているのか、雲の上の存在になれた理由を見極めようとしました。影響力をもつ人々のほとんどが、自分と高次の力との関係性をよく理解していたと言います。その友人はまた、中間管理職の人たちやそれより下の人たちは、あまりそれを理解していないと気づきました。インタビューの相手がより高い地位であればあるほど、高次の力からのサポートとともに働いていたそうです。

真に偉大な人間は、偉大さが自分からではなく
自分を通してもたらされていることに好奇心をもっている
であるから、他人のなかに神聖なものを見つけられ
いつまでも愚直に、驚くほど情け深いのだ

〜ジョン・ラスキン〜

自分が求めるリーダーになる

リーダーたちがいつか自分を救ってくれるのではと期待したくなりますが、一方で「偉大なる道」を歩くそんなすばらしい人の出現を待っている猶予もありません。ですから、私たち自身がその道を率先して歩き、自分が手本となり影響を与えていかなくてはならないのです。政府そのものが、原因ではありません。政府とは、民主主義において選ばれた人たちが創り上げた結果です。あるいは、ひとりの人間が作り上げ、結果として耐えて行かなくてはならない独裁主義になったかのどちらかです。誠実の欠如を理由に、リーダーたちを批判するのは簡単です。その例はあり過ぎて、批判に不足することはないでしょう。しかし、私たちの最初の責任は、自分自身の庭から雑草を引き抜くことです。他人にそうしなさいと忠告する前に、まずは自分自身が高次の道を歩き始めなくてはならないのです。

他人に勝つには力を必要とするが
自分自身に打ち勝つには、真の強さが必要である

〜三十三〜

前向きなリーダーシップは、大衆のなかに徳の基盤を作り上げてこそ、成り立ちます。健全な国家は、底から持ち上げられて成長しているのです。これは私の友人の話ですが、休暇でハワイに旅をした際に、夜遅く、自分のホテルから車で二時間余り離れた空港に間違って降り立ってしまいました。彼女がレンタカーを借りようとした時、その担当者がとても親身になってくれたそうです。彼女の予約はそことは違う場所でされていましたが、担当者は彼女にその場所にある在庫から車を出してくれて、暗い夜道をどのようにホテルに行けばよいか、状態の悪い道路や工事中のエリアをどうしたら避けることができるのかを、事細かに時間を割いて教えてくれました。そして翌日には、ホテルに電話をして、彼女が無事に到着できたかどうかを確認してくれました。このような担当者は、その会社では高い地位でなくても、会社の利益にばかりフォーカスしている上層部よりもずっと、その会社の役に立っています。担当者は、その手本を示すことで、優しさを教えています。自分自身の権利を行使して、世界クラスのリーダーとなっているのです。そして、それは私たち一人ひとりにできることであり、そしてしなくてはなりません。

分かれ道

スピリチュアルな師は、世界は二極化しつつあると説明しています。「同じ時刻に、二台の列車が同じ駅から出発すると想像して下さい。その列車の走り出す方向は、ほんの少し違っています」。そして、こう言います。「最初は、二つの列車はそんなに離れていません。なので、あなたがもうひとつの列車に飛び移りたいなら、さほど難しいことなく、そうできます。しかし、二つの列車がそれぞれの線路を走り続けると、その間の距離はどんどん広がります。しばらくの間は、飛び移るのは可能ですが、距離は早々と開いていき、困難になっていきます。そして、どこかの時点で、二つの列車は完全に離れてしまい、乗り換えるのは不可能になるでしょう。その時点であなたはどちらの列車に乗り続けるのか選択しなくてはなりません」

最近の政治的な出来事は、驚くほどこの光景に似ています。私たちは今まさに二つの全く異なる現実を、中間地点などなく体験しています。このような大切な分かれ道は、私たちのそれぞれが自分の心をしっかりと見て、真に信じるものを選び、それにもとづいて生きるように求めています。今私たちの目の前にある、全く相反する二つの信念は、闇か光か、利己主義か奉仕か、分離か融合か、嫌悪か愛かのコントラストを象徴しているのです。

人生を司る永遠の真実を理解するとともに、老子はすでにずっと昔に、私たちの現代の苦境に対する答えを出しています。

空は清澄であるからこそ、引き裂かれることはない
大地は固いからこそ、崩れ落ちることはない
神々は霊妙であるからこそ、果てることはない
谷川は満ちているからこそ、涸れることはない
万物は成長し続けるからこそ、滅亡することはない
すばらしいリーダーたちは、正しい権力となるからこそ
国は滅亡することはない

〜三十九〜

リーダーが自分の世界をどう導いてくれるかを考えるのではなく、自分の人生を自分がどう導いていくかを考えましょう。私たちのリーダーは、私たちの意識を反映しています。リーダーたちを改善していくステップはあるでしょうが、最初の一歩は、自分自身の歩みを向上させることです。「タオ」に調和して生きれば、「タオ」に調和しているリーダーを引き寄せるでしょう。世界を変えたいと思うのなら、まずその力はあなた自身を変えるところから生まれます。あなたが内側にもっているものは、あなたの外側にあるものよりもずっと偉大なのです。老子は、

二千五百年前にその力を思い出し、主張しました。私たちも今、それぞれその力を思い出さなくてはなりません。

もし本来の素材であり続けるなら
あらゆるものを司れるだろう

〜二十八〜

テクノロジーと心の健全性

人よりも十倍から百倍も速く動く機械があるとしても
それらは必要ない

～八十～

セオドア・ルーズベルトが大統領の任期中に、ある開発グループが、グランドキャニオンをディズニーランドのようなテーマパークにしようと計画しました。ルーズベルトは実際に現地に赴き、そこで驚きの光景を目にし、こう言いました。「このままにしておきましょう。ここに手を加えることなどできません。長い年月をかけて自然が創造した場所です。人間が手を加えれば台無しにするだけです」と。

ルーズベルトがそんな助言をしてからもずっと、自然に手を加えようと数えきれないほどの発明がされてきました。しかし、より高度な機械へと確実に進歩してきたにしても、テクノロジーは地球上の生活の質を本当に改善しているのだろうか、むしろ、蝕んではいないかと思わざるを得ません。最近の調査で、現代のアメリカ人は、七十年前の人たちよりも幸せを感じていないと報告されました。機械は私たちの生活をいろいろな面で便利にはしましたが、それがそのまま私たちの幸せとはなりませんでした。機械は人生において、さまざまな面の速度は上げましたが、人生の質は上がったとは言えません。ある人が猊下ダライ・ラマにこう尋ねました。「テクノロジーについてのご意見を聞かせて下さい」すると彼はこう答えました。「テクノロジーはすばらしいですね。ですが、あなたがそれを使う者であり続け、使われる者にならない限りはね」と。

コンピュータ、ワイヤレス、インターネット、モバイルなどが、どんなに驚くほど私たちの生活を便利にしたか、その奇跡のような事実は、皆よく分かっています。それらは、以前は長時間の労力を要した仕事をより早くより簡単に可能にし、地球上のどこの誰からでもすぐにコミュニケーションできるようにし、健康により長く生きることができるような医療機器を生み出し、私たちのビジネスのやりかたをまったく変化させ、革命を起こしました。もし数世代前の人がこの複雑な道具を見たら、驚きのあまりきっと倒れてしまうでしょう。賢く使えば、テクノロジーは地球を天国のような場所にも変えることができます。

しかし、間違って使えば、テクノロジーは人生を地獄に変えます。韓国で若いカップルが刑務所に入ったある事件がありました。ビデオゲームに熱中するあまり、自分たちの娘である赤ちゃんを飢えて死なせてしまったのです。韓国や中国では、ビデオゲームに依存するあまり、手洗いに行き画面から目を離したすきに得点を失うのを恐れて、おむつを着けている人もいます。ある男性はコンピュータの前にあまりに長く座り過ぎて、足への血流を失ってしまい、挙句に足を切断することになりました。米国での十代の死亡の多くは、車の運転中にメールを送ろうとしたことが原因です。このような悲劇的な出来事は、人間がテクノロジーに正気を明け渡したことで、起こっています。テクノロジーは、人生を破壊するためではなく、本来は人生の向上のために生まれたはずなのです。

主要道路はとても歩きやすいのに
人々はすぐにわき道を行きたがるのだ

〜五十三〜

進化させたはずが奇妙な結果に

最新機器とアプリに付いて行くのに必死になるあまり、私たちは二つの重要な問いかけの答えを見落としています。それは、（一）本当はどの程度テクノロジーは必要であるのか、そして（二）テクノロジーを使っているのは、人生の質の向上のためか、あるいは低下のためか、です。

老子は、「私たちはすでに幸せに必要なものはすべてもっている」と言います。その言葉は、この「もっと、より早く、もっと、より早く、もっと」に屈している世の中では、まったく見当違いに響くでしょう。私たちが依存さえしなければ、テクノロジーは良い友人であるはずなのです。もし一時間でも、一日でも、あるいは永遠に、この液晶画面や無線信号が使えなくなったとしたら、私たちの文明は一体どうなるでしょうか。コンピュータやモバイル機器が使えなくなり、多くの人は精神的におかしくなり、まともに動けなくなるのではないかと怖くなります。ミレニアム世代の技術者とともに、アラスカ州のパイプライン関係の仕事をしている友人がいます。同僚は皆、自分の仕事を完璧に理解していて優秀だと彼は言います。しかし、もし無線信号がなくなり、ソーシャルメディアへメッセージが送れなくなったら、彼らは悲惨な思いをするでしょう。私は、人は顔を合わせてコミュニケーションをする能力をどんどん失っているのではないかと心配しています。対人関係を構築するスキルが、加速的に衰退しているからです。南カリフォルニア州のジュース販売店に入った時のことです。十六人中十五人が、スマートフォンに見入っていました。テイクアウトの注文を待つ列に並んでいる人全員、たとえば、デート中のカップル、三人の十代の女の子たち、八歳の息子と一緒に座っている母親、妊娠中の女性といる男性、他の客たちも皆、携帯の液晶画面を指でなぞっていました。お金を支払う瞬間を除いては、そのスペースにいる誰ひとりとして、他の人を見ようともせず、そこに今いる人と会話をしようともしませんでした。ワイヤレスの機器につながっていなかったのは、たったひとりだけで、それは八歳の少年でしたが、彼は母親が自分の方を見てくれるのをただ待っていました。地球人が手に収まる機器に反対に所有されているような、摩訶不思議なあの『トワイライトゾーン』の世界に入り込んでしまったのではないかと思ったほどです。お互いに目と目を合わせないような親の子宮にいる赤ちゃんはどうなるのでしょう？　かつて病院でボランティアをしていた友人がいます。たたき癖のある母親のかわりに、赤ちゃんに寄り添い抱きしめるのが彼女の仕事でした。私たちの未来は、人よりも液晶画面をタッチするのに慣れている親の赤ちゃんを抱き締めるボランティアが必要になるのでしょうか。

私の両親は、妊婦がアルコールやたばこを摂取すると、子宮内の赤ちゃんに悪影響があると知られる前の時代の人たちでした。ですが、今度は、絶え間なく無線信号に触れているとお腹の赤ちゃんの健康を害するなどということが、明らかになるのでしょうか。次世代の子どもたちは、世界は手の中のスクリーンだけではないとちゃんと理解できるでしょうか。二〇〇二年に行われた世論調査で「近しい友人は何人いますか」との問いかけがありましたが、平均的な答えは十名でした。最近の世論調査の同じ問いかけへの答えは、二人です。

フェイスブックを通じてのたくさんの友人は、親しくなりたい思いを埋めてはくれません。ランチタイムの写真を載せても、それはコミュニケーションにはならないのです。テクノロジーは本来私たちをつなげるためのものですが、不適切に使われると、それは逆に私たちを切り離します。

「タオ（道）」がもたらす神秘とギフトを今一度その手にしたいならば、私たちにはフォーカスしなくてはならない現実的な課題があります。たとえば、私は時々日本へ行って仕事をするのですが、そこには米国よりもむしろ深くテクノロジーのジャングルに入っている文化があります。肉体関係、人間関係や結婚など、携帯端末が最新にアップデートされる速度より早く消失しつつあります。多くの若者は、三十代や四十代を超えても、五十代になっても、両親とともに暮らし続けていて、三十代女性の二十五パーセント近くが、性交をもったことがないと言われています。男性でも、服装倒錯者ではないにもかかわらず、ブラジャーを身に着けている人もいれば、アニメにはまり、親密な関係は架空の人形とだけ発展させる人もいます。仮に恋愛をしても、そのうちの多くは、かたつむりのような速さで進み、真剣な交際を始めるまでに、数年間一か月に一度しかデートをしないケースもあるのです。皆がソウルメイトを求めているにもかかわらず、どうすればつながり、どのようにコミュニケーションをとっていけばいいのかを知っている人はとても少ないのです。セックスについても公に話されることはありません。出生率が下がってきても、政府はどうしたら年金を払える資金を捻出できるかを知りません。日本人の文化は、もともとても深いスピリチュアル性と道徳心を兼ね備えたものです。大変優しく、尊敬の念をもった謙虚な人たちです。テクノロジーが、彼らが本来もっている、温かな愛に満ちた人間関係を楽しむ力を浸食しているのです。私たちも同じ方向に進んではいませんか？

～五十七～

人々が浅知恵を使えば使うほど
奇妙なことがますます起こる

ある日のこと、老子は市場へ出かけるところだった。彼は私に自分が留守の間に、畑から蕪《かぶ》を少し収穫しておいて欲しいと頼まれた。もちろん、と私は答えた。喜んで！

私は使えそうな小さな道具を見つけて、蕪を掘り起こしに行った。しかし、結局は自分の手を土のなかに深く突っ込んで、根野菜を引き抜くことになった。昨夜に雨がずっと降っていたせいで土はぬかるんでいて、手が泥だらけになってしまったので、気分が良くなかった。また、しゃがみこんでの作業も気持ちのいいものではなかった。

そこで、私はふと思いついた。もう少しいい道具があれば、泥だらけになって、しゃがみ込む必要もなくなるかもしれない。そこで、のこぎりを手にして、師の家を少し下りたところにある森に、道具になりそうなものを探しに行った。そして、森で長く丈夫でまっすぐな枝をもつ老木を見つけた。枝を切って持ち帰り、枝の片方を鍬のような形になるまで削った。そして、畑に戻り、蕪の周りをまた掘り始めたのだ。

ちょうどその時、老子が市場から帰ってきた。「それは何？」と彼は私が作った道具を見て聞いた。私は彼に土を掘るやりかたを見せながら、「蕪を収穫するための道具を自分でこしらえたんです」と得意げに答えた。「ほら、見てください。手も汚れないし、しゃがむ必要もありません」と。

老子は、灰色の薄いあごひげを手でゆっくりと撫でながら、私のやりかたを静かにじっと見ていた。

「君の発明を見ていると、かつて私が政府で働いていた頃の役人たちを思い出す」と彼はついに口を開いた。

それを聞いて、私は掘るのを止め、師のほうを振り返って尋ねた。

「これのどこがですか」

「彼らのなかの誰ひとりとしても、自分の手を汚そうとしなかった。一日中、部屋で過ごし、政治やお金のことで論じ合って、周囲に威張り散らしていた。私が会ってきた人たちのなかで、彼らはもっとも哀れな人たちだと思うよ。まったくもって『タオ』から切り離されていた。そんな環境にこれ以上居たくなくて、私は役職を去ったのだ」

私は混乱した。道具はとてもいいアイデアだと思っていたからだ。

「では、私は手を汚して、ひざまずくべきだと?」

「土に触れるのは、癒しなのだよ」

かがみこみ、手で土をすくいながら彼は言った。すくった土は彼の指の間からばらばらと小さな塊になって落ちた。

「そうすることで、頭で考えることを止めさせて、気持ちをしっかりと落ち着かせてくれる。庭師や農夫たちは、最も幸せな人たちと言える。なぜなら彼らはいつも生きているものに接することで、『タオ』とつながり続けることができるのだから」

私は自分の作った道具を握った。

「立ったままで何がいけないんですか」

「何も間違ってはいない。しかし、君がしゃがんだり、ひざまずいたりする時のほうが、君の身体を通して生命力がより動くのだ。そのエネルギーの動きが君を健康にし続けてくれる」

手間暇かけてつくった道具なのだ。私はまだ食い下がった。

「では、手が汚れたらどうしたらいいのですか」

「私と一緒に来なさい」師は言った。彼は私を西に二十歩ほど歩いたところにある小川に連れて行った。雨水が満ちて勢いよく流れている。そこで、彼はかがみこんで手を洗った。

「小川で手を洗うのもまた癒しなのだよ。流水はたくさんの良い気をもっている。畑をぬかるませた同じ雨が、今度は君に土を洗うために働いてくれるのだ。『タオ』ではすべての要素が協力し合っている」

私は自分がしかけた議論がこなごなになっていくのを感じた。

老子は立ち上がり、手を振って余分な水を払いながらこう言った。

「生活しやすくなるために、道具を作るのは構わない。しかし、気を付けなければならないのは、生活を簡単にしたいあまり、自分と『タオ』とを切り離してしまわないようにすることだ。そうなると、人生は結局、もっと困難になってしまうのだよ」

なんてことだ！
人は自分で作った道具に使われるようになってしまった
～ヘンリー・デービッド・ソロー～

事実にありがちなフィクション

テクノロジーが発達するあまり、すべてを見失ってしまった地球外生物（エイリアン）についてのサイエンス・フィクションの映画を観たことがあります。テクノロジーの発達によって、すべての感情を失い、生殖能力を失い、そして子どもを生み出せなくなり、絶滅の寸前までいってしまう話です。その星のエイリアンが地球に旅してきて、そこで、人々が今なお深い感情をもち、情熱を内に秘めて、機械とではなく生きている者同士でつながりあっている姿を見ます。それを見たエイリアンは、生き残りの最後の望みをかけて、人間のもっている遺伝子を自分たちに移植しようと考えます。そして、地球人を自分たちの飛行体へと拉致し、生殖器を精査するのです。このストーリーはもちろんフィクションですが、同時に、私たちがテクノロジーに自分の力を明け渡してしまうと、人間的なものを失っていき、ついには、自分たちの存在さえも無きものにしてしまうと予見しています。

雑誌『Human Reproduction』には、英国で六人にひとりが不妊であり、この六十年間で、イギリス人男性の精子数も半分近くに低下したと報告されています。不妊治療の四十パーセントは、医者もその理由を見つけることできないものなのです。米国では、二〇〇三年から、体外受精による妊娠は六十三パーセントまでに増加しました。不妊の原因は単にテクノロジーへの依存ではないでしょうが、間接的に関係しているかもしれません。食物や環境に溶け込んでいる毒性のある化学物質は、ひとつの要因とも言えるでしょう。そして、一日に液晶画面の前に八時間以上座り続けるのも、性的欲求の減少の要因かもしれません。テクノロジーの良さを見れば、体外受精は進化した科学のたまものだと賞賛できるかもしれません。しかし、もっと自然に、楽しく、費用もかけずに、複雑なことをせずとも、ただ昔ながらのやりかたで子どもを授かることはできないのでしょうか。

人の体験もまた、デジタル化されるようになりました。人々は夕日を味わうよりも、写真を見ます。実際に決して会わないパートナーとの空想上の関係性が始まったり、運転手がいなくても走るタクシーに乗ったりします。そこでは、メールを書いている最中に生きた人間に話しかけられて邪魔されることもないのです。（私の人生のなかのもっともギフトを受け取った会話のいくつかは、タクシー運転手とのものです）最近の世論調査によると、性的関係を結んでいる最中に十パーセントの人が携帯を見たり、三十五パーセントの人が行為の終了直後に携帯をチェックするとのことです。また、あるアパートの廊下にこんな表示があるのを見たことがあります。「火事の時は、ソーシャルメディアに火事の記事を投稿する前に逃げましょう」と。スイス人の劇作家であり小説家でもある、マックス・フリッシュは、テクノロジーを「私たちが経験する必要のないまでに、世界を整理し過ぎるコツをもっているもの」だと定義しています。

自分自身を自然なものから距離を置いてしまえば、人生は脇道に入って行くでしょう。「タオ」であるものは増殖していきます。「タオ」でないものは無くなっていくのです。このことから、人生が「タオ」に通じているかどうかを見分けられ、自分のどんな意図が人生を創造しているかを知ることができます。

しっかりと建てられたものは、引き抜かれることはない
しっかりと握られたものも、滑り落ちることはない
「道」を守れば、代々しっかりと尊ばれていくのだ

～五十四～

すでにもっているギフト

老子は、テクノロジーによる催眠状態に転げ落ちることを避けるためには、「『タオ』によって、

幸せで健康で、豊かな人生を生きるためのテクノロジーは、すでに私たちの内側に埋め込まれていると理解することだ」と教えてくれています。私たちは内側に、驚くほど卓越した機能をすでに発達させています。その生まれながらのものをただ繰り返し使うだけでよいのです。ですが、使わなくなったがために、だんだんと委縮してしまいました。互いがとても遠くに居たとしても、私たちには本来、意思伝達できるサイキックな能力があります。航海者たちは、ずっと昔から星や潮の流れに頼って、海を渡ってきました。マインドを使って、複雑な方程式の計算もできます。

かつて、発達障害をもつ人たちのところで働いたことがあります。そのなかのひとりであるマックは、(映画『レインマン』に見られる事実にもとづく登場人物のような)サヴァン症候群でした。ある日、彼を連れて帰ろうとバス停に立っていた時、彼が私の生年月日を聞きました。私が答えると、彼はすぐにこう返したのです。「火曜日だった」と。それは正しい事実でした。私はとても驚きました。彼は何も準備もせず、ただ近年のあらゆる月日の曜日を、即答で言い当てました。自閉症であるダニエル・タメットは、計算機を使うことなく、円周率を二万二千桁以上まで暗唱し、一週間で新しい言語を習得したといいます。

スティーブン・ウィルシャーも自閉症ですが、その動画を観た時には開いた口が塞がりませんでした。彼は完璧な映像記憶をもち、それを絵に描いて見せるのです。研究者たちは、ウィルシャーをヘリコプターに乗せてローマ上空の短い時間飛びました。それから彼をある部屋に連れて行き、そこに約五メートル幅のホワイトボードを置き、彼に見てきたものを描いて欲しいと頼みました。三日後、彼はローマ市全体のスケッチをほぼ完ぺきに完成させたのです。それは、パンテオン宮殿のすべての柱の細部にまで渡っていました。その後も彼はいくつかの大都市で、同じように驚くべき妙技を繰り返し、成し遂げました。

マックの例も、タメットの例も、ウィルシャーの例も、その驚くべき能力は、人間の脳にはコンピュータ同様の能力が備わっているのだと教えてくれています。この人たちのもつ能力は、極端な例かもしれませんが、それでも、私たちすべてにそんな潜在能力がある可能性を示しています。必要となれば、高いテクノロジーの力を借りずとも、私たちは自分自身の人生のすべてを導いていけるのです。「タオ」はすでに私たちがコンピュータに与えたものと同じすべての力を、私たちの内側に与えているのです。すなわち、私たちは、神が自らと私たちを遊ばせるために、私たちの内側に創造したコンピュータを通じて、神とともに遊んでいるのです。自分たちが求めているテクノロジーがすでに自分の内側にあると気づければ、機械を発明する必要もなくなるでしょう。

集団としての預言者

超能力的なものや予言能力は、選ばれた数少ない人たちだけがもつものだと信じられていいますが、実は私たちは皆、生まれながらの超能力者なのです。プリンストン大学のロジャー・D・ネルソン博士は、二十年以上の期間を費やし、地球意識計画「Global Consciousness Project（GCP）」に取り組んできました。それは、乱数生成器を使って、大勢の人間の感情的な反応の強さを調査していくものです。この機械が強い感情のエネルギーによる影響を受けると、乱れた数列ではなくなり、パターン化されるというものです。ネルソン博士は、この乱数生成器を七十個、地球上に散りばめ、集団のマインドと人間の感情における傾向を調査していました。そして、二〇〇二年九月十一日、テロリストがアメリカ合衆国を襲撃した日、ツインタワーに飛行機が追突する四時間前に、地球上の乱数生成器の数値が跳ね上がったことが分かりました。GCPはまた、一九九七年のダイアナ妃の死や二〇〇四年のインド洋沖の津波などの地球規模の大きな出来事の時も、予知的な数値の跳ね上がりがあったことを発見しました。人間の集合意識のどこかで、私たちはこれから大事な出来事が起こると感じ取り、結果として大きな感情の波紋を生み出しているのかもしれません。個人としてだけではなく、人間としての集合意識としても、私たちは超能力をもっているのです。スピリチュアルな師たちは、何千年もの間、私たちのマインドはひとつなのだと教えを説いてきました。今、科学がこの深い能力を証明しています。

超自然に生きる

私たちは、実のところ、とても自然なものを超自然と呼んでいます。とても普通であるものを、超常と呼んでいます。とても感覚的なものを、「超感覚」と呼んでいます。「超〇〇」と呼ぶこれらのものは、長い間自分の能力を超えたところにあると信じられてきましたが、実は自分の能力として内在しているのです。ですから、今私たちに求められているのは、自分で作り上げた自分ではなく、もともと創造されたままの自分で生きることです。老子が今生きていたら、私が想像するに、携帯電話は所有するかもしれませんが、自分をそれに明け渡すことはないでしょう。彼はむしろ、おもちゃや役に立つ道具としてそれを手に取り、必要不可欠なものとは見なさないでしょう。携帯電話で遊びはするでしょうが、携帯電話に乗っ取られて遊ばれることはないでしょう。携帯電話とともに生活を送るかもしれませんが、それがなくとも生きることができるでしょう。私たちも師と同じレベルに踏み入ることさえできれば、大いなる計画の正しい居場所で楽しめるのです。

テクノロジーは、人類が巧みに使ってきた諸刃の剣です。薬は死の淵から魂を取り戻せますが、武器はボタンひとつで、多くの人たちを墓場へと送ります。インターネットは、すべての人類が、大量の知識を得るのを可能にしましたが、同時に憎しみが出会う場にもなり、憎しみの場が地球全体に広がると、善を窒息させます。衛星はGPSの機能を提供し、それによって、人々は自分の目的地をすぐに見つけることができますが、一方で目の前の道ではなく、自分の携帯電話だけを見続け、心がどこにもたどり着けない人たちもいます。化学物質は、食物を棚の上でもより長く保存できるようにしましたが、地球の上の私たちの命を短くしています。

テクノロジーは、良かれ悪しかれ、問題ではないのです。知識が、それをどう使うかの知恵を得るより早く進化していくことに、問題があるのです。データの移行が、私たちの霊的な成長を超えて進み続けています。自分の作り出した機械を、「タオ」に反するのではなく、「タオ」に従って、どのように使いこなせばいいかを知らなくてはなりません。科学的な力に、私たちが霊的に成熟して追いつかなくてはなりません。賢い者にとっては、科学は祝福になりますが、無知な者にとっては呪いになります。私たちにはもうこれ以上機械は必要ないのです。意識をもっと高めることを必要とされています。自分で作り出した装置を支配するか、あるいは逆に支配されるか、その岐路に今立っています。結局、機械や装置は必要ないのです。必要なのは、なぜ私たちはここに居るのか、何が人生を価値あるものにしてくれるかを理解することなのです。

世界をわがものにして、手を加えることができると思うか？
そんなことはけしてできはしない
世界は聖なるものである
手を加えることなどできない
それでも変えようとすれば、かえって壊すことになる
そのままの状態でつかまえておこうとすると
かえって失うことになるのだ

〜二十九〜

肉体とともに平和を体験する

身体と魂を持ちながら、唯一の「道」を持ち続け
離れないでいることができるか？
精気を集中し柔軟でありながら
新しく生まれた嬰児のようでいることができるか？

〜十〜

この地球に降り立った瞬間に、私たちは肉体を授かります。そして、その肉体とどう付き合っていくかを探りながら、残りの人生を過ごすことになります。永遠で無限、そのままで完全なスピリットとして存在していたにもかかわらず、ほんの一瞬で、肉体という小さな箱に押し込められ、さらには自分ひとりではまかなえないさまざまなものを必要とするようになります。安全に

生き延びていくために、他人や物質に頼るようになるのです。時が過ぎるに従って、自分をスピリットとしての存在と考えることは少なくなり、かわりに肉体を通して考えることが多くなっていきます。そして、ある地点に達すると、光の王国からやってきた真実を忘れてしまい、限られたものを七億もの他の肉体と奪い合う世界に囚われていると思い込んでしまうのです。**さあ、あなたはどうしますか?**

老子は私たちに、肉体が課している限界を超えて、もっと本質的な、霊的な存在であるとの記憶を思い出すようにと求めています。自分を肉体だけの存在だと考えると、肉体的な欲求と制限に自分を乗っ取られてしまいます。そうすると、人生は満足を得ようとするだけの苦痛の日々になってしまうでしょう。この地球にやってきた理由は、単に食べて、寝て、セックスをして、自分の領域を守って戦うためだと思うようになります。自分の存在を小さいものとし、奥底にある真の力を見過ごしてしまいます。

しかし、もし自分が皮膚によって閉じ込められているだけで、実はもっと大きな存在であると知れば、あなたは無限の力や、肉体だけでは決して手にすることのないギフトへ、アクセスできるようになるでしょう。

五つの色を交えた複雑な色彩は、人の視覚をくらませる
五つの音を交えた複雑な音は、人の聴覚をおかしくする
五つの味を交えた複雑な味は、人の味覚を狂わせる
馬を走らせ狩猟することは、人の心を狂気にする
手に入りにくい珍品は、人の行動を誤らせる

〜十二〜

老子は物質界に没頭すれば、自分本来の目的を見失うことになると言っています。『老子道徳経』は、物質界が授ける美しさやギフトへの感謝を促しつつ、より偉大な現実の存在も忘れてはいけないとも言っています。

「馬を走らせ狩猟する」との言葉は、この世界で手に入りにくいとされる宝、たとえば、お金、名声、権力、地位、そしてツイッターのフォロワー数などを追いかけることを意味しています。一方で、賢人は宝を自身の内側に見出します。外側の世界からの承認を求めることなく、魂の深い部分に、宝を見出すのです。人生は内側から創造されていくと理解し、自分の命の源はスピ

リットであると知っています。世界で起こる出来事を高い位置から見ることで信頼を深め、何も失うことなく、すべてを得るのです。

人間性を抱きしめる

スピリチュアルの教えと称して、肉体を邪悪なものだとし、否定したり、抑え込んだり、戦ったり、傷つけるようにさえ、強く勧めてくるものもあります。ある宗教では、自己を処罰して責めることを指示しています。また宗教的であるないにかかわらず、私たちの多くは、身体を自分の車やペットよりもひどく扱っています。たとえば、食べるのさえ忘れて、休みなく働き続けたり、栄養のない有害なものを食したり、有害な環境に身を置き、身体や感情を押さえつけようとし、満たされない気持ちや痛みを我慢しようとしています。なぜなら、自己を抑えるほうが気高いとずっと教えられてきたからです。「私の苦しみは神の意志に違いない」と自分に言い聞かせてきました。老子の教えにはこのようなことはまったく書かれていません。代わりに、私たちが肉体とともに平和を体験するようにと促します。それは、優しさと尊敬をもって肉体を扱い、私たちの幸せだけを求める「タオ（道）」に調和させていくことです。

キリストは、思いやりがいかに体験を大切なものにするかを教えました。「パンのかけらを欲しがる息子に、親が石ころを与えることがあろうか」と。ナザレのイエスは、パンと魚の奇跡を実行し、大勢の人たちに食べさせました。彼は集まってきた群衆に「あなたが真にスピリチュアルであれば、食べる必要などありません」などとは言いませんでした。彼は、目や耳や身体の不自由な人を癒し、聖なる父は彼らに健全な肉体をもつことを望んでいると証明しました。「自分のカルマを償うために苦しむ必要がある」や「ずっとただ苦しみ続けなさい。そうすれば、いつか天国に行けるでしょう」などとも言っていません。彼は、今日という日が、今立っている場所から、彼らにとって天国となる日であると知っていました。ですが、私たちは、いかに自分が苦しみに値するかを正当化するような、おかしなストーリーや理屈をいくつもでっちあげています。そんな私たちを見下ろして、天使やガイドたちは、やれやれと頭を振りながら、彼らがあなたを愛しているのと同じぐらい、あなたが自分自身を愛せるようになるのを辛抱強く待っているのです。イエス・キリストは誰に対しても苦しみを望んではいません。そして、それは老子も同じです。

肉体の正しい使いかた

肉体は、愛の力を知る体験をし、愛を拡大させるために存在します。より高次の真実を受け取り、広げていくためのコミュニケーションにおける媒体です。肉体は目的を達成するための手段ですが、その目的は物理的なものを超えています。「タオ」とともに在れば、肉体は健康であり、健康な肉体は奉仕を行えます。痛みや病は、「タオ」の意図するところでもなく、計画にもありません。あなたはもっと高い使命をもっているのです。

肉体が物理的な世界だけに目標を置くと、喜びを否定し、生きる目的を見失います。たとえば、自分の車を常に磨かなくてはいけないと思うようになると、車をガレージにずっと置いておくことで、泥や傷がつかないようにします。そして、お金を費やして、たくさんの素敵な付属品を付けようとし、車の本来の意味や働きがなくなります。車を走らせて、どこかにいくのを楽しむはずだったのにもかかわらず、乗り物をまるで神のように崇めてしまうのです。

『奇跡のコース』は、平和へ向かう時の障害のひとつは、人生の価値は、肉体が提供するものに在るとの思い込みであると私たちに言っています。先の車の例でいうと、肉体は人生を生きるための**ツール**ではなく、人生の**目的**となります。肉体があなたに奉仕してくれるのではなく、あなたが肉体に奉仕するようになるでしょう。人生は、他人とつながるためのものではなく、自分の肉体を崇め奉るためとなるでしょう。肉体は人とのつながりを高めるためのものであるのにもかかわらず、誤って使われることで、つながりを妨げるものとなるのです。

真の人間関係とは、肉体を通してではないのです。それは、スピリットを通して結ばれます。めったに会えない親友が何千マイルも離れたところに住んでいるとしましょう。あなたたちがもしスピリットで通じていれば、ずっと一緒なのです。あなたは友人の心のなかにいて、友人はあなたの心のなかにいます。同じように、愛する人がこの世を去った後に、あなたがその人を肉体だけの存在と見ていれば、あなたは取り残されたような、奪われたような寂しい気持ちを味わいます。しかし、その人が肉体の制限を超える霊的な存在だと気づけば、そして、あなたもそうなのだと分かれば、あなたとその人の関係性は持続し、また拡大していくと理解できるでしょう。私の両親も何年も前に亡くなりましたが、私は彼らの存在を感じることができます。そして、彼らとのコミュニケーションは深くなっていくばかりです。両親は今でも、私にとってリアルに生きています。人生とは愛です。そして、愛とは肉体によって変わるものではありません。

しかしながら、肉体は愛によって変わります。愛あるところでは、肉体は健康になり、人とつながるという目的を達成します。愛がないところでは、肉体は弱まり、やがて死んでいきます。息はしていても、目は空ろになり、心は冷たく、生命力の流れはただ滴るだけになり弱まっていくでしょう。愛を回復すれば、肉体も健康へと戻り始めます。これを如実に示す小さなアフリカの少年に関するドキュメンタリー番組を観たことがあります。両親に捨てられた彼は、通りを裸でうろうろし、飢えていました。死の一歩手前で、優しい心をもつ人々が彼を養子として迎え、食事を与え、養い、彼に人生を取り戻させました。最初の彼の写真は胸がつぶれるほど、痛々しいものでしたが、最終的に彼は健康体と活力を取り戻し、喜びとギフトに溢れた日々を送っています。愛は、偉大なるヒーラーです。この世の空っぽな場所を埋めて、枯渇しているところに活力を吹き込み、この世の地獄を、あの世の天国のように変えてくれます。

「道」がすべてのものを生み出し
徳がそれらを養い
物となったものが形を成していき
環境を創りあげていく
それゆえ万物は「道」を尊敬し
徳を尊ぶのだ

～五十一～

優先順位

肉体とスピリットの間の正しい関係性は、ひとつのシンプルな言葉に要約できます。それは「優先順位」です。どちらが先でしょうか？　愛でしょうか？　物でしょうか？　つながりでしょうか？　分離でしょうか？　勝つことでしょうか？　協力し合うことでしょうか？　自分の肉体を動かすのを控えたり、肉体を否定する必要はありません。ただ優先する順位を守ればいいのです。友人とともに豪華なディナーに行くのもいいでしょう。しかし、ディナーとともに在るのではなく、友人とともに在りましょう。素敵な服を着てドレスアップするのもいいでしょう。しかし、品格ある人はあなたのドレスよりも、あなたのハートに感動すると覚えておきましょう。素敵なセックスをするのもいいでしょう。しかし、形よりも、人と愛を確かめ合うのです。人とのつながりからあなたに距離を置かせようとするものはすべて、「タオ」があなたに贈ろうとしているギフトからも遠ざけています。

時が来れば、あなたの肉体は消えてしまいます。しかし、あなたの魂は消えません。肉体は魂のためにあります。逆ではないのです。その優先順位が守られれば、あなたの肉体が必要とするものはすべて、大いなる存在の手によって調達されるでしょう。

「何をしているのかね？」と老子が私に尋ねてきた。

「身体を鍛えているんです」

とても重たい石をつかみ、二頭筋を固くするために腕を上げながら私は答えた。

「私の町に驚くような体格をした知り合いがいるのです。筋肉だらけで。女の子たちが彼に群がっているのです。私も彼と同じぐらい強く、魅力的になりたいと思っています」

「そうかね」と師は言ったが、その様子から、彼の心のなかの糸車が回り始めたのを私は感じた。

数週間後、老子は私を街の近くにある劇場に行こうと誘ってくれた。そのショーの主役が那劉《ナリウ》だと聞いた時、私は天に舞い上がらんばかりの気持ちになった。彼女はその地方では、もっとも美しく才能ある女優だと言われていた。とても官能的なその姿は、彼女の舞踏を見たすべての男性にとって、憧れだった。

待ちに待ったその夜が来た。私は胸を躍らせながら、老子とともに前の方の席に座った。那劉の舞踏は本当に豪華だった。彼女がとても人気があるのは、間違いなく明らかだった。ショーが終わった時、案内係が私たちの方へとやって来た。

「老子様ですね。劉女史が、今宵はあなたが観に来ていらっしゃると聞いて、お会いしたいと申しています」

老子は謙虚にうなずいた。彼が私のように、女優である彼女に魅せられていたわけではないのは明らかだったが、彼は普段からこのような招待を「タオ」からのガイダンスとして受け取り、応じていた。ご想像通り、私も彼に後ろから付いて行った。

案内係は私たちを劉女史の控室に入れてくれた。そこでは彼女は立って、老子に挨拶をした。それから、彼女は世話係の者たちに向かって、私たちのために座る場所を空けて、何か飲み物をもって来るように怒鳴り始めた。私たちは座り、那劉は老子に向かってしばらく話していた。しかし、それは会話という感じではなかった。ほとんどの老子を訪ねた人たちは、彼から何か学びたいと思い、自分のスピリチュアルな道のりについての質問を投げかける。しかし、劉女史はほとんどの時間を、自分の舞踏や受けた賞の自慢をしたり、彼女のライバルだとする他の女優を非難したりしていた。老子はしばらくの間、礼儀正しく聞いていたが、それからまもなくタイミングを見て、私たちは退出した。

劇場の外に出た時、老子は私に聞いた。

「那劉をどう思ったかね」

「彼女は確かに美しいです。彼女の舞踏も楽しめました。でも、実際に会ってみたら、失望したと言わざるを得ません。彼女は自己陶酔している、嫌な人でした」

老子はうなずいた。

「彼女の肉体は魅力的だが、彼女の魂は傷ついている。彼女は目には愛らしいが、心は愛に飢えたままだね」

彼はシンプルにそう言って、会話はそれで終わった。

一か月後、師は長年の友人に会いに行くからと、また私を誘ってくれた。私たちは、魏麗華《ウェイリウファ》というとても高齢の女性の家に向かった。彼女の身体は弱々しく、肌もしわだらけだった。しかし、彼女が玄関に現れた時、彼女から大きな喜びと光が発しているのを感じた。すぐに私は気分が良くなり、彼女と一緒に居たいと心から思ったのだ。

麗華とともに座り、お茶を飲み始めた数分後には、私は彼女が高齢であることを完全に忘れてしまった。まるで、活気に満ちた、よく気が利く気持ちの良い若い女性と一緒に居るようだった。あまりに幸せな気持ちだったので、帰りたくなくなったほどだ。

ついに老子がもう帰る時間だと言い、私たちはいとまをした。

「麗華をどう思ったかね」と老子が尋ねた。

「なんて光輝くスピリットなのでしょう！　彼女と一緒にいると、私まで元気になります」と私は答えた。老子はうなずいた。

「さて、君は美しいが空っぽの魂をもつ女性と会ったね。そして、老いた身体だが、活力に満ちた魂の女性とも会った。身体を鍛えることについて、今どう感じているかね」

師の質問に、私は不意をつかれた。その瞬間まで、私は今回の体験と自身の身体の鍛錬とを結びつけてはいなかった。なので、少しの間、考えてみた。

「真の美しさはスピリットにあって、肉体ではないと思います」

老子は微笑んだ。「良くできました」と言わんばかりに。

「ということは、私は身体を鍛えるべきではないということですか」と私は尋ねた。師は肩をすぼめた。

「別にそうではない。君が楽しんでいるのなら、気分を良くしてくれるでしょう。そうであれば、健全な鍛錬だよ。ただ、自分の身体を神のように思ってはいけない。那劉のようになりたいか、それとも、魏麗華のようになりたいかね」

答えに時間はかからなかった。

「私は、美しい魂をもつ麗華のようになりたいです。彼女がどんな外見であろうと」

師は私の上腕を誇らしげにたたいた。

「なんと、君の筋肉は盛り上がったものだ」

そして、彼は続けた。

「では、君を家に連れて帰って、少し木を積み重ねてもらおうかね」と。

自然界の薬局

肉体が、健康や幸福を維持するために必要としているすべてのものは、すでにこの地球からギフトとして与えられています。人間が、数限りなく広範囲にわたる薬剤を作り出している一方で、自然界はよりシンプルで健康的な癒しの手段を提供しています。たとえば、先住民は自然に生えている植物の特別な癒しの効果を知っています。その土地で生まれ育った人たちがジャングルを歩けば、きっと大きな自然界の薬局を訪れているような感じなのでしょう。私はフィジーに住んでいた頃、先住民と一緒に家の近くの森で作業をしたことがあります。作業の途中で、私は指を切り、血が流れ出しました。あわてて、家まで抗生物質とバンドエイドを取りに行ってくると彼に言った時、彼は私に「ちょっと待って」と言いました。そして、ある樹木のところまで行き、葉をちぎってくると、私の指にこすりつけたのです。すると、血はすぐに止まりました。「父がこの葉が薬になると教えてくれたんだ」と彼は言いました。「だから君の手はもう大丈夫だよ」と。そして、その通りだったのです。

抗生物質を摂取したこともあります。その時は、抗生物質にとても感謝をしました。西洋の薬が悪だと非難するのは、ホリスティックな健康を目指すコミュニティにおいて、よくあることかもしれませんが、西洋医学は、役に立つ多くの治療法を、私たちに与えてくれます。その恵みには心から感謝です。神が医者を通して、癒しているのです。外科手術や薬剤によって、多くの命が救われ、寿命を延ばしています。医者や薬があなたの痛みを和らげて、症状を緩和したのであれば、その効果を恩寵の力だとして尊重しなくてはなりません。今の時代では薬で難なく治せる病気にもかかわらず、その同じ病気で、人々が死んでいたのはそんなに昔のことではありません。病の克服へ栄誉を称えましょう。西洋医学は、「タオ」の一手段なのです。

しかし同時に、西洋の薬の大部分は、強過ぎたり、有害な副作用を生んだりします。ある統計によると、米国の人々の死因の第三位は不適切な薬と手術だとされています。ひとつの臓器がその人間全体にどう関係しているのかを理解することなく、肉体の一部（その臓器）を切り離したり、薬を投じたりはできないのかもしれません。「タオ」は、機能障害がある臓器を取り除くことを急いだりしないでしょう。かわりに、マインドと肉体、そしてスピリットが互いに必要とし、調和して結びついているものとして見ています。別の害を生む可能性があるものを摂取したり、身体を切ったりするよりも、私たちが住むこのすばらしい惑星から直接もたらされる、簡単で自然で、しかも安価なものを治療法として、癒されたいと思いませんか。西洋医学の技術は、必要な時と場所で使ってよいでしょう。しかし、自然のやりかたもあるのです。

何千年も前から続く自然療法の経験豊かな中国では、医療的な援助が欲しい場合には、クリニックに行くと、現代医療のドアと昔からの自然療法のドアとに分かれているそうです。患者はそこで、どちらか好きな方を選べます。私たちの国でも、こんな選択に小さな一歩を踏み出しました。西洋医学を用いる医者が、自然療法を尊重しつつあります。友人の看護師が働く病院でも、より多くの医師たちが医療用のマリファナを病気の治療に勧めているそうです。しかし、自然療法が西洋医学と肩を並べるまでには、まだまだ長い道のりがあるでしょう。より多くの人が「自然界の薬局」の良さを体験すれば、もっと受け入れられて、よく使われるようになるでしょう。「タオ」が具体的な結果を見せて、それを明らかにするでしょう。

未来の医学は、症状を緩和させるよりも、核の部分を癒せるように育っていくかもしれません。すなわち、手段よりも、患者の意識の改善へとよりフォーカスされるのです。光や音、マインドの力、祈り、そして、地球からの産物によって、癒しがもたらされるかもしれません。自分たちの生活とかけ離れた要素にではなく、ライフスタイルそのものにフォーカスするようになるでしょう。私たちの自然な状態は、安らぎです。英語表記の disease（病気）は上手く名付けられています。disease（病気）とは、私たちが dissed ease（安らぎを否定）した状態なのです。「タオ」は、安らぎに関するすべてです。「タオ」から私たちが逸れる時、病気が私たちをまた「タオ」へと連れ戻そうとします。病は、軌道修正を求めているのです。ですから、何を修正すべきかを知り、そこに踏み出せば、私たちはまた安らぎを取り戻し、dis-ease（病気）は溶け落ちます。

簡単に癒しを受けるために

肉体を「タオ」に調和させ、健康であり続け、気持ちよく居続けるための、自分でできる主要な方法をいくつか見ていきましょう。これからお伝えするテクニックは当たり前過ぎて、言うまでもなく感じられるかもしれませんが、実際に私たちの多くは、そこから逸れて、大きく外れてしまっています。私たちには、健康への道がいかに簡単であるかを思い出す必要があるのです。

1 呼吸

私たちは皆いつでも呼吸をしていますが、深く呼吸したり、新鮮な空気を吸うことは滅多にありません。緊張が高まると、呼吸は浅くなります。リラックスし、幸せな時には、呼吸は深くなるのです。ですから、リラックスした状態や喜びを刺激するために、わざと深い呼吸をすればよいのです。

本来の地球には、今日私たちが体験しているよりもずっと酸素が豊かにあったはずです。森が、惑星のほとんどの地域に生い茂り、生命力を高める酸素が大気中に排出されていました。その結果、今の基準値を大きく超えて、すべての生物が繁栄していました。オーストラリアで、私は三・六メートル近い先史時代のカンガルーの等身大の像を見たことがあります。フロリダで美術館を訪れた時には、フォルクスワーゲン社のビートル車ほどもあるアルマジロのレプリカを見ました。シカゴのオヘア空港では、ブラキオサウルスの等身大レプリカの下に立ちました。彼の頭の位置は、九メートルを超えていました。一八〇センチほどの私の頭は、かれの膝にやっと触れたぐらいでした! 大昔、酸素はすべてを健康に、そして巨大にしたのです。

「タオ」に反して作り出されたこの世界は、大気から酸素をかなり奪っています。森を切り、大気中に炭化水素を吐き出させました。そして、私たちはまったく新鮮な空気が入って来ないビルのなかで、一日中過ごしています。とても多くの人たちが気分を悪くしたり、いらいらするのも不思議はありません。不健康や不幸は、「タオ」が私たちに望む生活ではありません。

ヨガや他のエクササイズを通して学んだ深呼吸をして、海岸や山、あるいは自然がまだ残る酸素が豊かな場所へ出かけて行って、自分の肉体に酸素を与えましょう。そうすれば、あなたは気分が良くなり、マインドがクリアになったことに驚くでしょう。単に呼吸をしっかりと行うだけで、自分の感情のバランスが良くなることにも驚くはずです。

2　きちんと食べる

ただ食べるだけが、あなたを生かしているのではありません。大切なのは、**何をどのように**食べるかです。できるだけ自然に近い状態の食べ物を食べましょう。できるなら、オーガニックなものを。大地から芽吹いた状態をまったくとどめず、大幅に加工が施された食べ物は避けましょう。冷凍したり、火を通したり、長距離を運ばれてきた食べ物は、栄養価をかなり失っています。また、私たちが口にするほとんどの食べ物には、毒性が生む可能性がある化学物質や保存料が施されています。成分ラベルをよく吟味して、身体に害を及ぼしそうな成分の有無を確認しましょう。精糖は不健全な欲求を生んで、依存しがちになるので避けましょう。添加物を含む肉や、非人道的な環境で育った動物からの肉を食べるのは止めましょう。身体を綺麗に保ち、毒性のあるものを排出するためにも、綺麗で新鮮な水をたくさん飲みましょう。

食べる際には、リラックスをし、食事に対して適度に注意を向けることで、身体を大切にしましょう。走りながら、あるいは、運転しながら、動きながら、立ったままで、仕事しながらの食事をすると、身体が充分な栄養を受け取ることができません。私たちの文化では、ファストフードを食べたり、短時間で食べたりして、その代償を払うのは、すでに普通のことになっています。一方で、食事の時間を大事にする文化をもつ国もあります。たとえば、イタリアのように、ランチに何時間もかけて、家族や友人と集まり、手の込んだ料理を作り、ワインを楽しく飲むことで、食事の時間を一日のもっとも重要な時間のひとつにしている国もあります。

食べ物を摂取することは、愛を受け取ることに比喩されます。摂食障害のある人たちは、愛を受け取るのも苦手です。そして、それは食べ物を受け取る能力の乏しさに比例します。摂食障害を治すためには、愛を受け取る能力を深めることが大切です。自分に良い食事を与え、それを楽しむことを通して、自分自身に愛を与えましょう。

3　賢く休む

「タオ」において、すべてがバランスです。適切な休みをとることもなく、常に動き、動き、動き続け、行動し、行動し、行動し続けるならば、あなたはバランスを崩してしまいます。夜に眠るために充分な時間をとり、できれば、日中もお昼寝する時間を恥ずかしがらずにもちましょう。夕方や週末には、仕事をしないように。宗教のなかには、安息日を設けているものもあります。一週間に一日、その日は日々の忙しさを脇に置いて、スピリットをリフレッシュさせるのです。

健全な湖にも、水の入り口と出口が必要です。湖に水の入り口がなければ、干上がってしまいます。水の出口がなければ、洪水が起こるでしょう。リフレッシュと活動のこのバランスは、命のリズムを刻んでいるのです。過剰な労働を断ることに、後ろめたさを感じるのは止めましょう。あなたを疲れさせる社会的義務への招待は却下すべきです。

充分に休んだ後、仕事に戻れば、休みなく働くよりもはるかに効率的に仕事ができます。休むことは、公私の成功にもっとも大きく貢献する一要素なのです。

仕事をやりとげたら、身を引き引退する
これが天の道というものだ

〜九〜

4 動く

肉体は生命のエネルギーを循環させて、楽しむことを欲しています。自分の思考から抜け出して、身体で体験できるような何かを毎日するとよいでしょう。たとえば、ヨガや太極拳、フィットネスやウォーキング、ジョギング、何らかのスポーツ、ハイキングやガーデニングなど、自分の身体を動かすことです。そうすれば、あなたは気分がよくなり、よりクリアに考えられるようになります。悩ませている問題に対しても、新たな視点を得られ、解決策を見つけることができるかもしれません。

最初の本を書いた時、私は二週間、部屋にこもって書き上げようと決めました。部屋を借りて、一日何時間も書きました。ですが、まもなく私は頭が混乱してきました。そして、仕事への集中と運動のバランスの大切さを知ったのです。そこで私は、毎日近くの公園へ出かけて、ジョギングを始めました。すると、運動から戻ると、またしゃきっとして執筆も良く進みました。肉体を動かせば、あなたの取り組みの姿勢や感情も向上します。ほんの三十分でも違ってくるでしょう。核の部分では、私たちはスピリチュアルな存在ですが、地球での旅路では、自分を運んでくれる馬の世話係に、私たちはならなくてはいけないのです。

5　ストレスを最小限にして、上手く扱う

私たちの生活は、多くの皿回しを一度にしているようなものです。仕事、子供の世話、プロジェクト、そして重い責任があり、しばしばそれは過剰なまでのしかかっています。要求されるままに、ストレスを受け入れるようになっているかもしれません。本当はその必要はないのに。もちろん、ある程度の忙しさは、健全でもあります。しかし、一線を超えると、健康を害し始めます。私たちの多くは、必要以上に、やるべきことを作り、着手しがちです。大き過ぎるストレスを生む要素を、あなたの人生から削り落とすことから始めましょう。「あなたは常に自分ができることのひとつ手前で終えてよいのです」。境界線を設定して、自分の健康と内なる平穏を守りましょう。

ストレスを緩和する活動を、スケジュールのなかに入れましょう。日記を書いたり、自然のなかを歩いたり、マッサージを受けるような時間を毎日キープしておくのです。直感を呼ぶような

芸術的な趣味の時間を確保しましょう。週末の旅行の計画を立てたり、休暇を取ったり、気持ちを高めてくれるようなセミナーやリトリートに参加するのも良いでしょう。これらの魂が息を吹き返すような活動は、あなたの仕事や義務と同じくらい大切です。やりましょう。さもないと、ストレスを伴う活動があなたの生活を浸食し、自分が愛することを行う貴重な時間を見つけることができなくなります。

一線を踏み越えて、過剰なストレスを感じている場合、身体があなたに送り始めたそのシグナルに気づいてください。身体の一部が燃え尽きようとしている時、きっとシグナルは出ているはずです。たとえば、頭痛がしているかもしれません。喉の異常や消化不良を感じるかもしれません。そんな症状は「タオ」からのメッセージであり、重要な境界線を踏み越えたと教えてくれているのです。あなたは立ち止まり、蘇生するよう導かれています。あなたに自分を回復するようにと求める、これらの停止信号には感謝しましょう。それを聞き入れなければ、事故や病気へとたどり着きます。ですから、宇宙からのメッセージに心を開いておきましょう。そのメッセージは、あなたが良くなり、心地よく居続けるために必要なことを見せてくれています。「タオ」はあなたのチームの一員です。そして、あなたの協力を求めています。

6　喜びに従う

幸せな気持ちになれることをすれば、あなたの肉体はホルモンや栄養分を自然に分泌させて、免疫力を高め、安定した健康を維持します。コメディ映画『フェリスはある日突然に』では、フェリスが親友のキャメロンに電話をして、一日の冒険に出かけようと誘います。病気のキャメロンは唸りながら、「死にかけているんだよ」と言いますが、フェリスはこう答えるのです。「君は死にかけてはいないよ。ただやるべき楽しいことを思い付いていないだけだよ」と。このセリフは、深遠な真実を物語っています。それは、「喜びに満ちた目的をもって生きていれば、エネルギーと活力が現れる」ということです。病気で疲れているなら、自分にこう問いかけましょう。私は何に飽き飽きしているのだろう、と。そして、次にまたこう聞いてみましょう。今まで自分が否定してきた喜びは何だろう、と。これらの質問の答えが見つかれば、癒しへ通じるあなただけの地図が作れるでしょう。「タオ」はあなたに気持ちよく、いきいきと生きて欲しいのです。あなたがその意図をもって動き出せば、それは、そのままそうなっていくでしょう。

意識の旅立ち

私たちが肉体を使い終えると、肉体を手放し、地に返し、スピリットがもう一度その本質を表し、それが私たち自身となります。そのプロセスをどのように全うするか、それはどのように生きるかと同じぐらいに重要です。多くの人は恐れに満ちた状態で、あるいは無意識に旅立ちますが、なかには、意識的に旅立つ人もいます。私たちは、言葉や例を用いて、死とは困難なものに違いないと信じ込まされてきました。しかし、優雅にこの世を去る人たちもいるのです。スコット・ニアリングは、健康的な生活を支持する運動の先駆けとなった人でした。一九三〇年代に、彼と彼の妻であるヘレンは、都会での生活を止めて、自然のあるバーモント州に家を建てて、有機農法で食べ物を育て、サステナブルな生活の近代モデルを最初に実践しました。彼らが書いた本『Living the Good Life（良好な人生を生きる）』はエコに関する名著となりました。スコットは百歳まで生きました。そして、とても優雅に死んでいったと言われています。彼は徐々に食べるのを止めて、ジュースを飲むようになり、それから水を、最後は何も摂らなくなりました。そして、ひっそりと自分の乗り物である肉体をすり抜け、神の御心へと消えていったのです。

人生という舞台左手へ退場する順位が整う時には、去り際の言い訳として病気が必要であると、私たちはずっと教えられてきました。しかし、実際はそうではありません。私たちが選択すれば、ひっそりと平和に去って行くことができるのです。エイブラハム（エスター・ヒックスがチャネリングする意識の集合体）は、このように言っています。「幸せで、健康で、幸せで、健康で、幸せで、健康で……死を迎える」と。

肉体は、一生を通しての旅路において、私たちが身に着ける洋服のようなものです。「地球スーツ」と呼ぶ人もいます。ずっと同じシャツを永遠に着続けたくはないのと同じように、同じ肉体を着ていたくはないでしょう。デンマーク人の神学者であるセーレン・キェルケゴールは、「もし死なない人間が本当にいたとしたら、その人は一番不幸せな人ではないか?」と言っています。ある時点で、私たちはこの世界で遊ぶことに飽きて、家に還る準備を整えるのです。安らぎと恩寵とともに生きる方法を学べたら、安らぎと恩寵とともに、私たちは旅立てるでしょう。その時には、愛の両腕に抱きかかえられながら、私たちは、「地球でのしがらみ」の重荷を降ろして、スピリットとしての輝かしい力を取り戻すのです。

不運や心配ごとは
身体があってこそのことだ
身体がなければ
どうやって不運や心配ごとは存在し得ようか?
謙虚に委ねなさい
そうすれば、すべてのものから好かれ
信頼されることができる

自分自身を愛するように、世界を愛しなさい
そうすれば、すべてのものを真に愛することができる

〜十三〜

「タオ」の息吹が吹き込まれるからこそ、肉体は生きます。スピリットが出て行くと、肉体は死ぬでしょう。しかし、スピリットは生き続けます。それは明日太陽が昇るよりも確かな真実です。「タオ」にとっては、死んだ後起こることよりも、生きている間起こることのほうが大切です。上手く生きれば、上手く死に、「すべて」である場所へ輝きながら戻っていくのです。地球を歩いている間は、人生の質は、人生の量よりも大切です。「タオ」から逸れてしまえば、生きながら死ぬこととなります。「タオ」に戻ってくれれば、死という幻想より、生という現実が色濃く光ります。人生の目的は、無事に死にたどり着くことではありません。生きることです。『老子道徳経』は真に価値ある時間を肉体とともにどのように過ごし、どのようにして限界を超えて、悟りを開いた内なる平和のなかに住まえばよいのかを、軽やかに助言しているのです。

天と同じであれば、「道」と一体となる
「道」と一体となれば、永久である
そうなれば、肉体が死んでも
「道」は決して死ぬことはなく、生き続ける

〜十六〜

エピローグ

老子が息をひきとる時、そばに居たのは私を含めてほんの数人だった。謙虚で質素な人生そのままに、その去り際も大げさにすることを彼は望まなかった。

そばに座ってその手を握った時、彼は私に水が少し欲しいと言った。そして、差し出したお椀に唇をつける時、彼は頭を少し持ち上げた。私の一部は、師が逝ってしまうことを深く悲しんでいた。自分勝手にも、私の残りの人生を、彼の愛ある導きなしにどうやって生きていけばいいのかと恐れ始めていたのだ。苦しみもがいていた時、彼によって何度私は救われたことだろう。

しかし、私のもう一部は「タオ」がこの師を失うことでさえ、完璧に扱ってくれると理解していた。師は私に自分が去った後も、必要な時には私の耳元でささやいてくれると約束してくれていたのだ。彼がそう言ってくれたことに私は希望を見出し、ほっとしていた。

水を飲み終わると、老子は小さく微笑んだ。彼には話す力も残っていないのだと私は思った。しかし、彼はこう言って私を驚かせた。「『タオ』を信頼しなさい。友よ。そうすれば間違うことなどない」と。

その言葉を終えると、彼は頭を枕に戻し、目を閉じた。そして、長く息を吸い、長く息を吐いた。そして、その後はもう息をしなかった。私はじっと彼の胸が動かなくなるのを見つめていた。師は逝ってしまったのだ。

涙が溢れた。私は自分がもっと強ければ、と思った。でも、老子は私に喜び同様に、悲しみも受け入れるように教えてくれていた。ともにいた私の親友のひとりは、老子の死を見届け、もうそこにいなかった。

そしてもうひとりの友人が老子の顔にかけた白い布を持ち上げた。今日は、彼の目を覗き込み、輝く微笑みが見ることができる最後の日なのだ。

私は数分間、老子のそばに座って、彼が光へと還っていく旅路の安全を祈った。彼が愛していた「タオ」にまた戻ったのだと思うと、心が少し安らいだ。彼に奉仕し終わったこの老いた身体は、もう彼を閉じ込めてはいない。かつて彼は私に教えてくれたことがあった。人は亡くなって、スピリットの世界に行くと、一番元気だった頃、たとえば十九歳の容姿に戻ることがあると。老子が十九歳の時の姿を私は想像した。もし彼がそうなっていたら、私も嬉しい。

私は、彼に最後の別れの挨拶をして、立ち上がり、部屋を出た。深く息をし続けて、起こってしまったことを自分に納得させようとした。その時、私は彼が私の名を呼ぶのを聞いた。私は振り返り、彼が戻って来たのではないかと彼の身体をもう一度見た。しかし、何も動きはなかった。やはり、彼は逝ってしまったのだ。

外に出て、大きな岩の上に腰掛け、彼の小さな家を眺めた。彼は私に、自分が逝ってしまった後、そこに住んで欲しいと言っていた。最初、私にはもったいないことでとんでもないと思った。しかし、私は気づいた。これは師からの最後のギフトであり、私が自分自身で思うよりも、彼が私のなかにより多くを見出していることを表しているのだ、と。私は自分を信頼してくれる彼に応えようと努力してきた。そして、その小さな家は老子の静かなエネルギーが染み込んで、保たれている。

そして今、山からの吹き下りてくる冷たい風が、その小さな家の東側の壁に打ちつけるような朝でも、私は静かな領域へと入っていける。そこでは突風も私の心の内なる炎を吹き消すことはできない。私はそこで、師と自分のために茶を淹れる。台所で彼の椅子の向かい側に座り、彼と会話する。心のなかで老子に話しかけ、彼は答える。不思議ではあるが、彼は今、むしろ前よりももっと近くにいる。そして、こんなふうに語り合っていくことを、彼も望んでいたのだと私は思っている。

謝辞

ひとりの人間、あるいは、「タオ」のマインドにあるたくさんの優れたアイデアをそう呼んでいるとしても、私たちの師、老子のスピリットに心から敬意を表します。その輝く魂は真実の流れを生み出し、それが世代を超えて溢れ、今も昔も、癒しを求めてやまない世界へと、叡智や安らぎ、そして導きをもたらしています。

私がもっている初版の『老子道徳経』は馮家福とジェイン・イングリッシュによるものです。すばらしい翻訳が、シンプルな白黒の自然の写真とともに収められています。この本は長い間、ずっと私の近くに置かれていました。私は翻訳者のかたがたに心から深く感謝しています。

愛するパートナーであるディーは、いつもしっかりと私をサポートし、励ましてくれます。この作品を書く際の彼女の厚い貢献に、私は謙虚に、そして永遠に感謝します。

私をいつも我に返してくれる私の犬たちへ。文章を書いているパソコンの上に跳んできて、私に現実とは何かを思い出させてくれて、どうもありがとう。

ヘイハウス社の親愛なる編集者である、アン・バーセルとの仕事は格別でした。優しく、賢く、ヴィジョンを私とともにしてくれて、私から最善のものを引き出してくれました。

高いヴィジョンをもつ創設者のルイーズ・ヘイ、CEOのレイド・トレイシー、出版のパティ・ギフト、芸術部門のメンバーである、トリシア・ブレンデンサル、キャロライン・ディノフィア、装丁を施してくれたニック・ウェルシュ、そして、他の才能ある創造性豊かなプロモーションチームのかたたちを含む、ヘイハウス社のすべての素敵なかたたちへ。優しく、有能で創造性豊かなあなたたちと仕事をご一緒できたことは祝福です。いつもそうですが、ヘイハウスラジオの皆さんとともにする仕事は、特別な楽しみです。

そして、あなたへ。親愛なる読者のあなたへ。自分の内側に埋められた叡智を受け入れ、老子からの伝言をしっかり受け取ってくれたことに、心から感謝と敬意を表します。

訳者あとがき

小さな頃、迷子になると絶望的な気持ちになりました。ひとりで夢中になって遊び回った末に、ふと顔をあげると、居るはずの親の姿はそこになく、その途端にがらがらと世界が崩れるような思いになったものです。楽しかったはずの時間と空間が一瞬で変わってしまい、「このまま家に帰れなかったら、一生家族に会えなかったら」と思って、今度は必死で親を探し回りました。しかし、大抵の場合、探していた親は拍子抜けするぐらい、すぐに見つかりました。いつも帰るべきところは、すぐ近くにあったのです。

本書を読んでいて、ふとその時の気持ちを思い出しました。自分を見失い、何を頼って生きて行けばよいのか分からなくなった時、いつも近くに在り、常に自分の本質に戻してくれるタオの力。それは、私たちを健全性へと常に引っ張り戻してくれる癒しの力です。

私たち日本人はよく「おてんとうさまは見ているよ」と言われてきました。本書からは、その「おてんとうさま」の存在を感じます。私たちが転んでも、愛のまなざしで見つめ続け、自力で立ち上がるまでゆっくり待ってくれる、そんな優しい親のような姿です。だからなのでしょうか。老子の教えを紐解くアランの声を聞いていると、新しいことを学んでいるようでいて、ずっと昔から知っていたことを思い出させられているような安心した気持ちになります。そして、その感覚こそが、私たちの内側にすでに息づいている叡智の存在の証明なのかもしれません。過去の最悪だと思った出来事が実は最善で、あれがなかったら、あの人に出会えなかったらと思う時、タオの力が人生を裏打ちしていることに気づきます。

本書が伝えていることは、とてもシンプルです。人や自分への優しさ、思いやり、謙虚さ、感謝を忘れず、無理をしないこと……。すべては知っていたはずのことなのに、私たちはいつの間にかとても複雑に考えるようになり、それらを素直に表現することさえ難しくなってしまいました。老子は私たちの幸せへの道筋として、「無為自然（人為的なことをやめて、自然のあるがままに任せて生きること）」を謳っていますが、その根底に働いているのは、私たちのあるがままの姿がそのまま、思いやりと優しさ、謙虚さ、感謝、健全性、すべての要素をすでにもっているという真実です。誰かに自分を証明しようとするのを止めて、ただただ自分の心の声に耳を傾けて、それに従って正直に生きれば、あるいは生きようと努めれば、私たちがすでにもっているその真実が、タオの力を借りて露わになっていくのだと本書は教えてくれます。

だとすれば、まず私たちがもたなくてはならないのは、自分に正直になる勇気かもしれません。自分を信じて「それでいい」と出してあげる許可かもしれません。そして、タオの存在を信頼する勇気かもしれません。

本書は、オリジナルストーリーからも分かるように、老子の教えだけでなく、生徒としてのアランの心の旅路も書かれています。タオを信頼し、自分に正直になっていくプロセスをどうかアランとともに安心して体験して頂けたら、と思います。

数年前、アラン主催のハワイ島のリトリートに参加した時に、私はこの原書『The Tao Made Easy』を手にしました。この本におずおずと手をのばした時、遠くから見ていたアランがにっこりと笑い、力強くうなずいてくれたことを今もはっきりと覚えています。帰りの航路は、日本到着までほぼずっと没頭して読み続けることになりました。その特別な本を、タオに導かれ、日本語訳をさせて頂けたことに、今、深い感謝の気持ちでいっぱいです。

著者アラン・コーエン氏に心から感謝いたします。同氏と同じ時代に生まれ、出会い、教えを受けられることは、私にとっては喜びと感謝でしかありません。またパートナーのディーさん、いつも私に励ましと勇気、思いやりをありがとうございます。お二人は、私にタオの存在そのものを思い出させて下さいます。

ナチュラルスピリット社の今井社長にも、心から感謝を申し上げます。書籍出版だけでなく、アランの日本での活動をいつもサポートして頂き、ありがとうございます。

聡明なアドバイスと優しいお気遣いとともに、編集でお世話になった中道真記子さん、温かい励ましをいつも与えて下さる田中智絵さん（ナチュラルスピリット社出版部）をはじめ、この書籍に携わって頂いた皆様に深く御礼を申し上げます。

また、ホリスティックライフコーチ卒業生を含む、アランの日本の生徒の皆さん、アラン・コーエン日本事務局の運営に関わって下さっているかたたち、そして、私の友人たちと家族にも、心からの感謝を伝えさせて頂きたいと思います。

赤司桂子

■著者プロフィール

アラン・コーエン　Alan Cohen

　これまでに数多くの著書を出版し、日本を含む世界30か国で翻訳されている。どれもが高い人気を得て、人々に啓発を与え、『今まででいちばんやさしい「奇跡のコース」』や『深呼吸の時間』をはじめ、その多くがミリオンセラー、ベストセラーや賞も獲得している。ニューヨークタイムズ紙の最高人気シリーズ『心のチキンスープ』の共著者でもある。ヘイハウス社の人気ラジオ「Get Real」のパーソナリティもつとめ、番組を通して10年以上ライブで、リスナーにコーチングを行っている。またFoundation for Holistic Life Coaching財団の理事長もつとめ、自ら世界各国のライフコーチの育成を手掛けている。

　国際的に出版されている月刊雑誌コラム「From the Heart」にも寄稿。CNNなどの米国トップレベルのテレビやラジオ番組、USA Today, Washington Postなどの著名誌にも取り上げられる。

　世界的ライフコーチとして「101 Top Experts that Make our Life Better」(より良い人生へと導くエキスパートトップ百人)の中にも名を連ね、「Finding Joe」をはじめとする多くのスピリチュアルドキュメンタリーにもプレゼンターとして出演している。
『神との対話』の著者ニール・ドナルド・ウォルシュ氏、『聖なる予言』の著者ジェームズ・レッドフィールド氏、日本では『ユダヤ人大富豪の教え』の著者である本田健氏とも親交が深い。その教えの深さと大きさから、多くのティーチャーもアランを訪ね、メンターのメンター「Mentor's Mentor」と呼ばれている。

　ハワイ在住であるが、日本での講義活動は19年目を迎え、ほぼ毎年来日してワークショップを開催している。さらに、日本ではホリスティックライフコーチ養成プログラムも開催し、コーチの育成などを通して、癒しと共に、日本人のスピリチュアルな成長を長期的に、積極的にサポートしている。

スピリットファースト / アラン・コーエン日本事務局：https://spiritfirst.com/

■訳者プロフィール

赤司桂子（アカシケイコ）

　福岡県出身。東京都在住。聖心女子大学英語英文学科卒業後、米国ワシントン州シアトル大学コミュニケーション学部に編入、学位取得。帰国後、英会話講師、外資系弁護士事務所、外資系海外不動産投資会社などで国際業務を経験。英文契約書及び法律文書の翻訳を任される。23年間の会社員生活ののち、自分の喜びに従うことを決意し、退職。その後まもなく、ふと目にしたアラン・コーエン認定ホリスティックライフコーチ養成プログラムの募集に直観に導かれて受講し、日本第五期の卒業生となる。現在は、ライフコーチ（桜水現実＜おうすいうつつ＞）として活動しつつ、同プログラムのアシスタントティーチャーのひとりとして、コーチの育成のサポートも行っている。また、同氏の日本での活動の窓口であるスピリットファースト／アラン・コーエン日本事務局の代表として、プログラムの主催、テキスト翻訳やエッセイ記事翻訳を行っている。文鳥とワインを愛し、美味しい食事と共に毎日を楽しんでいる。

タオと共に生きる

老子から学ぶ、混乱から脱し、
これからの世界を生き抜くための叡智

●

2022年11月23日　初版発行

著者／アラン・コーエン
訳者／赤司桂子

装丁／斉藤よしのぶ
編集／中道真記子
DTP／株式会社エヌ・オフィス

発行者／今井博揮
発行所／株式会社 ナチュラルスピリット
〒101-0051 東京都千代田区神田神保町3-2 高橋ビル2階
TEL 03-6450-5938 FAX 03-6450-5978
info@naturalspirit.co.jp
https://www.naturalspirit.co.jp/

印刷所／創栄図書印刷株式会社

ISBN978-4-86451-418-7 C0011

内なる力が目覚める!

癒しのマスター・キー

アラン・コーエン【著】／赤司桂子【訳】

四六判・並製／定価 本体 2300 円+税

あなたが求める
幸福へのロードマップは、
すべてここにあります。

その教えの深さと大きさから、
メンターのメンター「Mentor's Mentor」と呼ばれている、
世界的ベストセラー作家アラン・コーエン。
彼が導く、
すべての癒しの源泉へとつながる
本質的なヒーリングガイド!

お近くの書店、インターネット書店、および小社でお求めになれます。